Holger Schmenk & Andreas Schiffmann

# KUMPELS IN KUTTEN

## HEAVY METAL IM RUHRGEBIET

## TEIL 3

INDEX VERLAG

Deutsche Erstauflage


Internet: www.index-verlag.org

Lektorat: Diana Glöckner
Satz und Grafik: Łukasz Jaszak
Ein großes Dankeschön geht an Sandra Badelt für das Coverfoto!

Bibliografische Informationen der Deutschen Nationalbibliothek: Die Deutsche Nationalbibliothek verzeichnet diese Publikation in der Deutschen Nationalbibliografie; detaillierte bibliografische Daten sind im Internet abrufbar: www.dnb.de.



ISBN: 978-393687851-6

# DIE AUTOREN:

**Holger Schmenk**, Dr. phil., Historiker, wurde 1978 in Oberhausen geboren und lebt inzwischen in der Nähe von Marburg. Er studierte Geschichte, Germanistik sowie Erziehungswissenschaften und promovierte über die Stadtgeschichte Xantens im 19. Jahrhundert. Nach Zwischenstation als Wissenschaftlicher Mitarbeiter an den Universitäten Duisburg-Essen und Siegen arbeitet er aktuell als Schulleiter. Seit 2008 beschäftigt er sich als Autor mit der Metal-Szene im Ruhrgebiet, woraus „Kumpels in Kutten" hervorging.

Der gebürtige Saarländer **Andreas Schiffmann** ist Magister Artium der Germanistik und Anglistik, studierter Journalist sowie Bürokaufmann, dem niemand seine Buchhaltung anvertrauen sollte. Er übersetzt seit mehr als fünfzehn Jahren Belletristik und Sachbücher, schreibt für diverse Online- und Printmagazine über Musik, dilettiert sowohl in Fotografie als auch im Bassspiel und hat ansonsten ebenfalls kaum mehr im Kopf als die „großen" Künste, die längst nicht mehr für Geschäfts- oder Karrieremodelle taugen.

# INHALTSVERZEICHNIS

# VORWORT: SO KANN MAN SICH IRREN ...

Ein Buch über die Metal-Szene im Ruhrpott? Nee, oder? Braucht das tatsächlich irgendjemand?
So oder ähnlich waren meine Gedanken, als ich erstmals von den meiner Meinung nach viel zu hochfliegenden Plänen von Holger Schmenk und Christian Krumm (den später Andreas Schiffmann ersetzte) hörte. Ich meine, das hier ist das Ruhrgebiet, nicht London, Los Angeles oder New York. Welche neuen, bahnbrechenden Erkenntnisse über hier losgetretene musikalische Entwicklungen oder die hiesige Szene soll so ein Buch bringen? Wird eine wissenschaftliche Annäherung diesem Thema überhaupt gerecht? Gibt es das Thema überhaupt? Oder schießen hier zwei eifrige, aber letzten Endes doch überambitionierte Autoren mit Kanonen auf Spatzen?
Fragen über Fragen, die sich nach der Veröffentlichung von „Kumpels in Kutten" aber schnell in Luft auflösten und zunehmender Begeisterung wichen. Selten habe ich so falsch mit meiner Einschätzung gelegen, denn die Geschichte der Ruhrpottszene eben nicht stringent zu erzählen und sich streng an einer Timeline entlang zu hangeln, sondern die Protagonisten von damals und heute selbst zu Wort kommen zu lassen, verleiht der Sache den besonderen Pfiff. Und wer in den bisher zwei veröffentlichten „Kumpels in Kutten"-Büchern alles zu Wort gekommen ist: Musiker, Schreiber, Plattenfirmen, Club- und Plattenladenbesitzer, Artwork-Designer, Merchandiser, Fotografen und viele andere mehr, die in ihren unzensierten Interviews das Wesen und den Zusammenhalt der Ruhrpott-Metal-Szene auf den Punkt bringen. Was fast noch schöner ist: Die Bücher liefern nicht nur eine ziemlich gute Beschreibung des aktuellen Ist-Zustands, sondern wecken nebenbei bei „alten" Hasen (die Gnade oder Ungnade der frühen Geburt – ganz wie man es sehen möchte ...) eine Menge Erinnerungen an längst vergangene Zeiten.
Mit „Kumpels in Kutten 3" soll die Trilogie nun ihr Ende finden. Wobei man sich da ja nie so ganz sicher sein kann, oder?
Viel Spaß mit dem Buch!

**Thomas Kupfer** (Rock Hard Magazin)

# VORWORT DER AUTOREN

Die Geschichte des Heavy Metal im Ruhrgebiet war einfach noch nicht zu Ende erzählt. Vielleicht lässt sich so unsere Motivation am besten erläutern, noch ein drittes Werk über die Szene der Region zu schreiben. Damit ist die Trilogie nun fertig gestellt, wobei es auch jetzt noch viel Stoff gäbe und viele weitere interessante Interviewpartner auf dem gesamten Globus warten.
Erneut haben wir versucht, ein Werk zu schaffen, das Einblicke in die Welt des (Ruhrpott-) Heavy Metal gibt. Neben einigen Bands und Personen, die in der Vergangenheit zu kurz gekommen sind wie beispielsweise Mad Butcher oder Scanner und das obligatorische Überblickskapitel, ist die Perspektive aber diesmal eine andere: In Band 3 geht es auch um die Außensicht auf die regionale Szene. Wie stand die Metal-Szene im Norden, Osten, Süden oder Westen im Austausch mit den Bands, Locations und Labels hier in der Region? Wir haben interessante Gespräche mit Musikern wie beispielsweise Ralf Scheepers (Primal Fear) oder Thorsten „Buddy" Kohlrausch (Rockharz Open Air) oder Vertretern der schwedischen Szene geführt, aber ebenso auf Personen zurückgegriffen, die zum Inventar gehören: Sei es der aktuelle Sodom-Gitarrist Frank „Blackfire" Gosdzik oder der ehemalige Bernd „Bernemann" Kost.
Wir wollten auch im dritten Band keine durchgängige Biografie schreiben, die man von Anfang bis Ende durchlesen muss, sondern ein möglichst zeitloses Buch schaffen, dass sich durch Fließtexte, Interviews und Gastbeiträge kreuz und quer lesen lässt. Überraschend viel Kritisches kam in einigen Interviews zutage sowie die ein oder andere Behauptung, über die man schmunzeln darf und diskutieren sollte.
Seit dem letzten Band 2017 hat sich einiges verändert: Corona brachte zwei Jahre Stillstand mit sich. Glücklicherweise haben überraschend viele Bands, Veranstalter, Magazine und Clubs die Pandemie überlebt – das war lange Zeit nicht absehbar. Aber auch ohne diese Entwicklungen hat sich die Szene mehr und mehr verändert: sinkende Verkaufszahlen führten mit zum Verkauf des erfolgreichsten Independent-Labels Nuclear Blast an einen

Digitalriesen. Das hat die Kommunikation innerhalb der Szene erheblich verändert: Schrieb man den Bands vor wenigen Jahren noch eine einfache Mail, so muss man inzwischen über (Welt-)Konzerne Interviewtermine vereinbaren. Umso stolzer sind wir, mit zahlreichen Personen ins Gespräch gekommen zu sein.

Die letzten Jahre haben aber auch positives gebracht: Wir freuen uns nun wieder auf jährliche Familientreffen wie das Rock Hard Festival und über neue Projekte wie die gelungene Doku „Total Thrash", die gefühlt aus dem Nichts entstanden ist. Sie hat ihren angemessenen Platz in „Kumpels in Kutten 3" mit einem eigenen kleinen Kapitel gefunden. Oder die Ausstellung „Rock Fossils on Tour", bei der Fossilien zu sehen sind, die nach Metal-Bands benannt wurden. Wir waren live dabei, als Tankard diese Ehre zu Teil wurde.

Ein Dank geht wieder an alle Beteiligten, die unterstützt haben und Spaß an der Idee zur Entstehung des Buches hatten – ob Interviewpartner, Fotograf oder Gastautor. Ihr habt „Kumpels in Kutten 3" erst möglich gemacht.

Viel Spaß beim Stöbern wünschen

**Holger Schmenk & Andreas Schiffmann**

# KAPITEL 1: STRONGEST OF THE STRONG

## 1.1 Einheit im Heterogenen – Blitzlichter durch die Metal-Szene 2017 bis Mitte 2023

Diese Zeilen werden nach einer beispiellos turbulenten Zeit niedergeschrieben. Die Nachwehen des Coronavirus SARS-CoV-2 sind noch rund um den Globus spürbar, und man braucht nicht auch noch Schlagwörter wie „postfaktisch", „Blockchain" oder „Klimakrise" in den Raum zu werfen, um klarzustellen, dass auf allen Ebenen drastische Veränderungen im Gange oder schon unwiderruflich abgeschlossen sind. Seit der Drucklegung von „Kumpels in Kutten 2" ist der 45. Präsident der Vereinigten Staaten gekommen und alles andere als heimlich, still und leise gegangen, wobei man das Gefühl nicht loswird, ihn nicht zum letzten Mal auf der Weltbühne gesehen zu haben ... Schließlich wütet nicht weit von unserer Haustür entfernt in der Ukraine ein nicht nur für die EU folgenschwerer Krieg, den nur die wenigsten für möglich gehalten hätten. Aber richten wir unseren Blick lieber auf eine andere, schönere Bühne, auch wenn diese zweifellos weniger Einfluss auf die Geschicke der Menschheit insgesamt hat.

### Märkte, Marken, Mangelware

Bis zum Beginn der Pandemie Anfang 2020 herrschten in der Musikbranche allgemein und im Metal im Besonderen Konsolidierung und sowohl Vielfalt einer- als auch Vereinheitlichung andererseits – und zwar in allen Belangen, was kein Widerspruch in sich ist. Beispielhaft für die zunehmende Vereinheitlichung beziehungsweise Monopolisierung (und somit auch die endgültige Aufhebung des Mythos von Metal als Gegenentwurf zum Musikmainstream) steht nach dem Verschwinden des für die 1980er bedeutenden Berliner Labels Noise Records, das 2001 in die Sanctuary Group aufging und schließlich mit dieser vom Major Universal eingestampft wurde, die Übernahme der Donzdorfer Plattenfirma Nuclear Blast, die Metal seit Beginn der 1990er in all seinen Facetten gefördert und mitgestaltet hatte, durch den französischen Großkonzern Believe Digital. Darüber, wohin die Reise in den kommenden Jahren gehen wird, lässt sich angesichts des scheinbar stetig rotierenden Personalkarussells in der Führungsetage nur spekulieren.

Unterdessen meldet sich Blast-Gründer Markus Staiger nach einem kurzen Rückzug aus der Branche Ende 2020 mit einem neuen Unternehmen zurück, dessen Name Atomic Fire Records wie eine Kampfansage gegenüber der alten Marke wirkt. Angesichts des teils namhaften (Amorphis, Meshuggah, Michael Schenker), andererseits aber auch stilistisch orientierungslos anmutenden Künstlerprogramms sowie des starken Vertriebs durch Warner könnte hier in Zukunft alles Mögliche passieren, derweil sich das andere große deutsche Label Century Media wacker unter der Sony-Haube hält. Verwirrend, aber nicht minder spannend zu beobachten sind die Gründungen von Reaper Entertainment (2017) und Noble Demon (2019) durch weitere Personen aus dem Umfeld von Nuclear Blast, die nun obendrein bei Atomic Fire tätig sind (Mitbegründer Florian Milz, Head Of Digital Sales Patric Walch, Markus Wosgien).

Abgesehen davon bleiben die kleineren deutschen Traditionsfirmen standhaft, flankiert nunmehr von wählerischen Underground-Operationen, die für Qualität bürgen. Sowohl Iron Bonehead (Wachtendonk) als auch Prophecy Productions (Wittlich) werden 2021 jeweils ein Vierteljahrhundert alt, während Vendetta in Berlin seit zwei Jahrzehnten eine bedeutende Schnittstelle zwischen der Hardcore- und Metal-Szene bilden, und Apostasy aus Niedersachsen feiern 2022 ihr zehnjähriges Bestehen. Wohingegen Ván (Herzogenrath), High Roller und Sepulchral Voice (beide Zwickau) oder FDA (Wriezen) gleichsam steil auf die zwanzig Jahre zugehen und AFM in Hamburg 2023 ihr dreißigstes Jubiläum begehen, sind in mehr oder weniger jüngerer Zeit weitere Stahlschmieden hinzugekommen, die sich bewährt haben und in ihren jeweiligen Nischen bestens behaupten, ob Amor Fati (Oberhausen, 2008), Dying Victims (Essen, 2009), This Charming Man (Münster, 2010), The Crawling Chaos (Köln, 2014) oder Diabolic Might (Pohlheim, 2016).

Apropos Nischen: Auch wenn sich gerade Künstler aus ebensolchen (darunter fallen weite Teile der Metal-Szene nach wie vor) mehr schlecht als recht mit der Digitalisierung und den daraus resultierenden Vergütungseinbrüchen arrangieren, ist sie überall angekommen und wird im sogenannten Web 3.0 (mehr Stichwörter: Dezentralisierung, NFTs …) noch deutlich einschneidendere Folgen haben, im Idealfall zugunsten der Schöpfer.

Parallel zu dieser Entwicklung – Musikdownloads verschwinden zusehends, Streaming-Dienste bleiben vorerst praktisch legale, institutionelle Filesharer – kauft man weiterhin gern physische Tonträger, wobei der seit gut anderthalb Jahrzehnten anhaltende Vinyl-Trend allerdings einen kritischen Punkt erreicht hat, an dem die Nachfrage das Angebot übersteigt. Längere Fertigungszeiten gehen mit einer weltweiten Rohstoffverknappung einher, was erhebliche Preiserhöhungen (vor allem für aufwendige Farbpressungen) nach sich zieht und insbesondere kleinen Plattenfirmen schadet, zumal gerade die großen mit oft fragwürdigen Boxsets und Re-Releases auf den Markt drängen. Wohin diese Entwicklung führt – wie so oft zu einer Art Gesundschrumpfung? –, lässt sich schwerlich einschätzen, doch dass die CD im Zuge dessen eine Aufwertung erfährt, ist schon erkennbar, während sich auch die gute (?), alte Kassette hartnäckig hält – nicht nur, aber speziell im tiefsten Subgenre-Underground von Vaporwave, Dungeon Synth, rumpelndem Extrem-Metal und dergleichen.

So oder so werden Produkte zum „In-der-Hand-Halten“ in absehbarer Zeit sicherlich nicht das Zeitliche segnen, obwohl … gestorben wird bekanntermaßen immer.

**Enden und Anfänge**

2017 geben neben den finnischen Gothic-Rockern HIM (Frontmann Ville Valo kehrt Anfang 2023 als VV ein Stück weit zu den Roots der Band zurück) auch die Metal-Legenden schlechthin ihre amtliche Trennung bekannt: Black Sabbath spielen in der Genting Arena ihrer Heimatstadt Birmingham am 2. und 4. Februar die letzten beiden Konzerte ihrer Abschiedstournee, die nachträglich auf dem Livealbum „The End“ dokumentiert wird. Der jahrelang hinter den Kulissen der britischen Doom-Pioniere agierende Keyboarder Geoff Nicholls (auch Quartz), stirbt im Alter von achtundsechzig Jahren an Lungenkrebs, ungefähr zur selben Generation gehören Uriah-Heep-Bassist John Wetton sowie Komponist und Arrangeur Paul O'Neill (Savatage, Trans-Siberian Orchestra), die in jenen Tagen ebenfalls von uns gehen. Ob man die Floskel von den Einschlägen, die immer näher kommen, bemühen möchte oder nicht, hängt wohl vom eigenen Alter ab. In jedem Fall betrauert selbst die breite Öffentlichkeit die Freitode zweier ikonischer Alternative-Rock-Frontmänner – Soundgardens Chris Cornell und Linkin Parks Chester Bennington –, während der Schmerz über das Ableben von Nevermore- und Sanctuary-Sänger Warrel Dane nicht weniger tief in die Metal-Szene dringt.

Dort hängen die Flaggen auch 2018 wiederholt auf Halbmast, sei es nach Gitarrist „Fast“ Eddie Clarkes (Fastway, Motörhead) nicht überstandener Lungenentzündung oder angesichts des Verlusts von Alfred Morris III (Kopf der US-Doomer Iron Man), Ex-Judas-Priest-Drummer Dave Holland sowie der Gitarristen Tim Calvert (Forbidden, Nevermore) und Ralph

Santolla (u.a. Deicide, Death). Mitte des Jahres folgt der ehemalige Pantera-Schlagzeuger Vinnie Paul seinem 2004 ermordeten Bruder Dimebag Darrell in die ewigen Jagdgründe. Er stirbt an Kardiomyopathie beziehungsweise einer koronaren Arterienkrankheit, wohingegen Manilla-Road-Leader Mark „The Shark" Shelton und der zeitweilige Annihilator-Shouter Randy Rampage beide einem Herzanfall erliegen. Huntress-Sängerin Jill Janus begeht mit zweiundvierzig Jahren Selbstmord, der ehemalige Morgoth-Gitarrist Carsten Otterbach stirbt nach langer Krankheit, er hatte Multiple Sklerose.

In den beiden Folgejahren liegen auch die Ursachen der Tode von Sänger André Matos (Angra, Viper, Shaman), Mountain-Frontmann Leslie West und Gitarrist Bob Kulick (Kiss, W.A.S.P.) am Herzen begründet. Der allgegenwärtige Krebs rafft indes Gitarren-Ikone Eddie Van Halen und den einstweiligen Ozzy-Osbourne-Drummer Lee Kerslake dahin. Außerdem versterben Artillery-Mitbegründer Morten Stützer, Hobbs'-Angel-Of-Death-Chef Peter Hobbs, Schlagzeuger Reed Mullin (Corrosion Of Conformity), UFO-Bassist Pete Way und mit Keyboarder Ken Hensley ein weiterer Uriah-Heep-Musiker. Der für den Heavy Metal der 1980er bedeutende Produzent Martin Birch (Iron Maiden, Black Sabbath, Deep Purple) stirbt ebenfalls 2020, nachdem er sich schon Jahre zuvor von seiner Tätigkeit zurückgezogen hat, und die amerikanischen Prog-Metaller Cynic müssen den Verlust ihrer unvergleichlichen Rhythmusgruppe verkraften: Wenige Monate nach dem überraschenden Tod von Drummer Sean Reinert nimmst sich Bassist Sean Malone selbst das Leben. Als am 29. Dezember 2020 die alkoholkranke Leber des einundvierzigjährigen Gitarrenvirtuosen und Sängers Alexi Laiho (Children Of Bodom, Bodom After Midnight) aufgibt, trägt die gesamte Metal-Welt abermals Schwarz.

Ex-Slipknot-Drummer Joey Jordison ist nur fünf Jahre älter als der Finne, als sein Licht 2021 erlischt. Ihm folgen in den USA Warlord-Anführer William „Bill" J. Tsamis, Trouble-Stimme Eric Wagner und Eric Greif, der langjährige Manager und Nachlassverwalter des 2001 verstorbenen Death-Frontmanns Chuck Schuldiner, wohingegen die englische Musikpresse den Verlust des umtriebigen Journalisten und Autors Malcolm Dome beklagt. Die gebürtige Deutsche Andrea Haugen, die eine Zeit lang mit Emperor-Gitarrist Tomas „Samoth" Haugen verheiratet war und abseits ihrer eigenen Musikprojekte wiederholt mit Metal-Acts kollaboriert hat, fällt am 13. Oktober dem Amokschützen von Kongsberg in Norwegen zum Opfer. Bassist Lars „Ratz" Ranzenberger (Metalium, Velvet Viper) kommt beim Absturz seines Ultraleichtflugzeugs ums Leben, und auch der frühere Rage-Gitarrist Jochen Schröder weilt seit 2021 nicht mehr unter uns. Am 26.

Juli erhängt sich Metal-Church-Sänger Mike Howe, der norwegische Sänger Hans-Erik Dyvik Husby alias Hank von Helvete respektive Hank von Hell (Ex-Turbonegro) wird am 19. November tot im Park des Königlichen Schlosses in Oslo aufgefunden.

Das Jahr 2022 beginnt mit den Todesfällen von John Burke Shelley, der das walisische Proto-Metal-Trio Budgie anführte, Produzent Kit Woolven (Anathema, Cathedral, Cradle Of Filth) und Thrash-Wegbereiter Jon Zazula, der mit seiner Frau Marsha (2021 verstorben) das berühmte Label Megaforce Records gründete, bei dem Gruppen wie Metallica, Overkill und Anthrax ihre ersten Gehversuche machten. Ebenfalls in den Staaten sterben mit Trevor Strnad (The Black Dahlia Murder) und Riley Gale (Power Trip) zwei Frontleute, deren bis dato hoffnungsfrohe Bands nun in eine ungewisse Zukunft schauen. Uwe „Damager" Christoffers, der 1984 bei Darkness und 1986 kurzfristig bei Sodom Gitarrist war, stirbt im Juni 2022. Darkness selbst hingegen erleben ihren dritten Frühling und hauen mit „First Class Violence" (2018) und „Over And Out" (EP, 2022) gleich zwei Thrash-Granaten raus.

Das Leben geht freilich weiter. Davon abgesehen, dass täglich Metal-Helden der 2040er geboren werden können, ist die Zahl der monatlichen Bandneugründungen zu einer Zeit, in der das Internet nichts übersieht oder vergisst, astronomisch hoch. Allein der nationale Untergrund bringt in den jüngeren Jahren mehr Hoffnungsträger hervor, als verfrüht zu Grabe getragen werden, so wie es 2018 etwa bei den sächsischen Stahlkochern Alpha Tiger oder Morgoth und Dew-Scented aus der extremeren Sparte der Fall ist. Analog dazu finden etliche zwischenzeitlich verschwundene Unternehmungen wieder zusammen, wobei das Feld der Rückfälligen von den amerikanischen Thrash-Wüterichen Exhorder über die norwegischen Proggies Conception bis zum Schweden-Death-Flaggschiff Dismember stilistisch breit aufgestellt ist.

Die wirklich spannenden Entwicklungen finden allerdings wie meistens unterm Radar der öffentlichen Wahrnehmung statt. Dass 2018 auch die Glam-Kings Mötley Crüe noch einmal aus allen Kanonen feuern, Slayer auf Farewell-Tour gehen und bei Judas Priest nach Gitarrist Glenn Tiptons gesundheitsbedingtem Ausscheiden das Besetzungskarussell rotiert, steht bezeichnend für die langsame, aber sichere Wachablösung an vorderster Front. Abschied auf Raten (oder Reisen) heißt es zudem bei UFO, Kiss und Krokus, bevor das Coronavirus Tourneen zu einer Seltenheit werden lässt. Außergewöhnliche Events vom Schlage eisenhaltiger Kreuzfahrten (10.000 Tons Of Metal oder Megadeths MegaCruise 2019) beschränken sich bis auf Weiteres auf Streaming-Shows, die einen langen Rattenschwanz aus Livealben und Konzertfilmen nach sich ziehen. Und wen weder das Alter noch Krankheiten dahinraffen, der begeht Karriereselbstmord wie Iced-Earth-Kopf Jon Schaffer Anfang 2021als Teilnehmer am Sturm aufs Capitol in Washington, D.C.

**One Nation Underground**

Auch wenn die Welt unterzugehen droht, wie man mal wieder von allen Seiten suggeriert bekommt, erfreut sich die Metal-Szene bester Gesundheit, und um dies zu beweisen, genügt allein der Blick in den nationalen Untergrund. Wobei man diesen Begriff vielleicht eher im Zusammenhang mit Sub-Subkulturen und weiter in Sparten unterteilten Stilen gleichsetzen sollte, denn dass vermeintliche Untergrundmusik breitere Massen ansprechen kann, haben längst nicht nur die Plattencharts gezeigt.

So ist der deutsche Musikbetrieb letztendlich auch nur ein Abbild dessen, was mehr oder weniger überall auf der Welt geschieht – obgleich man den Sound der sogenannten Neuen Deutsche Härte kaum woanders geboten bekommt. Acts wie die Münchner Megaherz („Komet", 2018) und Eisbrecher („Liebe macht Monster", 2021), Tanzwut („Seemannsgarn", 2019) und Stahlmann („Kinder der Sehnsucht", 2019 und „Quarz", 2021) ziehen weiterhin stur ihr Ding durch und finden damit Anklang – vermutlich nicht zuletzt bei Fans derjenigen, die das Ganze losgetreten haben, nämlich neben den Niedersachsen Oomph! („Ritual" erscheint 2019, man trennt sich anschließend von Sänger Dero) die internationalen Superstars Rammstein, deren selbst betiteltes Studioalbum von 2019 wie gewohnt Kontroversen auslöst und wie drei Jahre später auch „Zeit" ein Riesenhit wird. Gitarrist und Weltenbummler Richard Kruspe hat im Vorjahr den Longplayer „A Million Degrees" mit seinem Projekt Emigrate veröffentlicht und schiebt 2021 „The Persistence Of Memory" hinterher, während Donnerstimme Till Lindemann sein Solowerk „F & M" (2019) zur Debatte stellt, aber fortan nicht mehr mit Hypocrisy- und Pain-Kopf Peter Tägtgren zusammenarbeiten wird. Zum Abschied gibt's 2021 noch die Konzert-Nachlese „Live In Moscow" … Wann westliche Acts wohl wieder guten Gewissens (oder überhaupt) in Russland auftreten können? Offen bleibt zur Drucklegung dieses Buchs außerdem die Frage, ob die inzwischen aufgekommenen Missbrauchsvorwürfe gegen Lindemann berechtigt sind.

Nun denn, Deutsch wird auch zu anderen Klängen gesungen, sei es bei Subway To Sally, Letzte Instanz oder In Extremo, die allerdings streng genommen trotz etlicher Fans aus dem Metal-Lager nur noch mit Abstrichen Genre-relevant sind. Das gilt gewissermaßen auch für die in den letzten Jahren steil aufgestiegenen Hamburger Lord Of The Lost, die von 2018

bis 2021 drei erfolgreiche Releases vorweisen können, beziehungsweise ganz allgemein unbeholfen mit „Gothic" verschlagwortete Musik, die in den Magazinen Orkus und Sonic Seducer stattfindet, aber seit einiger Zeit merkwürdige Schnittstellen mit der Schlagerszene aufweist – was 2023 in der Teilnahme am Eurovision Song Contest gipfelt. Vor diesem Hintergrund muss man die oft geschmähten Pfälzer Gruftis Crematory („Oblivion", 2018, „Unbroken", 2020, „Inglorious Darkness", 2022) mit ihrem kitschigen Hauruck-Sound fast schon begrüßen, und wer es sowohl finster als auch etwas niveauvoller mag, kommt ja immer noch bei den edlen Stuttgartern End Of Green („Void Estate", 2017) auf seine Kosten, die 2020 ihr Dreißigjähriges feiern. Die Naturromantiker Empyrium destillieren mit „Über den Sternen" (2021) alle stilistischen Färbungen ihrer bis dato fünfundzwanzigjährigen Karriere zwischen Black Metal und Folk, wohingegen ihre Label-Kollegen Secrets Of The Moon 2022 ihr Ende einläuten.
Die selbst ernannten Nautic-Doomer Ahab aus Baden-Württemberg geben ein Live-Lebenszeichen („Live Prey", 2020) von sich, dem 2023 „The Coral Tombs" folgt. In der Landeshauptstadt Stuttgart regen sich die wiedervereinigten Farmer Boys („Born Again", 2018) und die ebenfalls lange still gewesenen Pyogenesis, die sich mit „A Kingdom To Disappear" (2017) und „A Silent Soul Screams Loud" (2020) abermals zwischen alle Stühle setzen. Was ist eigentlich noch Metal? Die Frage haben wir uns schon einmal gestellt, und nicht wenige würden sowohl den Münchnern Emil Bulls („Kill Your Demons", 2017) als auch den Düsseldorfern Callejon („Fandigo", 2017, „Hartgeld im Club", 2019, „Eternia", 2022) eine Szenezugehörigkeit verwehren. Wie steht es um Eskimo Callboy aus Castrop-Rauxel mit ihrem Trancecore auf „The Scene" (2017), „Rehab" (2019) und „Tekkno" (2022)? Mittlerweile heißt die Band „politisch korrekt" Electric Callboy. Oder was ist mit den Death-Metal-Kaspern Debauchery (wieder Stuttgart: „In der Hölle spricht man Deutsch", 2018, „Monster Metal", 2021) und den unverwüstlichen Thüringer Provokateuren Eisregen mit „Satan liebt dich" (EP, 2018), „Leblos" (2020) und „Grenzgänger" (2023)? Im Fall der Letztgenannten darf man sich zumindest nicht über mangelnde Härte beklagen, und insofern ist Deutschlands Extrem-Sektor nicht nur über alle Zweifel erhaben, sondern auch lebendig wie ehedem, wobei Alteisen genauso glänzt wie manche neue Legierung.
Im schier unüberschaubaren Wust bemerkenswert: die Aufsteiger Mantar mit der EP „The Spell" (2017), dem Album „The Modern Art Of Setting Ablaze" (2018), einer Selektion von Coverversionen („Grungetown Hooligans II", 2020) und dem 2022er-Brecher „Pain Is Forever And This Is The End" sowie die hessischen Death-Metal-Gratwanderer Disbelief, die sich

trotz personeller Instabilität immer wieder zu Großem („The Symbol Of Death", 2017, „The Ground Collapses", 2020) aufraffen können.
Im seit je extremem Metal zugetanen Bayern formieren sich unter anderem Gràb aus dem Dunstkreis der Kult-Blackies Lunar Aurora und die noch kompromissloser knüppelnden Kanonenfieber, während es in Landshut auf positive Art gewaltig rappelt: Die nationale Prog-Death-Spitze Obscura lässt sich ungeachtet personeller Wechsel nicht beirren, sondern stellt ihrem fünften Album „Diluvium" (2018) einen mindestens ebenbürtigen Nachfolger anheim: Auf „A Valediction" (2021) ist wieder der einstweilige Gitarrist Christian Münzner zu hören, der zwischenzeitlich auch die zweite („Unyielding", 2019) und dritte Scheibe („Embers Of War", 2021) seiner Shred-Metal-Truppe Eternity's End vorlegt. Obscura-Kopf Steffen Kummerer findet zudem Zeit, seine Schwedentod-Hommage Thulcandra für „A Dying Wish" (2021) zu reaktivieren. Der ehemalige Obscura-Drummer Hannes Grossmann schindet mit den Soloexkursen „Apophenia" (2019) und „To Where The Light Retreats" (2021) Eindruck, treibt aber vor allem mit Alkaloid die Evolution des extremen Metal voran. Auf dem zweiten Album der Band („Liquid Anatomy", 2018), der mit Münzner und Bassist Linus Klausenitzer weitere Musiker aus dem Obscura-Nimbus angehören, brilliert einmal mehr Florian Magnus „Morean" Maier. Dessen Hauptband Dark Fortress meldet sich 2020 in gewohnter Form mit „Spectres From The Old World" zurück. Das altgediente Death-Metal-Geschwader Fleshcrawl aus Illertissen steht hingegen nach „Into The Catacombs Of Flesh" (2019) vor einem Scherbenhaufen, als Shouter Sven Gross im Juni 2021 vierundvierzigjährig an Krebs stirbt.
Die Würzburger Post-Blackies Der Weg einer Freiheit reichen 2017 „Finisterre" und 2021 „Noktvrn" ein. Das internationale, von Berlin aus operierende Kollektiv The Ocean verfolgt seine geologische Konzeptlinie ungerührt weiter, indem es „Phanerozoic I: Palaeozoic" (2018) und „Phanerozoic II: Mesozoic / Cenozoic" (2020) veröffentlicht, ohne wie üblich die entlegensten Orte des Globus bereisen zu können. Ebenfalls in der Hauptstadt führen Malte Gericke und Iván Hernández den Death Metal ihrer alten Combo Necros Christos unter dem Banner Sijjin thrashig fort, derweil man beeindruckt nach Münster schaut, wo sich eine kleine, feine Szene um Truppen wie die Stoner-Rocker Neorite, die Death-Thrasher Sphinx oder die Alteisenhändler Nightfyre gebildet hat, während die (Teil-)Instrumentalisten Long Distance Calling das facettenreiche Musikgeschehen in der Stadt mit „Boundless" (2018), „How Do We Want To Live?" (2020) und „Eraser" (2022) sogar in die Charts führen (Platz 24, 7 und 5).

Die anderen Münsteraner Neaera begehen zu Beginn des neuen Jahrzehnts mit einem selbst betitelten Album ihre Rückkehr, gleichzeitig da ihre Thüringer Metalcore-Brüder Heaven Shall Burn den Doppeldecker „Of Truth And Sacrifice“ auf den ersten Platz der Charts hieven. Die Weimarer Schubladensprenger Die Apokalyptischen Reiter schnuppern 2017 mit „Der rote Reiter“ gleichfalls Top-Ten-Luft, wagen 2021 ein gelungenes Improvisationsexperiment („The Divine Horsemen“) und legen im darauffolgenden Jahr den regulären Langdreher „Wilde Kinder“ nach.
Crestfallen Queen aus Stuttgart warten mit charismatischer Frauenstimme zu verspieltem Doom auf, den sich auch Crossvault und die im Sinne von Candlemass epischen Servants To The Tide auf die Fahnen geschrieben haben. Bei den ähnlich traditionsgemäß aufspielenden Goblins Blade tummeln sich derweil die alten Bekannten Jörg Knittel (Sacred Steel) und Florian Reimann (Destillery). Lynx aus Gießen treten mit „Watcher Of Skies“ (2021) wiederum in die Fußstapfen von Thin Lizzy und Wishbone Ash, während die Siegener Lunar Shadow nahezu alles von klassischem Heavy- bis Black Metal verquirlen. Irgendwo zwischen den Schwarzwurzeln Dauþuz aus Nordrhein-Westfalen und Thüringen, den Death-Metallern Nekrovault (Memmingen), den Marburger Speed-Punks Knife sowie der immerzu lebendigen Kölner Szene, wo die Extremisten Ultha eine Konstante bleiben, aber gleichfalls interessante neue Acts wie Raptvre mit ihrem Crust-Black-Death-Gebräu weilen, tummeln sich auch die Motörhead-Fans Poisöned Speed. Ebenso die Dortmunder Raser Vulture (deren Label Metal Blade sie international pushen könnte, während sich drei Mitglieder auch bei den Proto-Metallern Luzifer austoben), Kriegszittern aus Mülheim an der Ruhr und Iron Kobra aus Gelsenkirchen, woher auch das düster-proggige Duo Hraun stammt … Womit wir im Pott wären.

**Stühlerücken an Rhein und Ruhr**

Anfang 2018 kündigen Sodom ihre Trennung von Gitarrist Bernd „Bernemann“ Kost und Schlagzeuger Markus „Makka“ Freiwald an, die seit 1996 respektive 2010 zu den Teutonen-Thrash-Pionieren gehörten. Kurz darauf vermeldet Bandchef Tom Angelripper die Rückkehr von Gitarrist Frank „Blackfire“ Gosdzik, der die Frühphase der Band prägte und maßgeblich am Klassiker-Album „Agent Orange“ (1989) beteiligt war. Die neue Besetzung wird von Drummer Stefan „Husky“ Hüskens (u. a. Desaster) und erstmals auch einem zweiten Gitarristen in Person von Yorck Segatz (Neck Cemetary) vervollständigt. Das erste Lebenszeichen des Quartetts ist noch im selben Jahr die EP „Partisan“.

Husky nimmt kaum zwei Jahre später seinen Hut und wird durch Toni Merkel ersetzt, der bisher vor allem hinter den Kesseln der Deather Sabiendas auffiel. Personell einmal mehr umgestellt, nimmt man das starke Album „Genesis XIX" auf, in dessen Zug sich Frontmann Tom mit Erklärungen zum strittigen Text des Songs ‚Nicht mehr mein Land' in Teufels Küche zu bringen droht. Im nicht nur durch das Coronavirus aufgeheizten gesellschaftlichen Klima wittern selbst unkritische Fans einen verkappten Verschwörungstheoretiker und Nationalisten, wozu der Umstand beiträgt, dass Sodom im Herbst 2021 zusagen, beim finnischen Steelfest 2022 aufzutreten – neben einschlägig bekannten Combos wie Satanic Warmaster. Ein medialer Eklat zwingt Angelripper zu einem Rückzug, nach dem sein Image in der Öffentlichkeit allenfalls geringfügig leidet – denn man kann ihm vorwerfen, was man möchte, ihn aber wohl eher nicht mit braun Gesinnten in einen Topf werfen. Dessen ungeachtet schinden Sodom mit der Box „40 Years At War – The Greatest Hell Of Sodom" 2022 gehörigen Eindruck.
Und was tun die Abgänger Bernemann und Makka? Sie gründen prompt zusammen mit Assassin-Shouter Ingo Bajonczak, Gitarrist Chris Tsitsis und Bassist Marc Hauschild die vielseitiger (und amerikanischer) dreschenden Bonded, die Schlag auf Schlag zwei starke Platten aufnehmen. Freiwald springt ab und lässt sich von Drummer Gerd Lücking ablösen, doch die Band ist bestens aufgestellt, um künftig auch live gehörigen Radau zu machen.
Inwiefern es um die Ecke bei Kreator gekracht hat, weiß man nicht, doch in jedem Fall gehen die Band und Christian „Speesy" Giesler, der seit 1994 ihr Bassist war, ab September 2019 getrennte Wege. Sein Nachfolger wird der kurz vorher bei den Power-Metal-Überfliegern DragonForce ausgestiegene Frédéric Leclercq, der ohnehin schon immer härteren Klängen zugesprochen hat. Das Album „Gods Of Violence" (2017, Platz 1 der deutschen Charts) wird so zu Speesy Schwanengesang, auf der 2020 erscheinenden DVD „London Apocalypticon – Live At The Roundhouse" ist er auch noch zu sehen, wohingegen die retrospektive Compilation „Under the Guillotine – The Noise Records Anthology" im Folgejahr Aufnahmen mit Ur-Tieftöner Roberto Fioretti (1984 bis 1992) enthält. 2022 stellt Anführer Mille Petrozza das neue Line-up auf „Hate über alles" vor, eine mehrmals verschobene Tour mit den Amerikanern Lamb Of God wird Anfang 2023 ein voller Erfolg. Christian Giesler wiederum löst 2022 Bonded-Tieftöner Marc Hauschild ab.
Im Südwesten nichts Neues? Und ob, denn nachdem Destruction jahrelang eine beständige Einheit waren, obwohl sich ihr Drum-Hocker als Schleudersitz entpuppte, und neben der Compilation „Thrash Anthems II"

(2017) das starke Studiowerk „Born To Perish“ (2019) vorlegten, scheidet Gründungsmitglied Michael „Mike“ Sifringer – Gitarrist und faktisch der musikalische Kopf der Band – im August 2021 nicht gänzlich unerwartet aus. Seine letzten Beiträge finden sich auf den beiden Livealben „Born To Thrash – Live In Germany“ (2020) und „Live Attack“ (2021), Frontmann Schmier und Co. finden mit dem in Belgien ansässigen Argentinier Martin Furia einen Lückenfüller, der die sechs Saiten auf dem allerersten Album der Combo ohne Mike bedient. Wohin der Weg der badischen Veteranen nach dem Release von „Diabolical“ im April 2022 führt, wird die Zukunft zeigen.
Am letzten Eckpunkt des „Big Teutonic 4“-Quadrats geht es indes gewohnt ruhig zu: Tankard waren, sind und bleiben die beständigsten deutschen Thrash-Dienstältesten. Abgesehen davon, dass Schlagzeuger Olaf Zissel zwischenzeitlich krankheitsbedingt von Gerd Lücking (Holy Moses) vertreten wird, spielen die Frankfurter seit 1998 in derselben Besetzung zusammen und sind über Skandale und krasse Formschwankungen erhaben. „One Foot In The Grave“ (2017) folgt ein Jahr später die „Hymns For The Drunk“-Compilation sowie 2022 das opulente Boxset „For A Thousand Beers“ mit sämtlichen Titeln, die bei Noise Records erschienen, bevor 2022 das neuste Album „Pavlov’s Dawgs“ nachgeschoben wird. Dass der Ebbelwoi-Krug in naher Zukunft zerbricht, steht nicht anzunehmen.
Unterdessen führt der Bruch zwischen Bassist Peter Baltes und den längst zu einer internationalen Unternehmung gewordenen Accept Ende 2016 dazu, dass Gitarrist Wolf Hoffmann als einziges Gründungsmitglied übrig bleibt. Das stoppt die mit Martin Motnik an den vier Saiten wieder komplettierte Band wohlgemerkt nicht vor weiteren Höhenflügen: „The Rise Of Chaos“ wird 2017 ihr nächstes erwartbares Erfolgsalbum, und für den Nachfolger „Too Mean To Die“ (2021) wächst sie obendrein zu einem Sextett, denn Gitarrist Philip Shouse wird fortan gemeinsam mit Hoffmann und Uwe Lulis für Deutschlands neben den Scorpions wohl ikonischste Hardrock- und Metal-Band riffen.
Apropos: Die Hannoveraner Skorpione touren ab 2017 wieder exzessiv auf der ganzen Welt und brechen Kartenverkaufsrekorde, wodurch sie in die Top 100 der Pollstar-Rangliste der bestverdienenden Liveacts aufsteigen. Nach fast zweijähriger Arbeit erscheint im Frühling 2022 „Rock Believer“, das neunzehnte Studioalbum der Gruppe um Gitarrist Rudolf Schenker und Sänger Klaus Meine, die damit „back to the roots“ gehen und ein spätes Karrierehighlight schaffen. Rudolfs Bruder Michael gibt sich derweil ein markiges Stelldichein mit seiner Band Michael Schenker Fest beziehungsweise den LPs „Resurrection“ (2018) und „Revelation“ (2019), bevor er auf

„Immortal – Michael Schenker 50th Anniversary“ ein halbes Jahrhundert als Profimusiker rekapituliert und 2022 mit MSGs „Universal“ zurückkehrt. Der ehemalige Accept-Sänger Udo Dirkschneider kann ebenso wenig von seinen Ursprüngen ablassen: Nach einer Ankündigung, künftig keine Songs seiner alten Band mehr live zu spielen, tut er dies zunächst doch bei Auftritten mit Band unter seinem Nachnamen und greift schließlich bei U.D.O. erneut darauf zurück. Für die Nachwelt festgehalten wird dies beispielsweise im bulgarischen Plowdiw für „Live In Bulgaria 2020 – Pandemic Survival Show“, doch um neues Material ist das Solinger Urgestein beileibe auch nicht verlegen: Die sechzehnte U.D.O.-Produktion „Steelfactory“ zieht 2018 eine Welttour und einige Umbesetzungen nach sich, zwei Jahre später erscheint mit „We Are One“ eine Kollaboration der Gruppe mit dem Musikkorps der Bundeswehr. Anschließend gelingt Udo eine dicke Überraschung, indem er sich mit seinen früheren Accept-Weggefährten Peter Baltes (neben dem Bass auch Gesang) und Stefan Kaufmann (Gitarre) zu Dirkschneider & The Old Gang zusammenschließt, bei der außerdem sein Sohn Sven Dirkschneider (Schlagzeug) und die zusätzliche Sängerin Manuela Markewitz mitwirken. Der 3-Track-Single „Arising“ soll früher oder später ein vollständiges Album folgen.
Baltes wirkt im Übrigen auch auf „Alienation“ mit, der siebten LP des Gitarristen und U.D.O.-Gründungsmitglieds Andy Susemihl, die im Januar 2021 erscheint. Ebenfalls weiterhin aktiv und einst bei Accept tätig: Axtschwinger Herman Frank, der 2019 und 2021 die Solowerke „Fight The Fear“ und „Two For A Lie“ veröffentlicht, Letzteres ungefähr zeitgleich mit „Gods Of Tomorrow“, dem ersten Studioalbum seiner runderneuerten Band Victory seit zehn Jahren.
Die seit 2015 bestehende Konstellation bei den Hernern Rage mit Gitarrist Marcos Rodríguez und Schlagzeuger Vassilios „Lucky“ Maniatopoulos neben Mastermind Peter „Peavy“ Wagner an Bass und Mikrofon bringt mit „Seasons Of The Black“ (2017) und „Wings Of Rage“ (2020) zwei Platten heraus, die ungeachtet der Dreierbesetzung den Geist der zu viert aufgenommenen Kracher „Black In Mind“ (1995) und „End Of All Days“ (1996) heraufbeschwören. 2018 erscheint zudem „Solitary Men“ von Refuge, mit denen Peavy schon seit 2014 im originalen Rage-Line-up von 1988 bis 1993 an der Seite von Gitarrist Manni Schmidt und Drummer Christos Efthimiadis Songs jener Ära zu ausgesuchten Anlässen live heraushaut. Das Album enthält komplett neues Material im Stil jener Ära.
Bei Rage selbst sind die Trio-Zeiten zwei Jahre später wieder vorbei: Als Rodríguez die Band aus persönlichen Gründen verlässt, stockt Wagner sie mit gleich zwei Gitarristen auf – Stefan Weber sowie Jean Bormann – und

bringt 2021 „Resurrection Day" heraus, womit die Power-Metal-Institution an die beiden Vorgängeralben anknüpft, ehe sie die EP „Spreading The Plague" (2022) nachreicht. Auf Ex-Gitarrist Victor Smolskis neuer Spielwiese Almanac sprießen nach dem 2016er-Debüt „Tsar" die beiden Blüten „Kingslayer" (2017) und „Rush Of Death" (2020).

Bei Grave Digger im nördlicher gelegenen Gladbeck herrscht einige Jahre Beständigkeit. Front-Reibeisen Chris Boltendahl musiziert seit 2014 mit denselben Instrumentalisten, bloß dass der langjährige Schlagzeuger Stefan Arnold 2018 ausscheidet und Keyboarder Marcus Kniep seinen Platz übernimmt. „Healed By Metal" (2017) und „The Living Dead" (2018) entstehen noch zu fünft, im Anschluss dreht die entschlackte Mannschaft noch einmal richtig auf: „Fields Of Blood" greift 2020 zum vierzigsten Jahrestag der Bandgründung nicht nur den konzeptionellen Faden des Klassikers „Tunes Of War" (1996) über die Historie Schottlands auf, sondern versprüht auch eine gewisse Frische, ehe „Symbol Of Eternity" (2022) das Niveau mehr oder weniger halten kann. Ex-Bassist Tomi Göttlich, der jene musikalischen Geschichtsstunden in wesentlichem Maß mitprägte, doziert mit seiner eigenen Combo Rebellion weiter, die nun zum achten („A Tragedy In Steel Part II: Shakespeare's King Lear", 2018) und neunten Mal („We Are The People", 2021) in den Hörsaal bittet.

Unauffällig, aber wesentlich umtriebiger ist Axel Rudi Pell. Der „Ritchie Blackmore des Ruhrgebiets" kennt seit Drummer Bobby Rondinellis Einstieg 2103 keine personellen Umstellungen und bringt quasi im Jahrestakt Neues oder Wiederverwertetes heraus. Die Studioarbeiten „Knights Call" (2018), „Sign Of The Times" (2020) und „Lost XXIII" (2022) gehören einschließlich begleitender Konzerte zu den erfolgreichsten des Bochumers überhaupt, und da sein virtuos dargebotener Hardrock gegen jegliche Veränderungen resistent zu sein scheint, sind auch die außerordentlichen Releases „The Ballads V" (2017), „XXX Anniversary Live" (2019) und „Diamonds Unlocked II" (2021) sichere Investitionen für Pells weiterhin stetig wachsende Fangemeinde.

Ähnlich konstant bleiben Axxis im Geschäft: Die Band um Sänger Bernhard Weiß legt nach einer kurzen Schaffenspause „Retrolution" (2017) und „Monster Hero" (2018) vor, die beide die Charts erreichen. 2019 feiern Axxis dreißigjähriges Jubiläum.

**Und sonst?**

Die Entwicklung begann schon vor der Pandemie, doch während der Lockdowns kamen umso mehr Musiker, Fans und andere Szene-Menschen auf die Idee, YouTube-Kanäle respektive Podcasts zu lancieren, sodass man nun allein innerhalb des Landes einem breiten Angebot gegenübersteht, dessen Inhalte teils übers rein Musikalische hinausreichen: Sei es „Gear Of The Dark“ von Mantar-Frontmann Hanno Klänhardt und Nightmarer-Gitarrist Simon Hawemann, die derzeit beide in Florida leben, „Zart wie Kruppstahl“ von Alexander Prinz („Der Dunkle Parabelritter“) und Heaven-Shall-Burn-Gitarrist Maik Weichert, Krachmucker TV mit Ernie Fleetenkieker (der übrigens noch 2017 das dritte Fäulnis-Album „Antikult“ herausbringt) oder entsprechende Formate des Metal Hammer und der Webplattform metal1.info („Blech“). Im Großen und Ganzen bleiben die Damen und Herren Musikschaffenden freilich bei ihren Leisten und tun das, was sie am besten können: rocken beziehungsweise heiße Eisen schmieden.

Die seit ihrer Reunion 2002 stärker denn je aufspielenden Schweinfurter Dreschflegel Vendetta treten 2017 nach sechsjähriger Plattenpause mit „The 5th“ auf den Plan, dem 2023 „Black As Coal“ folgt. Die deutsch-amerikanische Freundschaft Exumer um Exilfrankfurter Mem von Stein liefert 2019 „Hostile Defiance“ ab. Die Münsteraner Hardrocker Mad Max sind auch mit „35“ (2018) und „Stormchild Rising“ (2020) nicht totzukriegen, dito ihre süddeutschen Pendants Bonfire, die 2018 „Temple Of Lies“, 2020 „Fistful Of Fire“ und 2021 „Roots“ unters Volk jubeln. Das 2017 selbst mit fünfunddreißig Jahren noch glänzende Alteisen Sinner begeht „Tequila Suicide“ und feiert keine vierundzwanzig Monate später „Santa Muerte“, wobei die italienische Sängerin Giorgia Colleluori (Eternal Idol, Hollow Haze) erstmals an der Seite von Mat Sinner und Co. in Erscheinung tritt, ehe gemeinsam der Nachfolger „Brotherhood“ (2022) angegangen wird. Der geschäftige Bandkopf verdingt sich parallel dazu weiterhin sowohl bei dem erfolgreichen Projekt Rock Meets Classic als auch bei den Esslingerm Primal Fear, die neben einem Livealbum und einer EP drei starke Studio-Frisbees fliegen lassen: „Apocalypse“ (2018), „Metal Commando“ (2020) und „Code Red“ (2023). Gleichsam fünfunddreißig Jahre nach ihrer Gründung führen die Würzburger Edel-Thrasher Paradox um den trotz ständiger herber Schicksalsschläge unverwüstlichen Gitarristen und Sänger Charly Steinhauer die Konzeptstory ihres zweiten Albums auf „Heresy II: End Of A Legend“ (2021) zu Ende.

Die Lörracher Thrasher Necronomicon gerieren sich 2018 zu „Unleashed Bastards“ und schlagen 2021 „The Final Chapter“ auf, dem 2023 „Constant To Death“ folgt, wohingegen die stilistischen Freischwimmer Atrocity um die Ecke in Ludwigsburg 2017 mit der EP „Masters Of Darkness“ auf den Nachfolger von „Okkult“ (2013) vorbereiten, der 2018 erscheint und 2023 mit einem dritten Teil gekrönt wird. Auch im Süden, aber nach wie vor mit ihrem unverkennbaren Power-Metal-Sound stellen Brainstorm „Midnight

Ghost" (2018) und „Wall Of Skulls" (2021) zur Diskussion, während auch ihre bayrischen Brüder im Geiste Mystic Prophecy für Beständigkeit stehen, indem sie auf die Coverversionen von „Monuments Uncovered" (2018) „Metal Division" (2020) und die „Hail To The King"-EP (2021) folgen lassen, ohne Kurskorrekturen vorzunehmen. Frontmann Roberto Dimitri Liapakis singt aber neuerdings auch bei der amerikanischen Kultband Steel Prophet, mit der er 2019 „The God Machine" aufnimmt.
Die legendären Baden-Württemberger Stormwitch legen 2018 ihr elftes Album „Bound To The Witch" vor, der Hesse Tobias Sammet lässt es indes entspannt angehen, was seine Hauptband Edguy angeht: 2017 erscheint die 2-CD/DVD-Compilation „Monuments" mit fünf neuen Songs, woraufhin sich die Melodic-Metaller dem Remastering ihres zweiten Albums „Kingdom Of Madness" (1997) widmen – zumal Tobi sicherlich längst deutlich mehr mit Avantasia verdient, deren achtes Album „Moonglow" 2019 die Spitze der deutschen Charts erklimmt; „A Paranormal Evening With The Moonflower Society" schafft es 2022 „nur" auf Rang 3.
Dort fühlen sich bekanntlich auch die Saarländer Powerwolf wohl, die es 2018 mit „The Sacrament Of Sin" zum zweiten Mal nach „Preachers Of The Night" (2013) auf Platz 1 schaffen und den Nachfolger „Call Of The Wild" 2021 zumindest auf den zweiten Rang hieven. Die Streaming-Konzert-Nachlese „The Monumental Mass: A Cinematic Metal Event" (2022) setzt indes Maßstäbe, was kunstvoll aufgezogene Videos von Bandauftritten angeht.
Die hart rockenden Schwaben Kissin' Dynamite steigen gleichsam in die Top Ten ein, und zwar 2018 mit „Ecstasy" und 2022 mit „Not The End Of The Road". Die Arnsberger Fantasy- und Science-Fiction-Fans Orden Ogan gelangen mit „Gunmen" (2017) und „Final Days" (2021) ebenfalls in die vorderen Reihen der Hitliste, derweil Chef Sebastian „Seeb" Levermann fleißig andere Bands produziert, mixt und mastert. Düsseldorfs bekanntestes Mädel Doro Pesch begeistert die Massen 2019 mit einem Doppelalbum („Forever Warriors, Forever United") und schiebt 2019 die EP „ Backstage To Heaven" hinterher, ehe mit „Magic Diamonds: Best Of Rock, Ballads & Rare Treasures" (2021) und „Warlock – Triumph And Agony (Live)" (2021) Vergangenheitsbewältigung betrieben wird.
Rücken wir weiter nach Norden vor, beziehungsweise ins andere deutsche Metal-Zentrum Hamburg. Dort erfreut sich Doros „große Schwester" Jutta Weinhold (1947 geboren) bester Gesundheit. Ihre Band Velvet Viper haut quasi im Akkord die Alben „Respice Finem" (2018), „The Pale Man Is Holding A Broken Heart" (2019), „From Over Yonder", „Pilgrimage" (beide

2020), „Cosmic Healer“ (2021) und „Nothing Compares To Metal“ (2023) heraus, ohne sich eine Blöße zu geben.

Beim hanseatischen Exportschlager Helloween gipfelt die zunächst nur live vollzogene Wiedervereinigung der jüngsten Besetzung mit den früheren Frontleuten Kai Hansen und Michael Kiske neben ihrem seit 1994 dazugehörenden Nachfolger Andi Deris 2021 in einem selbst betitelten 16. Studioalbum, das die Stärken von gut vier Jahrzehnten Bandgeschichte in sich bündelt. Hansens Gamma Ray schauen deswegen in die Röhre – ihr Label bringt 2021 das Lebenszeichen „30 Years Live Anniversary“ –, also gründen Drummer Michael Ehré (auch Primal Fear) und Gitarrist Henjo Richter kurzerhand The Unity und begehen von 2017 bis 2020 einen sauberen Plattenhattrick, den sie 2021 mit dem Livealbum „The Devil You Know“ und 2023 mit dem neuen Studioalbum „The Hellish Joyride“ abrunden.

Iron Savior, die Hansen 1996 mitbegründete und 2001 verließ, schreiben ihre allzeit hörenswerte Geschichte mit „Kill Or Get Killed“ (2019) und „Skycrest“ (2020) weiter, nehmen aber auch eine Reihe älterer Tracks für „Reforged – Riding On Fire“ (2017) und „Reforged – Ironbound“ neu auf. Iron Angel kehren 2018 mit „Hellbound“ zurück, ihrem ersten Album seit „Winds Of War“ (1986), wobei Sänger Dirk Schröder eine runderneuerte Band vorstellt und den altbewährten Thrash-Faden auch auf „Emerald Eyes“ (2020) weiterspinnt.

Um andere Underground-Recken wie Stormwarrior („Norsemen“, 2019) oder Paragon bleibt es vergleichsweise ruhig: Die Band um Bassist Jan Bünning veröffentlicht 2019, drei Jahre nach ihrem letzten Studioalbum, „Controlled Demolition“, bevor sie ihren vierzigsten Geburtstag feiert. Bleiben noch Running Wild als weitere Szenegröße von der Elbe: Kapitän Rock'n'Rolf Kasparek hat mittlerweile eine relativ feste Crew um sich geschart und läuft sowohl auf der EP „Crossing The Blades“ (2019) als auch auf der LP „Blood On Blood“ (2021) zu wenigstens solider Form auf. Im Übrigens sind die Melodic-Power-Metaller Mob Rules aus dem benachbarten Niedersachsen auch noch am Start und betören 2018 mit „Beast Reborn“.

Und der Prog-Sektor? Unter der Oberfläche brodelt es kräftig, doch alte Hasen wie die Sieges-Even-Folgeband Subsignal („La Muerte“, 2018, „A Poetry Of Rain, 2023) oder Poverty's No Crime („A Secret To Hide“, 2021) geben nach wie vor ein zeitlos jugendliches Bild ab, derweil Genre-Fans angesichts der glorreichen Rückkehr der Leipziger Disillusion („The Liberation“, 2019, „Ayam“, 2022) jubeln. In Kaiserslautern zeichnet sich eine der dienstältesten deutschen Bands durch Verlässlichkeit aus: Vanden Plas veröffentlichen nach dem Konzertmitschnitt „The Seraphic Live Works" (2017) die beiden „The Ghost Xperiment"-Teile „Awakening" (2019) und „Illumination" (2020). Im nahen Idar-Oberstein wird 2018 „Mirror Of Creation III – Project Ikaros" von Tomorrow's Eve fertiggestellt.

**Zurück an Rhein und Ruhr**

Tomorrow's-Eve-Sänger Martin LeMar tritt außerdem ein weiteres Mal als Wunderstimme der Velberter Frickel-Institution Mekong Delta auf den Plan („Tales Of A Future Past", 2020), die nur alle Jubeljahre neue Musik preisgeben. Das gilt eigentlich auch für Krefeld's Finest Blind Guardian, aber die Band begeht in letzter Zeit einen sagenhaften Release-Lauf – mit zwei Livealben (2017 „Live Beyond The Spheres" und 2020 „Imaginations From The Other Side Live"), dem endlich vollendeten Klassik-Projekt „Twilight Orchestra: Legacy Of The Dark Lands" (2019) und diversen Singles, wobei der Release des neuen regulären Studioalbums „The God Machine" (2022) mit dem Startschuss einer verspäteten Jubiläumstour zur 1992 erschienenen LP „Somewhere Far Beyond" zusammenfällt.

Die Bocholter Manowar-Schüler Wizard machen mit „Fallen Kings" (2017) und „Metal In My Head" (2021) das Dutzend Alben voll. Darüber hinaus geht es vor allem knallhart zur Sache: „Lebe dich leer", skandiert die Grevenbroicher Dark-Metal-Legende Bethlehem 2019, derweil die Rhein-Wikinger Obscurity 2017 „Streitmacht" und 2021 „Skogarmaors" vorlegen. Ein verlässlicher Dunkelmacher ist auch der Aachener Alexander von Meilenwald, dessen Kollektiv The Ruins Of Beverast neben mehreren Split-EPs die Alben „Exuvia" (2017) und „The Thule Grimoires" (2021) einreicht.

Ebenfalls nicht erst seit gestern am Start sind Suidakra aus dem Kreis Mettmann, die 2018 „Cimbric Yarns", im Jahr darauf „Echoes Of Yore" und 2021 „Wolfbite" absondern. Indes zementieren die Hattinger Caliban mit „Elements" (2018), „Zeitgeister" (2021) und „Dystopia" (2022) ihren Ruf, eine der Triebfedern des hiesigen Metalcore zu sein.

In Essen kommen Attic- und Erazor-Leute als Spiker aus dem Quark, deren EP-Titel „Heavy Metal Macht" (2019) alles über ihre Musik aussagt. In ihrer direkten Nachbarschaft ziehen Häxenzijrkell schwarze Kreise, und mit The Night Eternal (eine selbst betitelte EP 2019, das Debütalbum „Moonlit Cross" 2021, gefolgt von „Fatale" 2023) tritt die vielleicht wichtigste gesamtdeutsche Heavy-Metal-Band der kommenden Jahre an. In diesem Dunstkreis erleben auch die Black-Metaller Imha Tarikat einen rasanten Aufstieg – zu Recht, gemessen an dem Lauf, den die Gruppe mit ihren Schlag auf Schlag veröffentlichten Aufnahmen hat. Totgeglaubte leben länger: Die ebenfalls aus Essen stammenden Mad Butcher finden sich 2022

wieder für einige Konzerte zusammen und komponieren den Song ‚Flesh & Blood' (2023).
Alterfahren sind wiederum The Very End, die sich 2021 nach längerer Zeit mit der geistreichen Backpfeife „Zeitgeist" zurückmelden, und die genauso muskulösen Greydon Fields, die trotz der Hammerplatten „Tunguska" (2018) und „Warbird" (2020) in der Szenepresse sträflich unterrepräsentiert sind. Umso lobenswerter ist Gitarrist Gregor Vogts Leistung mit seinem Label Roll The Bones Records, das der für Künstler und Clubs besonders schwierigen Corona-Zeit mit The Virus Project Rechnung trägt: Gemeinsam mit Helfern wie Bassist Frank Stellmacher und Tombstone-Drummer Markus Siegemund nimmt er die EP „We Are The Virus" auf, die von den Sängern Björn Gooßes (The Very End, Harkon) und Olaf Reimann (Ra's Dawn) veredelten Power Metal zu Gehör bringt. Sämtliche Einnahmen des Unterfangens fließen nach Abzug der Produktionskosten in Essener Veranstaltungsorte wie Café Nord oder Turock. Beide Etablissements haben bis zum Ausbruch der Pandemie eigene Festivals im Herzen Essens eingeführt, die zunächst keine Fortsetzung erfahren, doch insbesondere Turock-Betreiber Peter Siewert macht sich im Rahmen der Initiative Clubs United stark dafür, dass Menschen zusammenfinden, um Musik – im Übrigen nicht nur harte – zu genießen und den Gemeinschaftssinn auch zu Krisenzeiten aufrechterhalten. Es kommt dank umsetzbarer Hygienekonzepte und Sicherheitsbestimmungen zu Biergarten- und Kirchenkonzerten, „Silent Discos" (mit Musik über Kopfhörer) am Kennedyplatz und Open Airs vor dem Club auf dem Viehofer Platz, wobei sich Rocker und Techno-Freaks genauso begegnen wie Hip-Hop-Fans und Metaller. Der genreübergreifende Geist lebt auch beim Turock Open Air im August 2022 weiter, wo sich die US-Metzler Cannibal Corpse und die Hamburger Ska-Punks Rantanplan eine Bühne teilen.
Kleinere Events haben also einen Vorteil gegenüber Großveranstaltungen wie Party.San oder natürlich dem Wacken Open Air, die wegen Covid-19 gar nicht beziehungsweise nicht wie gewohnt stattfinden können. Man handelt in jedem Fall den Umständen entsprechend und findet Lösungen, um zu überleben. Auch das ehrwürdige Kulturzentrum der Essener Zeche Carl nimmt seine Aktivitäten Anfang 2022 schrittweise wieder auf. Währenddessen bleibt die Turbinenhalle Oberhausen eine wichtige Anlaufstelle für Musikacts aus aller Welt, und sein akustisches Ambiente wurde auf einigen Live-Releases verewigt, beispielsweise der DVD „Live In Oberhausen" von Overkill, die einen Auftritt der New-Yorker-Thrasher vom 16. April 2016 dokumentiert. In dem über hundert Jahre alten Komplex geht Anfang Dezember 2022 auch das nächste Ruhrpott Metal Meeting über die Bühne,

unter anderem mit Saxon, Voivod, Exciter sowie den „Ruhrgesteinen" Angel Dust und Darkness.
„Das Leben kommt von vorn", wie der in Bochum aufgewachsene Herbert Grönemeyer einst sang … und es geht weiter – mit klingendem Stahl in seiner gesamten Vielfalt als Soundtrack!

## 1.2 Von Österreich in den Pott: Im Gespräch mit Brigitte Simon (Stormbringer.de)

Wer als Metaller nur gelegentlich im Kern des Potts ausgeht, kennt Brigitte Simon auf jeden Fall zumindest vom Sehen her. Als gebürtige Österreicherin hat sie in Wien studiert und wollte eigentlich nur ein Erasmus-Semester in Essen verbringen, was aber offensichtlich eine Liebe zur Region in ihr entfachte. Die Autorin des Szene-Webportals Stormbringer wohnt mittlerweile vor Ort und ist oft zur Stelle, wenn Konzerte und andere Metal-bezogene Events stattfinden.
Ihre Sozialisation mit harten Klängen gestaltete sich mehr oder weniger normal: „Musik hat bei mir schon eine Rolle gespielt, als ich ein kleines Kind war, eigentlich seitdem ich denken kann: Anfangs waren es eher Oldies und RTL Radio, dann ging es weiter zu Slade und Queen, schließlich Led Zeppelin … Mit vierzehn, fünfzehn kam mit Kiss und Alice Cooper noch ein großer Sprung, von da an ging's zum Heavy Metal und wurde immer eine Spur härter – Van Halen, Judas Priest, Megadeth. Für Death Metal konnte ich mich hingegen erst vor ein paar Jahren erwärmen.
Ich stamme aus einer dörflichen Gegend im Burgenland, in der es so etwas wie eine Szene nicht gibt. In Österreich hatte ich niemanden in meiner Umgebung, der sich für diese Musik interessierte, und Konzerte zu besuchen war auch eher schwierig. An der Ruhr und gerade in Essen, einer sehr zentral gelegenen Stadt, ist das natürlich völlig anders. Abends kannst du immer ins Turock oder Café Nord ausgehen, und das Don't Panic ist auch so ein Sammelpunkt, wo sich die ganze Szene begegnet. Außerdem ist man schnell in Oberhausen, Bochum oder Gelsenkirchen, man ist hier schon sehr verwöhnt, was das Angebot betrifft, stößt auch viel leichter auf Gleichgesinnte. Selbst wenn man als Außenseiter neu hinzukommt, trifft man im Lauf der Zeit immer wieder dieselben Leute bei Konzerten und gelangt allmählich in die Szene rein."
Ein besonderes Faible entwickelte Simone durch Zufall, und zwar für die Thrash-Urgesteine Darkness. „Sie waren eine der ersten Bands, die ich im Ruhrgebiet kennengelernt habe. Ich interviewte sie Anfang 2018 bei einem Konzert, wir kamen miteinander ins Gespräch, und weil man sich halt ständig irgendwo trifft, hat sich daraus eine gute Bekanntschaft entwickelt.

Das sind Menschen, die ich lieb gewonnen habe.“ Einen ureigenen Ruhrpott-Stil gibt es in ihren Augen indes nicht. „Der klassische Sound aus der Entstehungsphase rührte einfach von der Unerfahrenheit der Musiker her. Sie hatten eine einfache Herangehensweise, die zu roher Musik führte, und das passte dann zufälligerweise zu der Gegend hier.“

Der Retro-Trend, der allgemein im Rock und Metal seit einigen Jahren andauert, bezieht logischerweise auch viele junge Thrash-Bands aus der näheren und weiteren Umgebung ein, wobei Simone spontan Taskforce Toxicator aus Münster in den Sinn kommen. „Enge Jeans, weiße Turnschuhe, Old-School-Ausrichtung. Ich besuche in erster Linie solche Konzerte, also nehme ich vor allem diesen Stil wahr. Trotzdem ist es mir egal, ob ich Achtziger-Sachen wie Sodom oder aktuellere Bands höre, denn diese Musik ist zeitlos wie der Hardrock von Deep Purple oder Led Zeppelin. In den Sechzigern, Siebzigern und noch während der Achtziger wäre kaum jemand darauf gekommen, sich ein dreißig Jahre altes Album anzuhören, aber das ist längst normal.“

Dementsprechend sei keine Prognose für die künftige Entwicklung des lokalen Milieus möglich, dessen Mentalität Simone im Übrigen „schroff herzlich“ nennt. „Da gibt es eine gewisse Wärme, wenn die Leute merken, dass man seelenverwandt ist und zu ihnen gehört. Wenn man in seiner Jugend Außenseiter war, hat Musik besonders zu einem gesprochen, und das steckt bei mir immer noch drin.“ Andererseits braucht es keine tiefgründigen Inhalte, um Bands etwas abzugewinnen. „Ich habe das Gefühl, dass im Thrash stärker auf Texte geachtet wird als etwa im Power Metal, wo es hier rein- und da rausgeht. Ein guter Text ist das i-Tüpfelchen, er macht die Musik noch mal ein Stück besser, ein schlechter zieht sie aber nicht runter, solang beispielsweise die Riffs passen.“

Eine kritische Perspektive ist bei aller Liebe dennoch möglich: „Ich würde das klischeehafte Bild von der großen Metal-Familie zwar grundsätzlich unterstreichen, spüre aber bis zu einem gewissen Grad schon, dass man bei Shows skeptisch beobachtet wird, weil man vom Äußerlichen her nicht den gängigen Vorstellungen davon entspricht, wie man als Frau, die Heavy Metal hört, auszusehen hat. Alle paar Konzerte kommt es vor, dass mich jemand anspricht – und das sind immer Männer – und fragt: ‚Magst du die Musik überhaupt, kennst du die Band?‘ Das kann einem auf die Nerven gehen, wenn man nicht in das stereotype Bild fällt. Ich habe schließlich auch mal Lust, etwas anderes anzuziehen als ein sackartiges T-Shirt und eine Hose – Sachen, die ich zu Hause beim Herumgammeln oder auf der Arbeit anziehen kann –, etwa ein buntes Kleid, es muss nicht immer nur Schwarz sein.“

Nichtsdestoweniger sei Sexismus, falls solche Verhaltensweisen darunterfallen, im Heavy Metal nicht extremer als in der Gesellschaft insgesamt. „Deena Weinstein hat ja schon Anfang der Neunziger geschrieben, dass es im Hip-Hop schlimmer ist. Ich habe mich in meiner akademischen Laufbahn mit Geschlechterrollen im Heavy Metal beschäftigt und einen Artikel für ein Magazin geschrieben, in dem es um Konstrukte von Männlichkeit im Thrash- und Hair Metal ging. Dabei bin ich auch auf das Vorurteil eingegangen, Hair Metal sei sexistisch, und habe mich auf drei 1986er-Releases aus jedem Genre konzentriert. Letzten Endes ergibt sich kein einheitliches Bild von Musikern oder Fans, die Einstellungen sind trotz der jeweiligen Outfits schon recht individuell."
Überhaupt mache die Vielfalt der Subkultur ihren besonderen Reiz aus, wie die passionierte Vinyl-Sammlerin findet. „Metal ist so breit gefächert, es gibt selbst dann ständig Neues zu entdecken, wenn man sich nur auf ein Subgenre fokussiert. Und mit Schallplatten hat man die unkompliziertesten Liebesbeziehungen: Du kannst sie für lange Zeit zur Seite stellen und irgendwann wieder hervorholen."

### 1.3 Gastbeitrag Erhard „Hucky" Heppke: Die Connection Ruhrpott-Niederlande

Im April 1982 konnte ich die deutsche Band Bullet auf einigen Liveshows in Frankreich (Évry und Rouen) und Brüssel begleiten, denn Bullet hatten das große Glück, Iron Maiden auf ihrer „The Beast On The Road"-Tour zu supporten, und ich war dabei. Es war für mich ein geiles Erlebnis, mit Ausnahme davon, dass meine Kamera schon vor der ersten Show kaputt war. Freundlicherweise wurde ich vom Maiden-Tourmanager zu den Shows in Bochum und Düsseldorf eingeladen.
30. April 1982, Philipshalle in Düsseldorf, das letzte Deutschland-Konzert der „The Beast On The Road"-Tour von Iron Maiden. Im Foyer der Halle traf ich auf einen blonden Metal-Fan: Es war Mike van Rijswijk, auch Metal Mike genannt, der dort sein Magazin verkaufte. Ich ging sofort zu ihm, und es stellte sich heraus, dass er aus den Niederlanden kam und dort seit Oktober 1980 das Aardschok Magazin veröffentlichte – zu diesem Zeitpunkt gab es in Old Germany derartiges noch nicht. Mike erzählte mir, dass ein Freund von ihm, André Verhuysen, in Eindhoven Konzerte im Dynamo Club organisierte. Ich muss gestehen, bis zu diesem Tag hatte ich noch nichts von Dynamo gehört, aber für mich war klar, dass ich in Zukunft öfter in Eindhoven bei Konzerten sein würde.
Der Dynamo Club entstand in einer ehemaligen Kirche und war nun ein Jugendzentrum mitten in Eindhoven. Im November 1981 eröffnete der

damals siebzehnjährige André Verhuysen mit Freunden im Dynamo das Aardschok Café. Hier traf man sich einmal in der Woche, um die Musik der NWOBHM zu hören, André war der DJ. Am 27. November 1982 veranstaltete er dort sein erstes Konzert, und es sollten bis 1995 noch viele folgen. An diesem Tag war der vierzigste Geburtstag seiner Mutter, und sie war nicht gerade begeistert, mit ihrem Sohn im Dynamo zu sein.

Raven waren die erste Band, die André ins Dynamo holte. Die Liste der Bands, die im Laufe der nächsten Jahre das Dynamo erschütterten, ist immens lang, deshalb liste ich hier nur eine kleine Auswahl auf: Anthrax, Agent Steel, Exodus (das einzige Mal mit 350 gequetschten Metal-Fans im kleinen Club), Trance, Bodine, Picture, Deep Machine, Black Rose, Satan, Cloven Hoof, Blind Fury, Jaguar, Tankard, Warlock (sie spielten mehrmals im Monat dort), Heir Apparent, Savage Grace, Slayer (1988 zweimal in einer Woche) und natürlich Mercyful Fate.

1986 veranstaltete André zum fünfjährigen Aardschok-Café-Jubiläum das erste Dynamo Open Air direkt vor dem Club auf dem angrenzenden Parkplatz. Eingeladen zu diesem kostenlosen Event waren Satan, Paul Di'Anno, Battlezone, Angel Witch, Joshua, Chariot, Onslaught. 5.000 Fans waren total begeistert, und so entschloss man sich, jedes Jahr ein Open Air zu veranstalten. Beim letzten von André organisiertem Open Air waren 118.000 Zuschauer zugegen! Das heutige Dynamo Metal Fest hat übrigens nichts mehr mit dem zwischen 1982 und 1995 zu tun.

Durch Mike und André lernte ich auch Mike Grizzly von Dutch Rock Company kennengelernt, sodass ich fortan in Enschede, Amsterdam und anderen holländischen Städten zu Konzerten unterwegs war. Unvergessen das erste Konzert der Japaner Loudness am 19. August 1983 im Paradiso in Amsterdam: Wie ein Taifun legten die vier die Halle in Schutt und Asche. Knapp zwei Wochen später waren Twisted Sister und Anvil dort zu Gast.

Neben dem Dynamo Open Air war ein weiteres Festival von 1982 bis 1992 ein Muss für alle Metal-Freaks: der Aardschokdag – benannt und organisiert vom gleichnamigen Magazine. Zum Aarschok muss ich noch Folgendes erwähnen, im März 1983 erschien in Zusammenarbeit mit Mike und Axel T. das deutsche Aardschok, bei dem ich ab der zweiten Ausgabe als Fotograf und Schreiber mitgewirkt habe. Außerdem wurden in der Zeche Bochum, angelehnt an den holländischen Aardschokdag, einige Konzerte organisiert. Bodine und Savage aus den Niederlanden für fünf Euro Eintritt, Raven, Mercyful Fate und Street Fighter und einige Shows mit deutschen Metal-Bands. Im Gegensatz zum deutschen Aardschok, das nach acht Ausgaben schon eingestellt wurde, existiert das niederländische im Oktober 2022 seit zweiundvierzig Jahren. Aardschok Rules!

## 1.4 Interview Sabina Classen/Hirtz (Holy Moses): „Das ist ein ganz großes Geschenk"

1980: Holy Moses gründen sich als Aachener Schülerband. Sabina, die damalige Freundin von Gitarrist Andy Classen, kommt als Sängerin ein Jahr später hinzu. „Wir haben aus meiner Sicht eigentlich nur totalen Krach gemacht, und ich wollte keine Sängerin werden", so leitet Sabina das folgende Gespräch ein. 2023 ist endgültig Schluss: „Invisible Queen", das definitiv letzte Album vor der Metal-Rente, erreicht mit Platz 14 den größten Charterfolg der Bandgeschichte und erscheint nach neunjähriger Pause bei Markus Wosgiens Unterlabel Fireflash Records.

Dafür, dass du eigentlich nicht singen wolltest, kannst du auf eine stolze Kariere zurückblicken. Dass der Thrash mehr als vierzig Jahre später noch so lebendig ist, war vermutlich für niemanden damals absehbar?
Sabina: „Ich habe ja nur in das Mikrofon gegrowlt, weil ich zeigen wollte, dass ich nicht singen kann, und dann meinten meine Mitmusiker: ‚Das ist es!' Wenn mir damals einer gesagt hätte, dass ich das 2023 immer noch mache und weltweit getourt habe, wäre das eine Vision gewesen. Unglaublich!

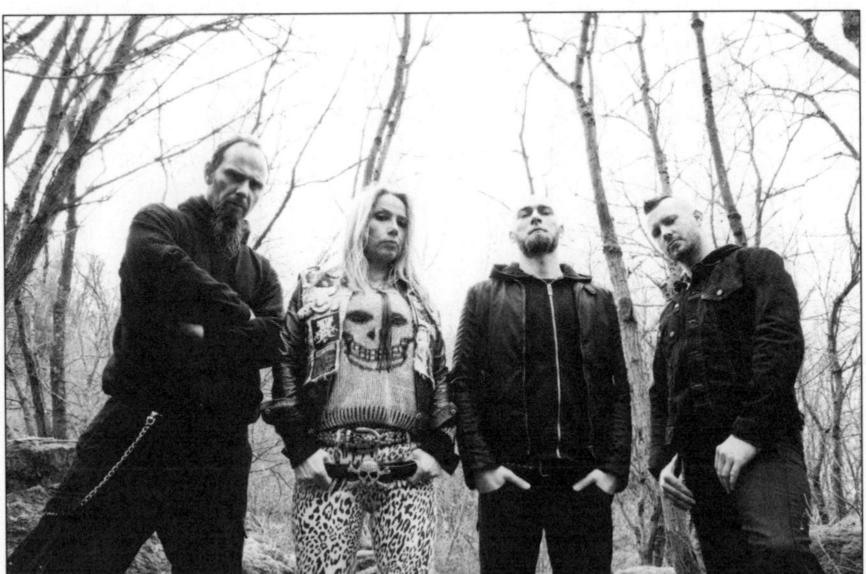

Holy Moses aktuelles LineUp (Foto: Holy Moses)

Auch dass es die Kollegen wie Lacky (Darkness) oder Martin van Drunen (Asphyx) alle noch gibt."

Am Anfang habt ihr euch als Band vorwiegend Richtung Niederlande und Belgien orientiert, wo es bereits Anfang der Achtziger erste Metal-Kneipen gab. In der Doku „Total Thrash" erzählst du, dass ihr zum Ärgern der Zollbeamten immer Nieten dabeihattet, die euch an der Grenze zu Holland stets abgenommen wurde. Was verbindet euch mit dem Dynamo Club in Venlo, und wie seid ihr an den ersten Plattenvertrag gekommen?
Sabina: „So wie es aussieht, waren Holy Moses die erste Band im Dynamo Club in Venlo. Dadurch ist der Kontakt zu André Verhuysen vom Dynamo Club und Metal Mike (Aardschok Magazin) zustande gekommen. Unser Fanclub hat die ersten Platten an Labels geschickt, und wir dachten: Das ist jetzt nicht wahr ... Axel Thubeauville (Aaarrg Records/Shark Records) meldete sich dann 1985, lud uns ins Studio nach Bochum ein, weil sie einfach mal hören wollten, ob unser Schlagzeuger wirklich so gut Doublebass spielen kann und ob da wirklich eine Frau singt oder ob wir tricksen. Am selben Tag unterschrieben wir den Vertrag, ohne ihn gelesen zu haben. Wir waren meganaiv und unbedarft, hatten aber unseren Spaß."

Thubeauville war ein Bezugspunkt für Holy Moses ins Ruhrgebiet. Was verband euch noch mit der hiesigen Szene?
Sabina: „Mit Sodom, aber auch mit Tankard haben wir schon früh begonnen, Konzerte zu spielen. Ebenso mit Darkness und Living Death. Die Ruhrpott-Szene kannte sich untereinander so gut wie wir die holländische Szene. Ich erinnere mich gut an einen Abend im Ruhrgebiet. Tom Angelripper fragte mich: ‚Sabina, weißt du eigentlich, wer die heilige Barbara ist?' Und ich antwortete: ‚Klar, mein Vater war Steiger.' Damit waren wir für ihn aufgenommen und nicht die Gymnasiasten-Band aus Aachen. Die Freundschaft hält bis heute. Mit Chainsaw, Avenger und Living Death haben wir 1986 eines der ersten größeren Konzerte in der Rockfabrik in Ludwigsburg gespielt. Das war genau der Tag, an dem sich Avenger in Rage umbenannten. Peavy (Rage) haben wir im Studio in Bochum häufiger getroffen, ebenso Living Death. Da war schon ein enger Zusammenhalt. Robert Kampf kenne ich schon aus Despair-Zeiten. Holy Moses waren ja auch mal bei Century Media unter Vertrag, als ich ein paar Jahre Pause machte und mit Temple Of The Absurd unterwegs war."

Es fällt auf, dass es nicht wenigen etablierten Bands schwerfällt, neue kreative Platten herauszubringen, die zwar vielleicht im gewünschten stilistischen

Fahrwasser bleiben, trotzdem aber innovative Elemente integrieren. Kreator beispielsweise sind hier die positive Ausnahme. Die Metal-Szene dreht sich – gefühlt – an vielen Stellen im Kreis und wiederholt sich. Wie schätzt du diese Entwicklung ein?

Sabina: „Für die alten Bands ist es oft schwierig, auf Ideen für neue Sachen zu kommen. Man ist nun mal auch vierzig Jahre älter. Es war 1987 ein ganz anderer Spirit, als wir unsere zweite Platte geschrieben haben. Die Texte waren eine Selbsttherapie für mich (lacht). Die neuen Bands haben, glaube ich, das ganz große Problem, dass es schon alles gegeben hat. Wir müssen auch noch mal hören und uns fragen: Wann ist es gut, habe ich nicht alles schon erlebt? Ich bin superdankbar: Wir sind eine Band, die von Anfang an dabei war und die Szene mit aufgebaut hat. Das ist ein ganz großes Geschenk."

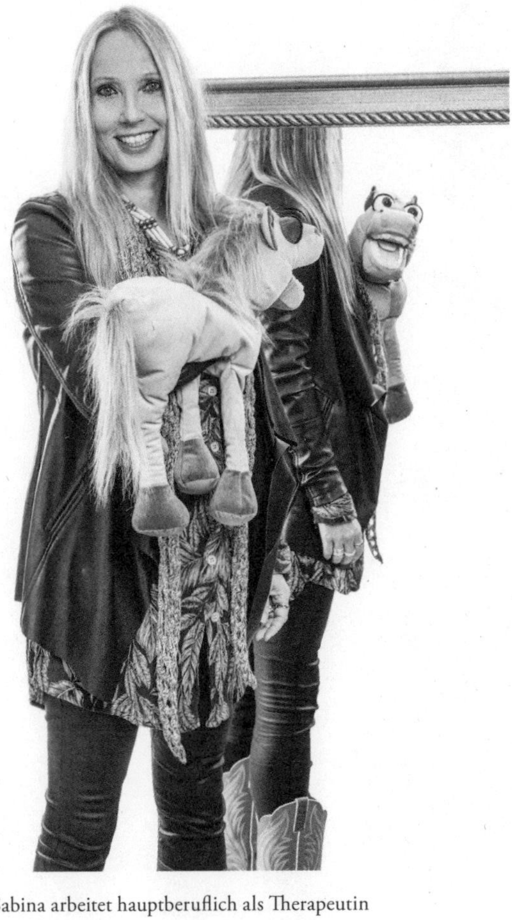

Sabina arbeitet hauptberuflich als Therapeutin

# KAPITEL 2: ONE MILLION FACES TEIL 1

## 2.1 Mit dem Tourbus quer durch die Republik

Wir begeben uns auf unsere Reise quer durch die Metal-Republik: Vergleichbar mit einer Metal-Band auf Tour hält der „Kumpels in Kutten"-Bus nicht an jedem Ort, sondern nur an ausgewählten Stationen. Allerdings nicht, um Konzerte zu spielen, sondern um interessante Interviewpartner zu befragen bzw. Gastautoren schreiben zu lassen – über die Szene selbst, ihre Tätigkeiten und ihren Blick auf Metal im Pott. Vom Ruhrgebiet bzw. Aachen (Sabina Classen/Holy Moses) geht es einmal kreuz und quer durch das Land: Zunächst in den hohen Norden nach Ostfriesland, von dort nach Niedersachsen und Baden-Württemberg, weiter ins rheinland-pfälzische Kaiserslautern, ein Zwischenstopp folgt in Berlin, zurück geht es dann über Schleswig-Holstein, um letztlich bei SPV in Hannover das Kapitel abzuschließen. Herausgekommen ist ein vielseitiger Einblick in unsere Metal-Szene, von Menschen aus der Branche, die in ganz unterschiedlichen Bereichen tätig sind.

## 2.2 Gastbeitrag Uwe Harms (Radio Gehacktes): Ostfriesland und Ruhrpott – eine späte Liebe

Als der Heavy Metal 1976 nach Emden im beschaulichen Ostfriesland kam (in Gestalt einer orangen Musikkassette mit AC/DCs Album „High Voltage") gab es bei mir zunächst einmal eine Weile nur Australien zu hören. Auch weil von Ruhrpott-Bands in der Bravo einfach nichts zu lesen war und bei den Radiosendern aus den Niederlanden, die harten Rock spielten, auch nur selten etwas aus Deutschland gespielt wurde. Die ‚Lady Lou'-Single von Accept fand ich lahm, doch zu der Zeit kam auch „Virgin Killer" der Hannoveraner Scorpions in die Geschäfte. Dieses Album trug ich allerdings wegen des Covers eher verschämt in einer Tüte nach Hause.

Doch als die 80er Jahre kamen, begann auch ich mit dem Tapetrading, und eines der zwanzig ersten „Original"-Demos kam dann auch schon

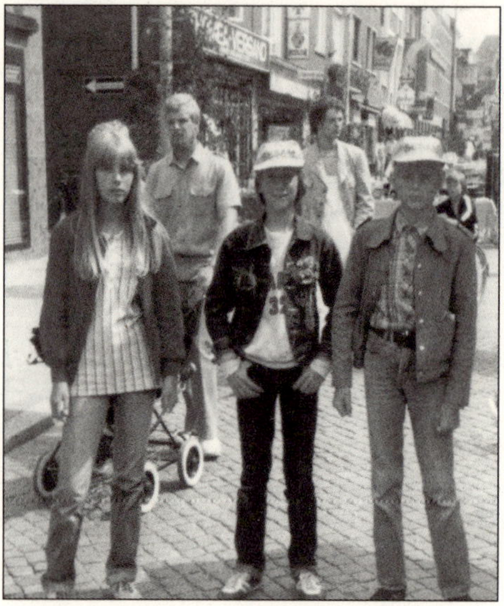

Uwe Harms mit erster Kutte 1977

aus dem Ruhrpott: Ein junger Mann namens Miland Petrozza schickte das Band einer Kapelle namens Tormentor, kurze Zeit später traf das „Iron Force“-Demo einer Formation namens Darkness ein. Ich hatte mein Heiligtum aus deutschen Landen jedoch bereits gefunden: Die Kassette hieß „Bestial Invasion Of Hell“ und machte mich zu einem Destruction-Jünger. Für mich war das Demo nur mit Hits bestückt, die Konkurrenz aus dem Pott konnte mit „Demo 1“ (Sodom) und „Rehearsal“ (Tormentor hatten sich in Kreator umbenannt, und ja, ich hielt „Rehearsal“ jahrelang für den tatsächlichen Namen des Demos …) noch nicht wirklich mithalten. Eines fiel jedoch auf: Alle Bands hatten dasselbe Langenscheidt-Wörterbuch Englisch-Deutsch. Überall hießen entweder die Songs, die Bands oder die Musiker selbst irgendwas mit „Tormentor“, „Beast“, „Death“ oder „Antichrist“. „Punisher“, „Desecrator“ oder irgendwas mit „Grave“? Gern, durfte ruhig etwas mehr „evil“ sein ... Gut, streng genommen und aus Sicht eines Fünfzehnjährigen klang „Damager“ tatsächlich cooler als „Zwei-Finger-Uwe“ und „Torturer“ besser als Andreas.

In Ostfriesland begann der Heavy-Metal-Virus – wie alles in unserem als Auenland ganz treffend beschriebenen Landstrich – einige Jahre später als im Rest der Republik. Aber auch ich durfte Mitte der 80er Jahre andächtig den Proberaumklängen unserer lokalen Helden Stormriders lauschen. Doch nach 1985 explodierte die Heavy-Metal-Szene regelrecht, und auch ich machte mich nach meinem Besuch des Heavy Sound Festivals 1985 in Poperinge (mit der Zündapp CS 25 und ohne das Wissen der Eltern feierte ich meinen sechzehnten Geburtstag mit Hanneman und Araya statt mit Thorsten und Frank aus dem Nachbarhaus) auf, immer tiefer in diese Materie einzutauchen. Ein Bild aus meinem damaligen Jugendzimmer zeigt ein Venom-Poster neben einem Madonna-Starschnitt, und es sieht so aus, als ob Cronos mit seiner Zunge die Dame „unten“ besuchen würde.

Was im Ruhrpott in den Jahren ab 1986 an genialer Musik geboren wurde, konnte man nur noch staunend anerkennen, und teutonischer Thrash Me-

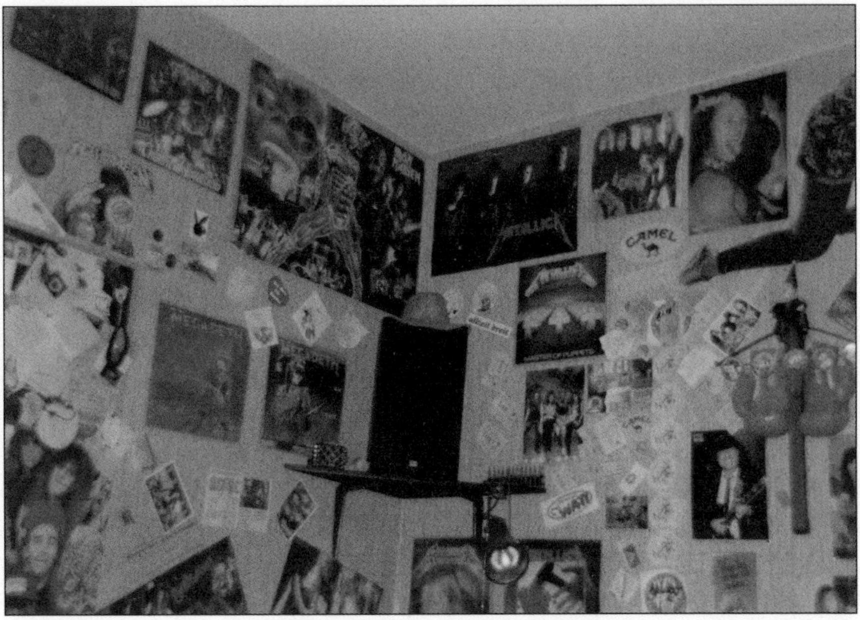

Uwes Kinderzimmer mit Metalpostern

tal wurde ein weltweiter Exportschlager. Meine Heimat Ostfriesland und seine Musikszene koppelte sich zu meinem Leidwesen vom Thrash-Metal-Boom ab und produzierte in den folgenden Jahren, abgesehen von Assorted Heap, Assault Attack und Aborted Brains (ja, nur der Buchstabe A), jede Menge guter Bands, die eine neue Musikrichtung spielten: Death Metal. Bis in die Gegenwart ist Death Metal die dominierende Musikrichtung in den Proberäumen des Auenlandes.

Ich habe in den vergangenen Jahrzehnten immer wieder loyale und tiefe Freundschaften mit Menschen aus dem Ruhrpott gepflegt. Mittlerweile sind die Besuche von uns Ostfriesen im Pott keine normalen Konzertbesuche, sondern mehr und mehr Familientreffen, und die in Ostfriesland veranstalteten Konzerte reihen sich in die gleiche Kategorie ein. Man ist unter seinesgleichen, könnte man sagen.

Das trifft allerdings nicht auf alle Bereiche des Lebens zu: Der Ruhrpott hat Ostfrieslands Immobilienmarkt mittlerweile überrannt. Wie die ewig siegreichen Römer konnte das ostfriesische Gallien der Finanzkraft der Nordrhein-Vandalen nicht standhalten, und so ist in manch ostfriesischem Dorf mittlerweile öfter „Hömma" zu hören als „Moin". Das fördert die Verständigung zwischen den Völkern, und man stellt fest: die Leute aus dem Pott sind uns Ostfriesen ähnlicher als gedacht: stur, ehrlich, bodenständig und

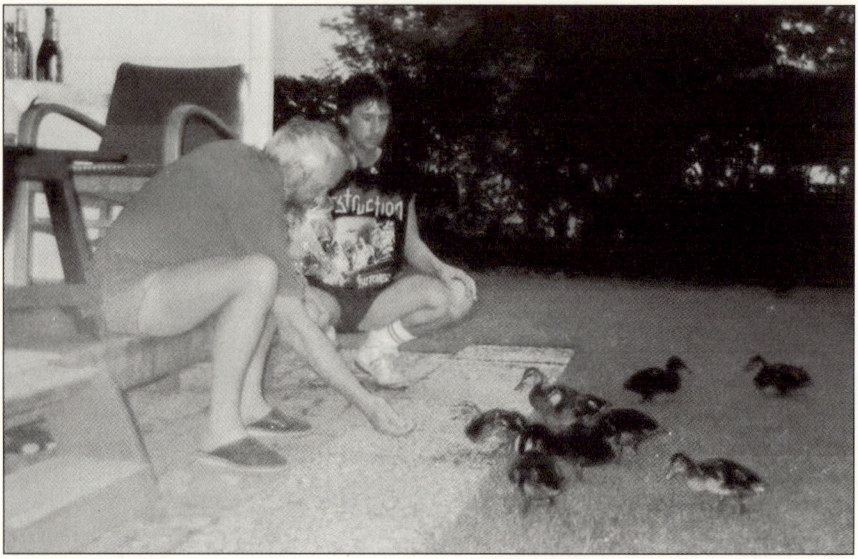

Destruction-Jünger Uwe Harms 1986

loyal. Ach ja: und trinkfest. Ruhrpottler sind eben auch Ostfriesen – sie wurden nur im falschen Bundesland geboren.

### 2.3 Gastbeitrag Ernie Fleetenkieker: Ein „Nordlicht" im Pott

Der Ruhrpott. Zeche reiht sich an Zeche, an Zeche, an Currywurstbude und an Zeche. Der Himmel immer grau, die Menschen von Geburt an mit einer Patina aus Kohlestaub überzogen.
So zumindest meine Vorstellung als Niedersachse, der Ende der 90er gen Norden ziehen und acht prägende Jahre seines Lebens an der Grenze zu Dänemark und acht Jahre an den Fleeten Hamburgs verbringen sollte, bis es ihn der Liebe wegen nach Nordrhein-Westfalen zog. Um sich dann doch wieder in Niedersachsen mit ihr niederzulassen. Heimat, das ist etwas sehr Diffuses für mich, ein nicht an einen weltlichen Ort gebundenes Gefühl. Geboren in Radevormwald, bin ich der Legende nach häufiger umgezogen, als Sodom Alben veröffentlicht haben oder der Chef seine Mitmusiker ausgetauscht hat.
Wenn mich meine Erinnerung nicht trügt, waren Sodom auch mein erster Berührungspunkt mit dem Pott. „Get What You Deserve" (1994) ist bis heute das mir mit Abstand wichtigste Werk von Tom Angelripper, mit dem ich schon ein langes Gespräch über Black Metal führen durfte, auf Basis der Werke „In The Sign Of Evil" (1985) und „Obsessed By Cruelty" (1986). Und als ob ich nicht einfach nur gedankenverloren runterschreibe, was mir in den Sinn kommt, kann ich erneut treffsicher überleiten und komme von

zahlreichen Umzügen über Sodom zu Black Metal, und von Black Metal zu Idiots Records. Es war diese Anzeige, die in zahlreichen Ausgaben des 90er-Ablaze zu finden war, auf der Duke Satanaël von Godkiller („The Rebirth Of The Middle Ages" (1996), Mann!) finster in die Kamera starrte. Als Blickfang für den Hinweis, dass in Dortmund ein Plattenladen mit dem Namen Idiots Records zu finden sei. Ohne Scheiß, ich habe immer so bei mir gedacht: „Verdammt, was muss das für ein finsterer Laden sein, im Hinterzimmer hängen doch die Leichen derer von der Decke, die am Tresen nach Dimmu Borgir gefragt haben". Jaja, da durfte der Black-Metaller von Welt Dimmu Borgir nicht gut finden, auch wenn vermutlich jeder „Enthrone Darkness Triumphant" heimlich gehört hat. Preisfrage: Zum wie vielten Male war Black Metal 1997 schon tot? Aber ich schweife ab.

In den 90ern kannte ich Provinzknirps das meiste nur aus der Ferne. Zwar sollte der Rock'n'Roll mit meinem Verlassen des Elternhauses und Erreichen der Volljährigkeit so richtig losgehen, ich spreche da gern auch von der „abgründigen schwarzen Party meines Lebens". Aber wann war ich das erste Mal so richtig im Pott? Hat irgendwas mit Internet-„Bekanntschaften" zu tun, aber so richtig verstanden habe ich das Phänomen „Pott", dem die Autoren dieser Buchreihe mittlerweile ihren dritten Band widmen, eigent-

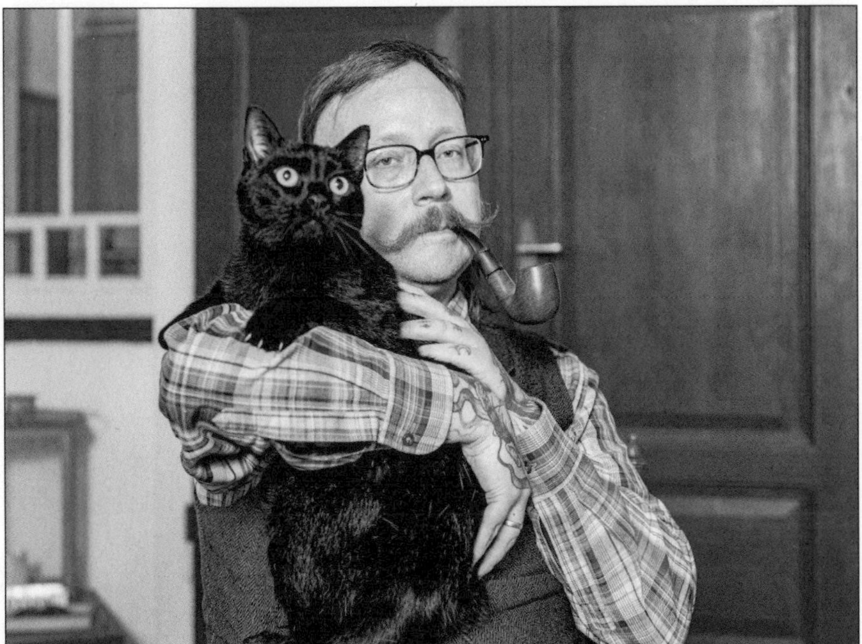

Ernie Fleetenkieker (Krachmucker TV)

lich erst ab 2009, als es mit meiner Musik auf die Bühnen der Welt, na ja, Europas, gehen sollte.

Jeder Region Deutschlands wird eine ihr zutiefst innewohnende Eigenheit zugeschrieben. Inwieweit hier mit Klischees gearbeitet wird, beantwortet nur die Erfahrung, und dass ich nicht gerade ein Mann weniger Worte bin, liegt wohl daran, dass ich im dem Klischee nach maulfaulen hohen Norden immer nur als Zugezogener galt. Womit ich wieder bei der Heimatsuche bin. Aber so wie Metal einen gemeinsamen Nenner schafft, der zusammenführt, habe ich in den letzten Jahren die Möglichkeit gehabt, viel rumzukommen und Metaller aus allen Teilen Deutschlands kennenlernen dürfen. Durch meine Zeit im Norden habe ich festgestellt, dass es selbst zwischen Kiel und Flensburg enorme Unterschiede gibt, von Hamburg ganz zu schweigen. Aber auch wenn der Ostdeutsche auf den ersten Blick sehr grummelig und distanziert wirkt, ist es doch eigentlich überall gleich, zumindest im Terrain der besten Musik der Welt. Manche vermitteln mit dem ersten Handschlag eine Herzlichkeit, andere brauchen ein paar Stunden oder Jahre, und ob etwas daraus erwächst, vielleicht sogar eine Freundschaft, das zeigt nur die Zeit. Arschlöcher gibt es eh überall.

Der Pott ist bodenständig. Und das muss ich wirklich sagen, so aufgesetzt hier und da Klischees gepflegt werden, in Dortmund habe ich auf meinem Rider keinen Chai-Latte stehen. Und auch wenn ich mein Halbwissen über den Pott zu achtzig Prozent aus „Thrash Altenessen" von 1989 ziehe, genieße ich genau das, wenn es mich wieder zu den Zechen zieht.

Meine schönsten Erinnerungen an meine Zeiten im Ruhrpott:

2009 im ausverkauften Helvete in Oberhausen gab es keinen direkten Weg vom Backstage auf die Bühne. Ich musste mich durchs Publikum kämpfen. „Darf ich bitte durch?" „Verpiss di... Oh klar, kann ich dir bis zur Bühne helfen?"

Pott-Führung mit Sodom-Gitarrist Yorck, mit dem Auto durch die Innenstädte, posieren mit einer Mortiis-Vinyl-Erstauflage in irgendeinem Gemäuer und Currywurst in irgendeiner Zeche.

Mit Tom Angelripper im Sodom-Proberaum ein Gespräch über Black Metal führen, während er eine Stange Kippen wegraucht.

Ein legendärer Konzertabend mit unter anderem Arroganz, bei dem das Trinken von Haaröl noch den harmloseren Teil des Abends bildete.

Das erste Mal Idiot Records betreten, sofort 'ne Pulle Bier in die Hand gedrückt bekommen. Sir Hannes kennengelernt.

„50 Jahre Kultur im Ruhrpott". Ich moderierte. Später knalledicht irgendwas auf dem Gelände in mich reingestopft, die leere Fressschale verfehlte großzügig den Eimer, von hinten ein charismatisch gebrülltes: „Äyyyyyy!!!"

Es mag etwas anderes sein, nur als Gast hin und wieder aus dem Zug zu steigen, und mein Bild vom Pott ist ein romantisiertes, dem Alltag eines Eingeborenen vielleicht nicht ferner möglich. Aber ich mag Currywurst. Heimat ist, wo zumindest für einen Moment die Last des Wissens um die Sinnlosigkeit des Daseins von meinen Schultern fällt. Wo ich mich zu Hause fühle und unter Menschen bin, wo manchmal ein Nicken eine ganze Lebensgeschichte erzählt.

## 2.4 Ein Gespräch mit Ralf Scheepers (Primal Fear): Der Blick aus dem Süden

Für den Fan aus dem Pott ist klar: Das Zentrum der deutschen Szenen ist definitiv zwischen Duisburg und Dortmund und nirgendwo anders. Aber wie sieht man das im Süden des Landes, zum Beispiel im Stuttgarter Raum? Ralf berichtet über seine Bands, die Szene an sich und blickt auch auf das Ruhrgebiet.

Gesanglich gehört der Schwabe zu jenen Ausnahmetalenten, die in hohen Tonlagen brillieren: Abgesehen vom (jüngeren) Rob Halford oder Tim „Ripper" Owens beherrscht dies Kunst kaum jemand so perfekt wie der gebürtige Esslinger. Zu hören unter anderem auf den Konserven seiner ehe-

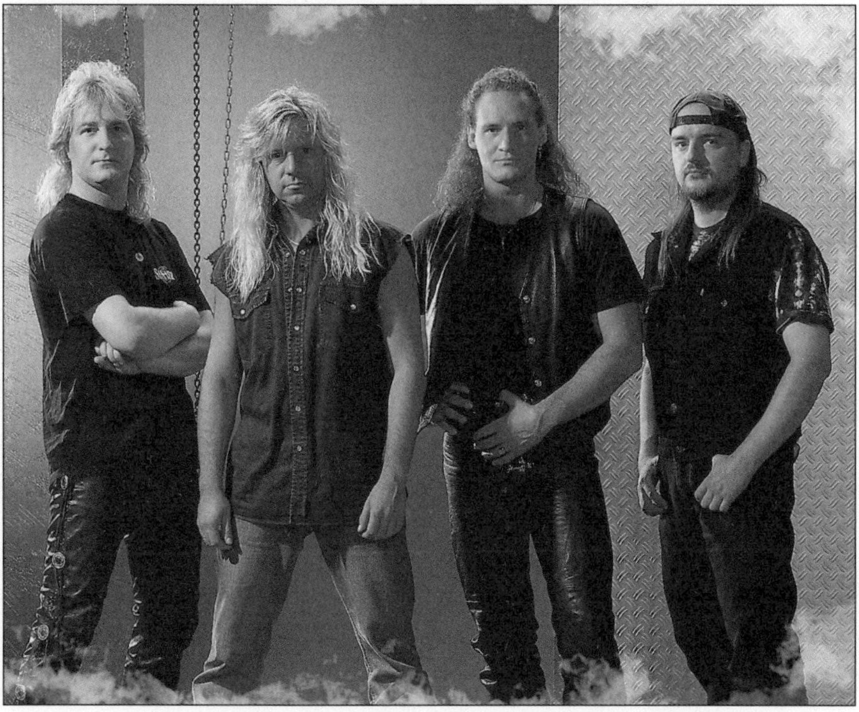

Primal Fear in ihren Anfangstagen... (Foto: Reiner III / Atomic Fire)

maligen Bands Tyran' Pace und Gamma Ray oder seit 1997 bei Primal Fear, nach wie vor fester Bestandteil der Szene und bis auf Platz sieben der deutschen Charts vorgestoßen. Trends gingen an dem Ausnahmesänger spurlos vorbei: „Da kam mal der Prog oder der Grunge. Das hat mich nie gestört, ich habe immer das gemacht, was ich mag, und glaube, dass der Fan das genauso sieht." Ralf wäre – abgesehen von seinem Dialekt – der perfekte Prototyp des Metal-Musikers aus dem Ruhrgebiet: bodenständig, ehrlich, authentisch! Und wenn er betont, Metal sei viel mehr „als nur Business", spürt man, dass er dies von Grund auf genauso meint.

Die Parallelen zum Ruhrgebiet zeigen sich auch in der Wahl des Jobs: Machten die Jugendlichen dort – gefühlt – alle ihre Ausbildungen auf der Zeche oder bei Krupp, gingen im Stuttgarter Raum nahezu alle bei Mercedes oder Bosch in die Lehre. „Lern einen gescheiten Beruf, Junge, dann kannst du machen, was du willst", erklärten ihm seine Eltern. Achtundzwanzig Jahre blieb er dort, trotz erfolgreicher Europa- und Welttourneen mit Gamma Ray und Primal Fear. Ein „harter Einschnitt" sei der Schritt in die Selbständigkeit gewesen, „aber wenn du deiner Passion folgst, steht das Geld nicht an erster Stelle", erklärt er. Bereut hat er das bisher nicht, hat er doch mit Mat Sinner und Tom Naumann Mitstreiter gefunden, die ähnlich ticken und ein gemeinsames Fandasein führen, das sie noch stärker mit dem Ruhrgebiet verbindet: Alle drei sind eingefleischte Schalke-Fans.

Die Zusammenarbeit ergab sich aus einem gemeinsamen Konzert nach seinem Ausstieg bei Gamma Ray: „Heute ist alles gut, Kai Hansen und ich verstehen uns. Aus dem Posten bei Judas Priest ist ja damals nichts geworden. Ich hatte nichts mehr und wollte schon mit dem Musikmachen aufhören. Dann trafen Mat und Tom von Sinner sich mit mir. Wir haben aus Spaß einfach ein paar Songs komponiert – einfach so runtergeschrieben, was uns gefällt, und dann kamen die Plattenfirmen auf uns zu. Wir sind genau mit der Welle von Hammerfall reingekommen."

Nahezu zeitgleich zur Primal-Fear-Bandgründung nahm Scheppers eine Anfrage als Gastsänger bei der Ruhrpott-Combo Scanner für deren viertes Album „Ball Of The Damned" (1996) wahr. „Man sieht sich auf dem Festival an und wird gefragt: ‚Kannst du mal mitträllern?' Und dann macht man das", erklärt er lachend. Die Verbindung zu Scanner reicht bis 1986 zurück, als Tyran' Pace zufälligerweise im selben Studio wie Scanner waren und Ralf gebeten wurde, deren Sänger ein Stück weit zu betreuen. Elf Jahre später traf man sich für „Ball Of The Damned" wieder. „Live musste ich Scanner leider absagen, das tut mir bis heute leid, aber nur fünfzig Prozent wollte ich nicht geben", begründet Ralf. „Auch wenn man die Leute nach zwanzig Jahren wieder trifft, ist das immer noch so wie damals – so wie wenn man alte Freunde trifft, das macht die Szene als Familie aus!"

> **Sogenannte Manager ...**
> Ob Kreator, Darkness, Mad Butcher und etliche andere Bands von Rhein und Ruhr, sie alle fielen mehr oder weniger schlimm auf Plattenverträge und (Nachwuchs-)Manager herein, die vor allem zu einem führten: Geld sahen die Bands kaum. War das im Süden der Republik anders? Ralf Scheepers erinnert sich lachend zurück an die Zeiten seiner ersten Band: „Damals gab es sogenannte Manager, die die jungen Bands über den Tisch gezogen haben. Das war das dreckigste Geschäft nach der Politik." Aber auch in der Gegenwart gäbe es so manchen, der „obwohl der Kuchen nicht mehr so groß ist, noch das dickste Stück davon haben" wolle.

Mit Kreator und Grave Digger bestehen seit den frühen 80ern lockere Verbindungen über das Karl-Walterbach-Label Noise Records, bei dem auch Gamma Ray unter Vertrag standen. „Da waren schon die ersten Kontaktpunkte, aber so richtig persönlich kennengelernt haben wir uns damals nicht. Die Jungs aus dem Kohlenpott sind total nett", hält Ralf fest. Auch mit Gerald Wilkes (Continental Concerts) verbindet ihn eine gemeinsame musikalische Vergangenheit, da dieser damals im Nightliner mit Gamma Ray mit auf Europatour war, ebenso wie mit Boggi Kopec (Drakkar Records), der die Band zum Beispiel während der Konzerte in Japan betreute. Die Zeche Bochum schätzt Ralf nicht nur als Location als „etwas Besonderes" ein, sondern auch als „Wurzel in Sachen Live-Performance", da zahlreiche Techniker dort arbeiteten, die bis heute für Bands auf Tour mischen. Für eine Band wie Primal Fear, die fünfzehn bis zwanzig Konzerte am Stück spielt, enorm wichtig.
Die aufkeimende Thrash-Szene mit Kreator, Sodom, Darkness & Co. sowie der Death Metal haben ihn damals aber kalt gelassen: „Ich habe das, ehrlich gesagt, nicht verfolgt. Es war viel los, und man hat sich auf seine Sachen konzentriert. Ich bin zwischen Hamburg, Hannover und Stuttgart hin und her gependelt: Platten aufnehmen, arbeiten bei Bosch, das war schon stressig. Klar las man Rock Hard und Metal Hammer, aber musikalisch habe ich mich mit dem Thrash erst später auseinandergesetzt. Damals gab es im SWR eine Metal-Radiosendung. Als ich das erste Growling hörte, fragte ich mich schon: Was ist das für ein Krach? Aber jeder Stil hat natürlich seine Berechtigung", resümiert er lachend.

**Der Verkauf von Nuclear Blast aus Sicht von Ralf**
An einem Profimusiker geht der Verkauf des langjährigen Partners Nuclear Blast nicht spurlos vorbei. Ein Independent-Label und Metal-Schwergewicht ist plötzlich Teil eines Digitalkonzerns: „Ich muss dir ehrlich sagen, bei Nuclear Blast hat mir das schon Sorgen gemacht – plötzlich wird es einfach irgendeine Marketing-Firma. Da man sich seit Jahren kannte, war für uns klar, dass wir loyal zu Markus Staiger sind und zu Atomic Fire Records wechseln."

Im Süden herrschte – mit wenigen Ausnahmen – der melodische Metal vor, der sich schon früh in einer Szene im Raum Esslingen-Stuttgart niederschlug. „Ja, die gab es hier seit den 80ern", bestätigt der Primal-Fear-Sänger: „Die Inspirationen kamen vor allem über Iron Maiden, Judas Priest oder den Scorpions. Zum Glück hat man bei sich ein bisschen Talent entdeckt und Ähnliches versucht." Ein Talent, das sich bis heute auszahlt: Primal Fear haben den Spagat geschafft, langjährige Fans zu halten, aber ebenso jüngere hinzuzugewinnen. Viel falsch gemacht haben sie in ihren bald dreißig Jahren Bandgeschichte offenbar nicht.
Kehren wir abschließend zur Ausgangsfrage zurück: Wie bewertet Scheepers den Stellenwert des Ruhrpott-Metal vor allem in den 80er und 90er Jahren: War die Region aus Sicht eines Süddeutschen wirklich so bedeutend? „Ja absolut", bestätigt Ralf, „wenn man den Bereich Labels, Bands,

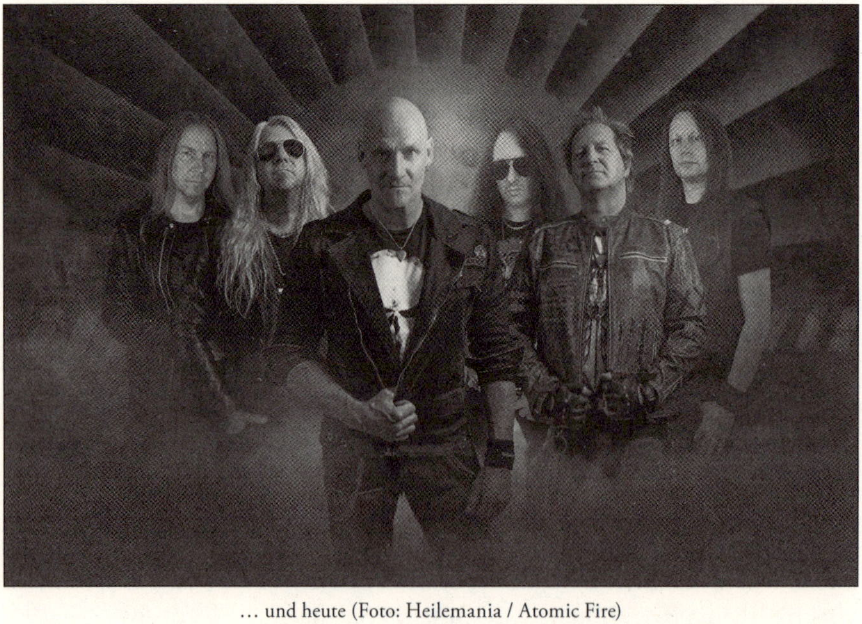

... und heute (Foto: Heilemania / Atomic Fire)

Locations und Magazine zusammennimmt." Ähnliches habe es zwar im süddeutschen Raum ebenfalls gegeben, „aber nicht so verkettet wie im Kohlenpott".

## 2.5 Interview mit Titan Fox V (Hammer King)

Hammer King sind die Prototypen des traditionellen Heavy Metal, tief in den Klischees des True Metal mit Fantasy-Themen verhaftet, aber mit einer guten Portion Ironie. Mit dem selbstbetitelten 2021er-Album und dem Wechsel zum Indie-Riesen Napalm, wo 2022 als Labeleinstand „Kingdemonium" erscheint, sind die Weichen für weitere Erfolge gestellt. Titan Fox V, der schon für den ehemaligen Manowar-Gitarristen Ross The Boss live unterwegs war und als echter Metal-Fan seit seiner Jugend „akribisch sämtliche Besetzungswechsel" seiner Lieblingsbands in Listen dokumentiert, schildert seine Sicht der Dinge.

Wie kommt man denn auf die Idee, heutzutage eine derart klassische Musik zu spielen?
Titan Fox V: „Musik ist etwas, das im Idealfall natürlich aus dir herauskommt. In unserer vorherigen Band haben wir versucht, etwas völlig Eigenständiges zu entwickeln. Ähnlich wie dies die späten Angel Dust getan haben. Aber wir saßen musikalisch so zwischen den Stühlen, dass es keinen interessiert hat. Mit Hammer King spielen wir extrem klassischen Metal, fast schon True Metal, wenn man das Schimpfwort verwenden will. Das ist wesentlich einfacher, aber befreiend. Innerhalb von vier Wochen haben wir acht neue Songs komponiert."

Die Idee, etwas völlig Eigenständiges zu entwickeln, hat sicherlich auch mit deiner Verehrung für Bands mit individuellem Sound zu tun. Neben den alten Manowar gehört für dich auch eine Band aus dem Ruhrgebiet dazu, oder?
Titan Fox V: „Das sind Angel Dust. Sie sind mir neben Nevermore als einige der wenigen Bands der letzten zwanzig Jahre in Erinnerung geblieben ist, die vollkommen eigenständig waren."

Der nun eingeschlagene Weg gibt euch recht: Tolle Plattenkritiken, insbesondere für das im Studio von Charles Greywolf (Powerwolf) aufgenommene Album, erfolgreiche Live-Auftritte auch auf größeren Festivals. Aber auch mit deinem ehemaligen Arbeitgeber Ross The Boss durftest du schon auf großen Bühnen wie dem Rock Hard Festival spielen. Wie war das für dich?

Titan Fox V: „Ross The Boss: Das war extrem bizarr … Ein paar Kumpels von mir und ich hatten eine Band, die Man Of War hieß, was uns Manowar verboten haben. Irgendwann gab es auch keine Songs mehr von Manowar, die wir covern wollten. Der Kontakt zu Ross The Boss kam über das Keep It True Festival zustande: Ross hat dort nach neunzehn Jahren seine erste Metal-Show in Europa gespielt, es gab viele weinende Männer an dem Abend. Auf dem Rock Hard Festival war ich immer als Fan, und dann plötzlich mit Ross The Boss auf der Bühne. Ich finde, im Ruhrgebiet wird wesentlich rauer gefeiert, voller Energie. Die Leute sind sehr direkt, geradeaus, aber man erlebt den engen Zusammenhalt. Beim letzten Börsencrash Festival haben wir übrigens zusammen mit den Gelsenkirchenern Scanner gespielt. Unser Gitarrist Gino und Axel Julius von Scanner kennen sich auch schon von früher."

Für eure Alben habt ihr als Gastsänger u.a. Gerre von Tankard gewinnen können, der im Song ‚Hammerschlag' zu hören ist. Wie seid ihr denn auf Tankard gekommen, die mit ihrem Beer-Thrash eher eine härte Schiene fahren?
Titan Fox V: „Unsere Verbindung zu Tankard kommt durch Gitarrist Andreas Gutjahr und seine alte Band Lightmare. Er ist so ein Typ, den triffst du nach fünf Jahren, und die Basis ist immer da. Darüber kam der Kontakt zustande. Gerd Lücking von Holy Moses nahm übrigens Gerres Gastgesang in seinem Studio auf."

**2.6 Interview Henry Klaere: Der Dinosaurier im digitalen Zeitalter?**
Henry Klaere mischt als Promotor mit seiner in Dreieich-Sprendlingen in Südhessen ansässigen Firma HHK Concertservice seit der Wendezeit, genauer dem 03.12.1989, in der Metal-Szene mit. Als Ein-Mann-Unternehmen gegründet, ist er sich bis in die Gegenwart treu geblieben. Im Internet findet man recht wenig über ihn, was er damit begründet, dass „ich mich voll und ganz auf meine Künstler und deren Zufriedenheit konzentriere. Ein Kollege wollte mir aus diesem Grund auch einmal eine Band abspenstig machen und bezeichnete mich als einen Dinosaurier, der nicht mehr zeitgemäß sei. Die Band hat sich dann doch für mich entschieden", erwähnt er lachend.

Henry, du kommst ursprünglich aus dem Rhein-Main-Gebiet und hast dort für Michael Löfflers Firma Hammer Promotion gearbeitet. Wie hat sich die Zusammenarbeit ergeben?

Henry: „Mein damaliger Chef Michael Löffler bei Hammer Promotion in Frankfurt von 1989 bis 1992 hatte mir nach einem Praktikum einen Deal als Subunternehmer auf Rechnungsbasis angeboten. Vor meinem Praktikum bei Hammer Promotion hatte ich mein Abi  und Zivildienst gemacht und mich an der Uni eingeschrieben. Hauptsächlich kümmerte ich mich aber um meine Punk-Rock-Band The Fisherman's Friends, außerdem besuchte ich so viele Konzerte, wie ich konnte. Meine zweite Heimat war damals die Batschkapp und der Elfer in Frankfurt-Eschersheim. Durch einen Zufall traf ich im Mai 1989 in Mannheim bei einem Konzert der Goldenen Zitronen deren Tourleiter Kiki Ressler. Ihm erzählte ich, dass ich einen Job im Musikgeschäft suche und schon einigen Erfolg mit meiner eigenen Band hätte, die ich selbst buchte. Tatsächlich rief mich ein paar Wochen später Michael Löffler an. Wir verabredeten uns in seinem Büro, er fragte, welche Bands ich gut fände. Ich sagte: ‚Ramones, Pogues, Madness, Test Tube Babies, Bowie, Hüsker Dü und The Replacements', und Michael antwortete: ‚Du kannst morgen anfangen.'"

Wie bist du mit deiner eher punkigen Ausrichtung in der Metal-Szene klargekommen?
Henry: „Bei Hammer Promotion wurde noch alles per Hand gemacht, und ich war neben Klaus Naumann von der Frankfurter Batschkapp und Monika Geppert von der Hamburger Konzertagentur FKP Skorpio Mädchen

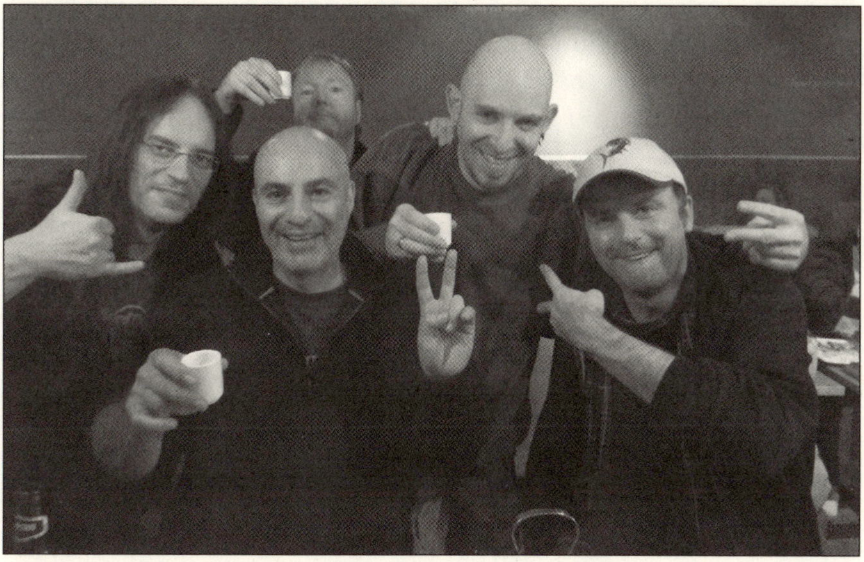

Henry Klaere mit Marcus Siepen, Frederik Ehmke, Michael Schüren (Keys) und Hansi Kürsch beim Asiaten in San Francisco am Off Day 2015

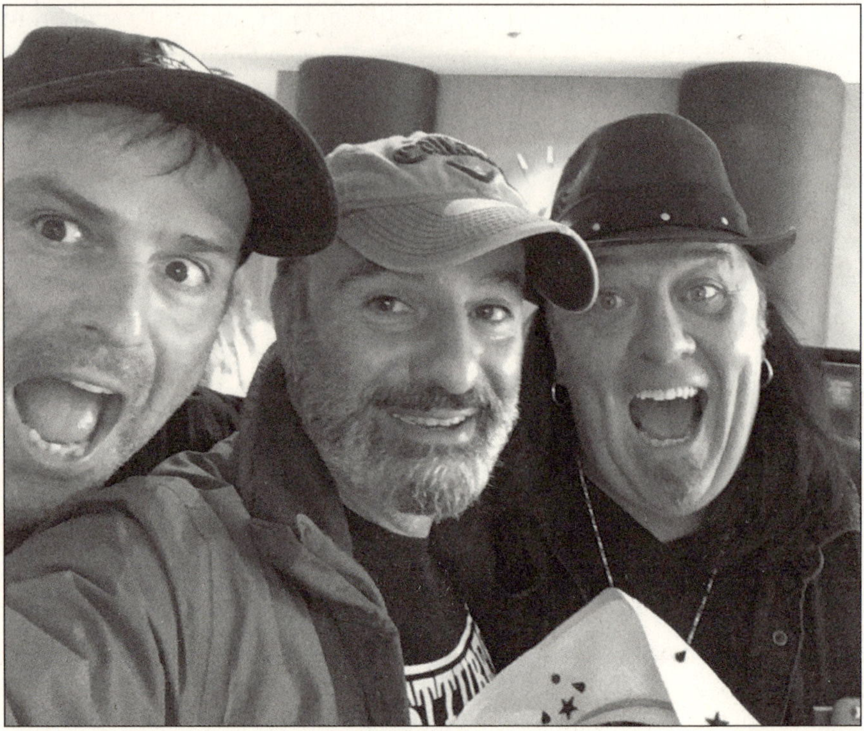

Henry Klaere mit Hansi Kürsch (Blind Guardian) und Ken Hammer (Pretty Maids) bei einem Festival in Schweden 2017

für alles. Der Job konnte sieben Tage die Woche gehen – Tag und Nacht. Dabei habe ich dann Buffo, Gerre, Stefan Arnold (u.a. Grinder, Grave Digger) und die Clique im Speak-Easy Frankfurt und den Heavy Metal Club Offenbach kennengelernt. Erst dann wusste ich eigentlich, was Metal-Musik ist und für was Metal steht."

Haben sich denn schon früh Kontakte zu den Bands aus dem Ruhrgebiet ergeben?
Henry: „Die ersten Berührungspunkte mit Metal aus dem Ruhrpott hatte ich mit Carsten Otterbach von Morgoth, der mir 1992 auch riet, eine schwedische Band namens Tiamat zu buchen. Überhaupt war Carsten ein Trüffelschwein. Er wusste sofort, ob es eine Band drauf hat oder nicht, und vermittelte mir noch Therion und Obituary. Einer seiner legendär klugen Sprüche war: ‚Die Wahrheit liegt im Merchandise.' Wer am meisten T-Shirts verkauft, ist die größte Band.
Aber mehr noch als mit den Bands aus dem Ruhrpott, die alle ihre Geschäfte über Century Media, Drakkar oder Continental laufen ließen, kam

ich mit den Leuten hinter den Kulissen in Kontakt. Robert Kampf von Century Media lernte ich durch Carsten kennen, und auch den Kollegen Gerald Wilkes von Continental Concerts. Die Crew-Leute wie Peter ‚Pedda' Hablick, Ulsch, Stony, FD und Jörg Michael. Am meisten imponierte mir an den Ruhrpöttlern, dass alle Do-It-yourself-Handwerker und Autodidakten waren. Keiner war gepimpt, studiert oder sonst wie mit dem goldenen Löffel im Mund geboren. Alle haben auf volles Risiko durch viel Fleiß und Herzblut eine Subkultur ins Leben gerufen, die industrielle Geschäftsmachenschaften gar nicht hätten kreieren können. Vergessen werden dürfen natürlich nicht der großartige Holger Stratmann und das Rock Hard Magazin, das entscheidend war. An dieser Stelle, lieber Holger: Tut mir leid, dass ich den blöden Freistoß nicht dir überlassen habe, ich bin mir heute sicher, du hättest ihn reingemacht."

Wie bist du denn Booker für Grave Digger, Blind Guardian sowie andere Bands geworden?
Henry: „Irgendwann 1991 lief Michael Löffler an meinen Schreibtisch im Hammer-Büro vorbei und stellte mir zwei Fragen: Erstens, ob ich Blind Guardian kennen würde – ich sagte ‚Nein' –, und zweitens, ob ich sie buchen wolle. Ich antwortete mit Ja. (lacht) So kam ich also zu Blind Guardian, und damit begann eine bis heute andauernde Freundschaft. 1992 musste Hammer Promotion die Türen schließen. Michael ging nach München zu Marcel Avram (Mama Concerts) und überließ mir Blind Guardian inmitten der Tour-Vorbereitungen für deren erste Japan-Tournee. In Ermangelung von Zeit, Wissen und überhaupt jeglicher Erfahrung, faxte ich zum Beispiel UDO Artists in Tokio, unserem Veranstalter in Japan, die in japanischer Schrift verfasste Wochen-Mittagsmenü-Karte vom SuperKato-Lebensmittelmarkt in Frankfurt als Cateringliste. Später erfuhr ich, dass meine ‚Cateringliste' bei Mr. UDO persönlich so viel Heiterkeit ausgelöst hatte, dass ich bis zu seiner Rente jedes Jahr eine handsignierte seidene Weihnachtskarte aus Tokio bekam.
Chris Boltendahl von Grave Digger kam 1999 auf mich zu. Wir verabredeten uns in Frankfurt auf dem Bauernmarkt Konstablerwache, tranken einige Schoppen und waren uns gleich sympathisch. Seitdem arbeiten wir zusammen. Weder mit Grave Digger noch Blind Guardian oder meinen anderen Bands hatte und habe ich schriftliche Verträge. Alles ist mündlich und per Handschlag vereinbart. Das ist eine Grundvoraussetzung für meine Einstellung gegenüber meinen Künstlern. Wenn ich was verbocke oder die Chemie nicht mehr stimmt, soll jeder seiner Wege gehen können, ohne Rechtsanwälte und Nachwehen."

Welchen Stellenwert würdest du der Ruhrpott-Metal-Szene im Rückblick zugestehen?
Henry: „Die Metal-Szene in Deutschland ist ohne das Herzstück im Ruhrpott undenkbar. Dafür haben zu viele wichtige Personen und Bands diese Subkultur aus dem Ruhrpott geprägt. Das würde ich sofort unterschreiben."

## 2.7 Gastbeitrag Michael Eden: Der Blick aus Schleswig-Holstein auf den Pott

Michael Eden ist ein Tausendsassa des Extreme Metal im hohen Norden: Als Sänger der Emdener Brutal-Deather Tears Of Decay trällerte er von 1997 bis 2012, moderiert regelmäßig bei Radio Mähdrescher, schreibt für das Online-Magazin Time For Metal, ist Vorsitzender der Eastfrisian Metal Association – einem Zusammenschluss von Musikern, Veranstaltern und Fans zur Stärkung der ostfriesischen Metal-Szene – und organisiert seit dem Jahr 2000 das Ear Terror Festival. Mehr kann man für seine Musik wohl wirklich nicht machen. Umso spannender zu lesen, was ein derart aktiver Metalhead über seine Erfahrungen mit dem Ruhrpott zu berichten hat:
In den Achtzigern war mir der Ruhrpott nur aus dem Fernsehen bekannt. Ich habe die ersten Kreator- und Sodom-Alben bekommen und rauf und runter gehört. Auch Darkness et cetera durften nicht fehlen. „Pleasure To Kill" ist bis heute unter meinen Top-3-Alben. Nachdem ich 1990 die Doku „Thrash, Altenessen" gesehen hatte, war mir klar, dass ich da unbedingt hinmuss. Ich war aber noch nicht volljährig und hatte logischerweise keinen Führerschein und erst recht kein Auto. Mittlerweile hat man sich einen kleinen Metallerkreis hier in Emden aufgebaut, und so konnte ich in den Neunzigern Kreator dort auch sehen. Das genaue Jahr weiß ich nicht mehr. Es war aber auf jeden Fall eine extreme Erfahrung für mich. Auch Sodom muss ich zu der Zeit im Ruhrpott das erste Mal gesehen

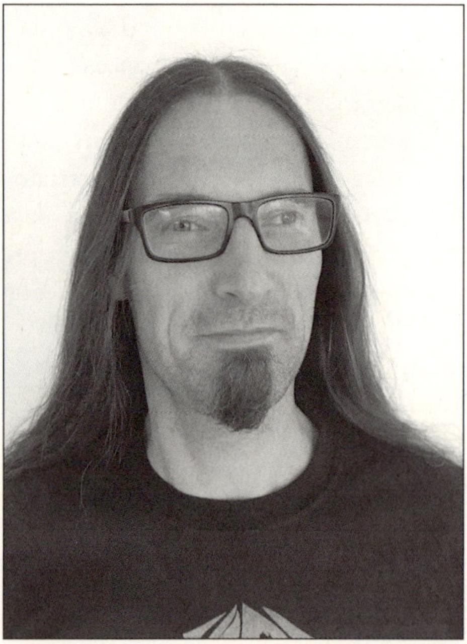

Michael Eden

haben. Es folgten viele weitere Konzerte. Ich habe die Ruhrpott-Metal-Fans sehr positiv in Erinnerung. Schnell stellte man fest, dass man als Ostfriese irgendwie ein Exot dort war, aber man doch irgendwie gleich tickt. Mit den Jungs von Kreator konnte ich quatschen, das war für einen kleinen Friesen schon eine geile Sache. Mit Onkel Tom wurden ebenfalls schon so einige Wörter getauscht.

Konzerttechnisch waren für mich immer die Städte Essen mit dem Turock und dem Café Nord sowie Oberhausen interessant. Dort waren wir auf vielen Konzerten. Mit dem Zug hin und der ersten Bahn morgens wieder zurück. Und es war niemals langweilig, weil viele Ruhrpottler noch da waren und uns in Kneipen mitgenommen haben.

Ende der Neunziger habe ich dann als Schreiberling angefangen (Possessed.de, Carnage Mag, Necromaniac Zine) und war mit meiner Band Tears Of Decay unterwegs. Später kam dann noch meine Radiosendung Radio Mähdrescher dazu. Dadurch habe ich viele Leute kennen- und schätzen gelernt und festgestellt, dass man gerade im Underground doch sehr gleich ist. Es wurden gegenseitig Konzerte organisiert, bzw. man hat zusammen mit Bands gespielt, wie z.B. Resurrected, Yuppie-Club, Japanische Kampfhörspiele, Kadaverficker, Lifeless, Reckless Manslaughter, Phobiatic, Sabiendas, Bleeding Heaven oder Manstractor. Einige habe ich bestimmt noch vergessen.

Bis heute habe ich mit vielen Musikern und Metalheads noch sehr regen Kontakt, und man freut sich immer, wenn man sich auf Festivals etc. trifft. Eine gewisse Verbundenheit ist ganz gewiss vorhanden, vor allem mit der Band Darkness. Mit den sehr

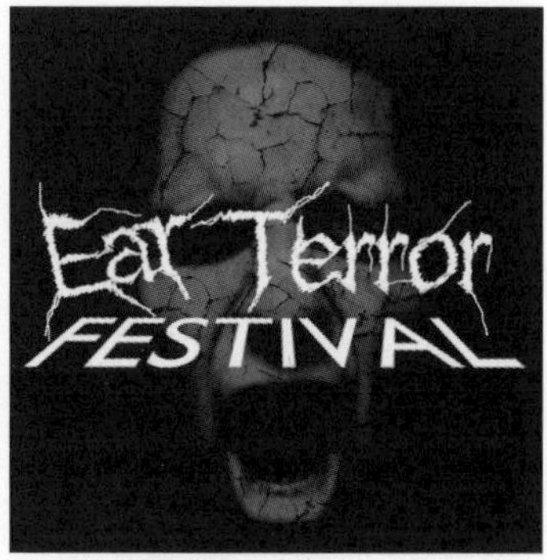


Ear Terror Festival

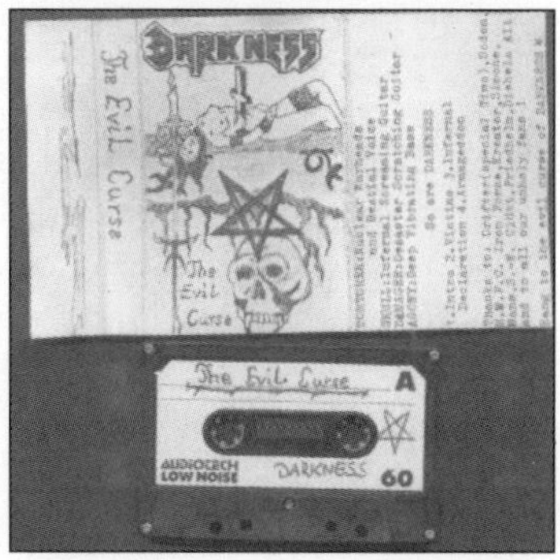


Darkness Demo 1986

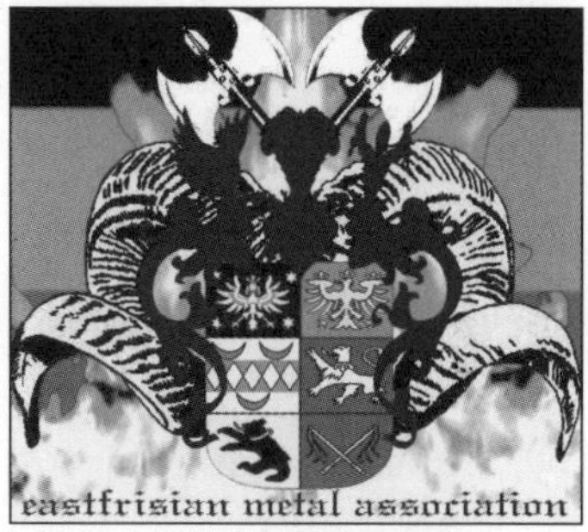


Logo der Eastfrisian Metal Association

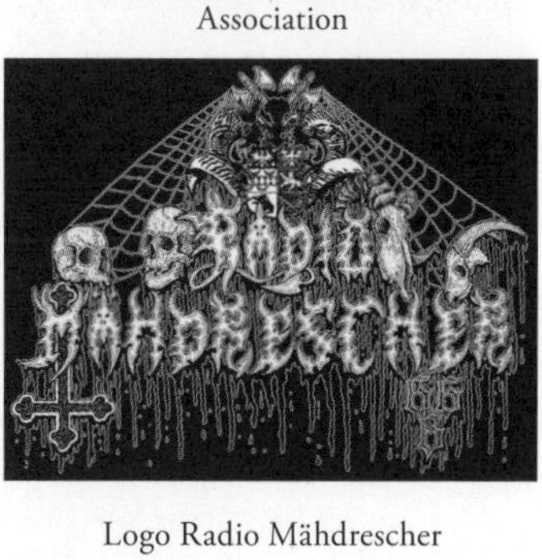

Logo Radio Mähdrescher

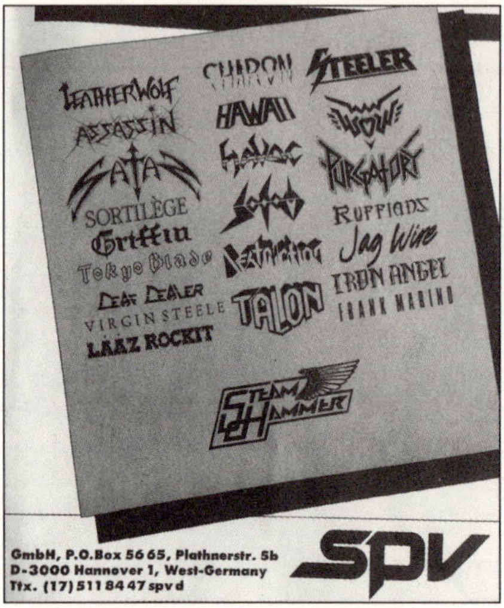


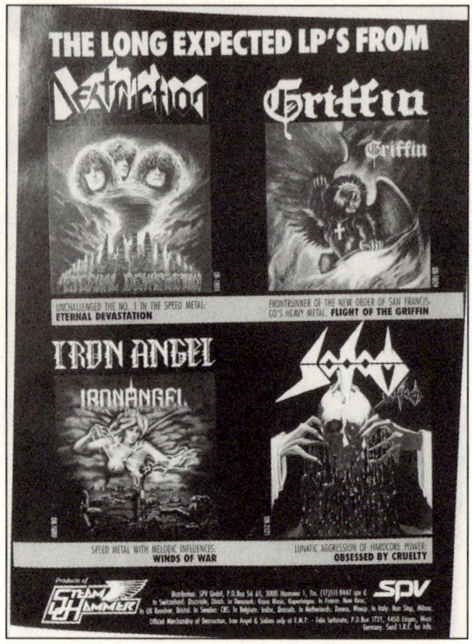


**Oben:** Steamhammer/SPV-Bands 1986
**Rechts:** Steamhammer/SPV-Releases 1986

sympathischen Genossen aus Essen habe ich recht viel Zeit verbracht. Wir holten sie schon öfter nach Emden bzw. Ostfriesland und besuchten sie in Essen, zuletzt bei ihrer Release-Party.
Zusammenfassend kann man sagen, dass mich zu Beginn meiner metallischen Reise der Ruhrpott musikalisch durch Bands wie Kreator, Sodom, Darkness oder Assassin beeinflusst hat und bis heute eine große Zuneigung zu den Städten, den Locations und den Metalheads aus dem Ruhrpott besteht.

## 2.8 Interview mit Oliver „Olly“ Hahn (SPV)

Andere Manager kommen und gehen bei den großen Firmen der Branche. Doch eine Ausnahme gibt es mit Olly Hahn: Seit über zwanzig Jahren leitet er als A&R die Geschicke des Hannoveraner Labels SPV GmbH, wo unter Steamhammer auch Ruhrgebietsgrößen wie Axel Rudi Pell, Rage oder Sodom unter Vertrag stehen. Aufgrund seiner langjährigen Expertise durfte er auch in der Doku „Total Thrash“ keinesfalls fehlen. Wir sprachen mit Olly über alte und neue Zeiten.

Eigentlich spricht man fälschlicherweise immer von einer „Ruhrgebiets-Szene“. Zumindest in der Frühphase bis Ende der 80er waren es lokale Szenen, die sich untereinander beäugten und teilweise auch Musiker tauschten, insgesamt aber auch sehr auf sich fixiert waren. Ein gutes Beispiel dafür

ist das CEAG-Gebäude in Dortmund. Waldemar Sorychta (Despair, Grip, Inc ...) schrieb einmal bei Facebook: „Erster Probeplatz Despair. Legendäres CEAG. Für uns damals mehr Heimat als jeder andere Ort. Etwa 80-100 Bands. Alles an diesem einen Ort. Heimat von Despair in den Jahren 1987-1994. Auch Grip Inc. haben dort geprobt." Wenn man diese Aufsplitterung in Mikroszenen auf Deutschland bezieht: Lässt sich dieser Eindruck für Hannover bestätigen?
Olly: „Für Hannover kann ich das nicht bestätigen, da wir hier hauptsächlich Bands aus dem Hardrock-Bereich hatten bzw. haben. Bands wie Scorpions, Victory, Viva, Thunderhead, Sargant Fury, Rated X, Rosy Vista, Fargo, Bastard, Fair Warning, um nur einige zu nennen, haben Hannover als Musikhauptstadt geprägt. Anfang der 90er gab es die Spirit Family um Karl Nagel, in welcher Bands wie Militant Mothers, Suckspeed, Urge und Bionic zu Hause waren. Das war aber eher Thrash mit Hardcore kombiniert. Die erste Band, die mir einfällt, ist Hate Squad um Burkhard Schmitt, die kommen aber aus Lehrte, was ein bisschen von Hannover weg ist."

Thrash ist ein gutes Stichwort. Die Dokumentation „Total Thrash" porträtiert die Thrash-Szene der letzten vierzig Jahre in Deutschland ziemlich gut und vermittelt ein gemeinsames Lebensgefühl. Teilst du diese Einschätzung?
Olly: „Auf jeden Fall. Damals in den 80ern mussten wir uns doch selbst darum kümmern, Infos zu bekommen, wer wo spielt, wann was rauskommt usw. Es gab damals nur wenige Radiosender oder Magazine. Für mich waren das Wichtigste die Plattenläden. An einem Samstag im Monat hatte ich meinen festgelegten Gang in Hannover: Kröpcke aussteigen, dann zu Heimann, dann zu Die Schallplatte, in die Passerelle zu London Records und Phonag, wieder hoch zu Pop Center, Govi und Musicland und zum Schluss Brinkmann und La Musica. Dort hat man seine Informationen geholt, da

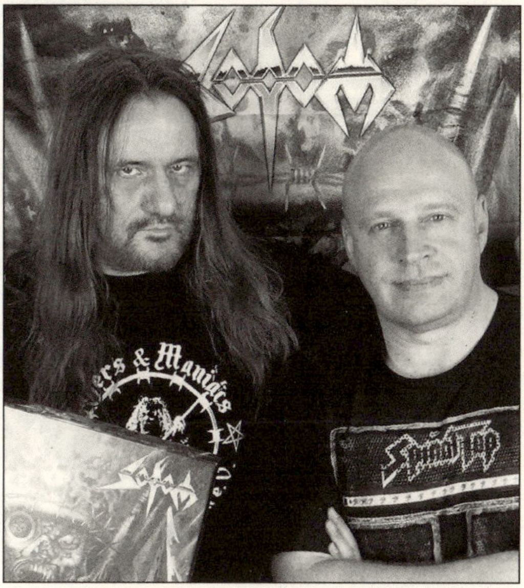
Olly mit Tom Angelripper (Sodom)

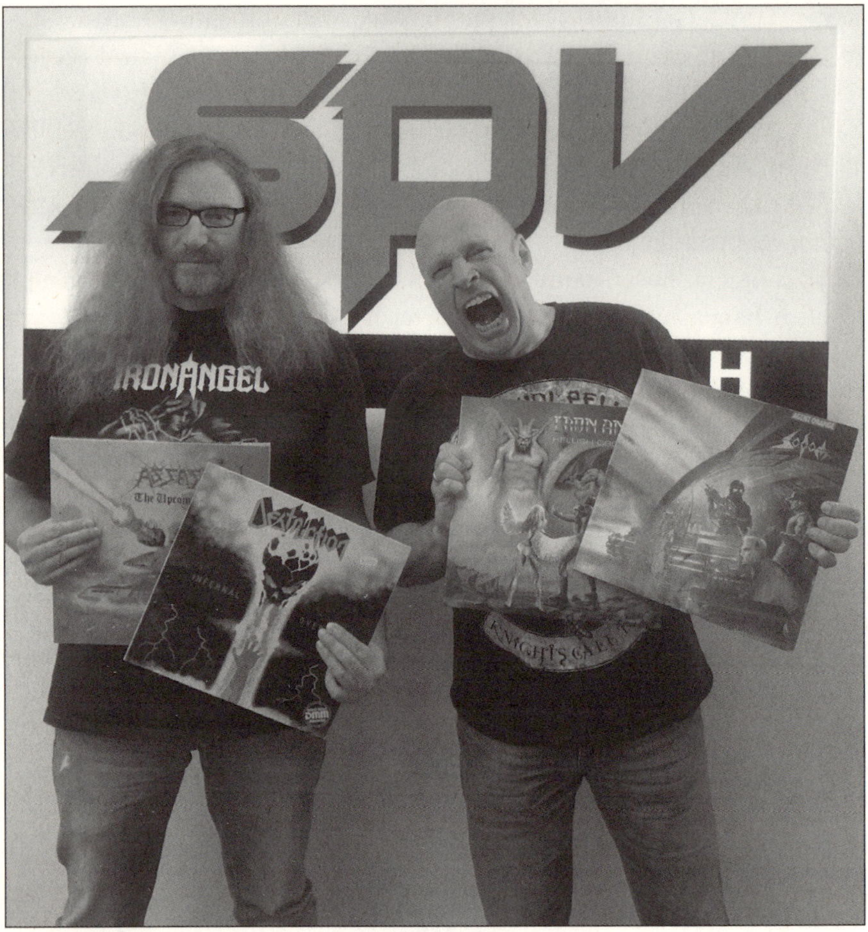


Steamhammer/SPV

hingen Poster an der Wand, oder es gab sogar noch Verkäufer, die Ahnung hatten und einem was empfehlen konnten."

Kreators „Endless Pain" gilt heute als Kultalbum. Als die Platte damals erschien, was ging dir da durch den Kopf?
Olly: „Puh ... ganz ehrlich, ich fand es furchtbar, was da auf „Endless Pain" zu hören ist. Mit Thrash bin ich 1983 mit der ersten Metallica in Berührung gekommen. Für mich war das überhaupt nicht thrashig, sondern schnell gespielter Heavy Metal. Aber dann kamen Bands wie Anthrax und Overkill, und so langsam wurde der Name Thrash Metal geläufig. Noch mal zurück zu Kreator: Ich fand ja die „Endorama" gut, war aber wahrscheinlich

der Einzige. Was Mille mit der „Violent Revolution" abgeliefert hat, bleibt immer noch unerreicht. Die ging sofort bei mir von vorn bis hinten rein."

Hannover ist mit SPV bzw. Manfred Schütz und den Scorpions sicherlich ebenso ein Zentrum der deutschen Szene im härteren musikalischen Bereich. Bezogen auf die 80er und Gegenwart: War man in den 80er und 90er Jahren eher eine Art Konkurrent zum Ruhrgebiet?
Olly: „Nein, da war man kein Konkurrent, da wir in Hannover mehr im Hardrock-Bereich zugegen waren. Steamhammer und SPV haben aber schon frühzeitig Bands wie Sodom und Assassin aus dem Ruhrgebiet unter Vertrag genommen. Dazu noch Destruction und Iron Angel, und schon waren wir hier im deutschen Thrash-Metal-Sektor an vorderster Front. In der heutigen Zeit gibt es da kein Länderdenken mehr, da aus jedem Bundesland etliche und teils auch erfolgreiche Thrash-Metal-Bands stammen."

# KAPITEL 3: ONE MILLION FACES TEIL 2

### 3.1 Mit dem Tourbus: Die hessische Perspektive

Nachdem es in Kapitel 2 quer durch die Republik von Schleswig-Holstein nach Baden-Württemberg, weiter ins Saarland und bis nach Berlin ging, hält die „Kumpels in Kutten"-Tour nun in der Mitte Deutschlands mitten in Hessen. Hier offenbart sich eine verdammt spannende, wenn auch quer über das Bundesland verstreute Szene. Mit Tankard rund um Manager Buffo und Sänger Gerre kommt eine der Big-Four-Thrash-Bands aus der Main-Metropole Frankfurt. Aber auch Holger „Schnuller" Ziegler (u.a. Abandoned, Totentanz-Magazin) und der langjährige Grave-Digger-Drummer Stefan Arnold haben viel zu erzählen und machen deutlich, wie eng die Verbindungen zwischen Ruhrpott und Hessen auf ganz vielfältige Art und Weise schon in den 80er Jahren waren.

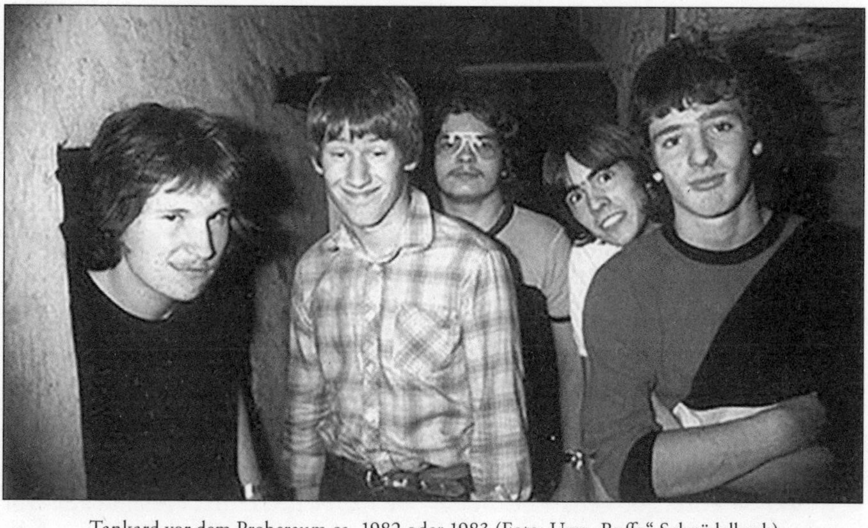

Tankard vor dem Proberaum ca. 1982 oder 1983 (Foto: Uwe „Buffo" Schnädelbach)

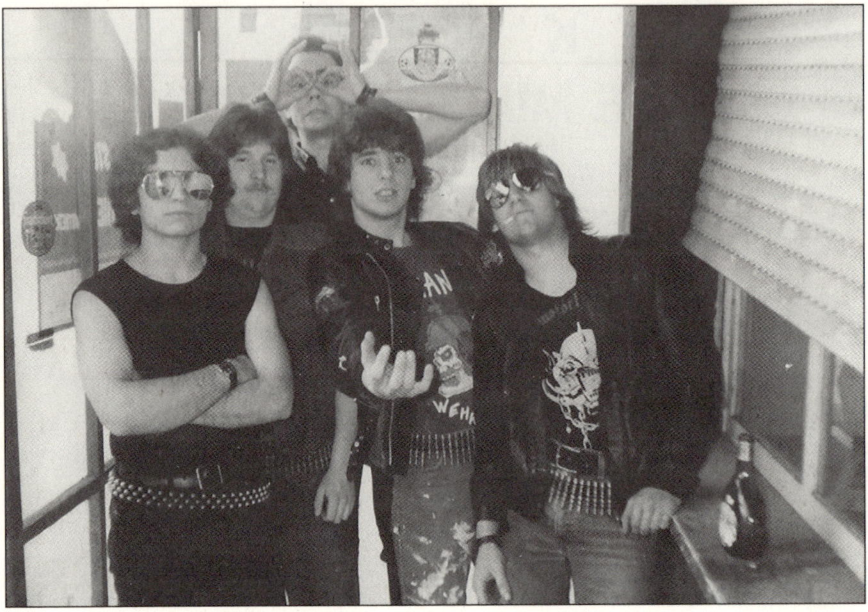

Tankard Frankfurt ca. 1986 (Foto: Uwe „Buffo" Schnädelbach)

## 3.2 Interview mit der Frankfurt-Connection: Uwe „Buffo" Schnädelbach und Andreas „Gerre" Geremia (Tankard)

Zwischen Appelwoi, Wolkenkratzern im hippen Bankenviertel und dem allgegenwärtigen Johann Wolfgang von Goethe hält seit über vierzig Jahren eine Bastion kämpferisch die Thrash-Stellung in Frankfurt: Tankard mit ihrem Manager Uwe „Buffo" Schnädelbach und Sänger Andreas Fritz Johannes „Gerre" Geremia. Oder um es mit den Worten des Fronters zu formulieren: „Wir waren immer dabei. Es gab keine Reunion bei uns."

Schon früh kam man mit der Szene an Rhein und Ruhr in Kontakt. Buffos besondere Beziehung zum Ruhrpott geht bis ins Jahr 1982 zurück, als er für das Kühnemund'sche Magazin Metal Maniacs erste schriftstellerische Gehversuche unternahm. Ein Jahr später brachte Götz ihn zum Rock Hard, sodass er nach Holger Stratmann inzwischen der Dienstälteste beim Dortmunder Qualitätsblatt ist: „Ich habe seitdem ohne Unterbrechung für das Rock Hard – und parallel übrigens zeitweise für den Metal Hammer – geschrieben und an dem einen oder anderen Buch in kleinerem Rahmen mitgewirkt." Über das Tapetrading konnte er mehr und mehr Kontakte zur Szene insbesondere in die USA aufbauen: „Da bin reingerutscht, indem ich ab 1981 Metal gehört habe. Erst Saxon, dann kamen Iron Maiden und Motörhead. Felix Lethmate, der später EMP gründete, dealte mit

Tapes. Aber auch mit den anderen Nasen wie Götz Kühnemund habe ich natürlich getauscht."

Gerre kam drei, vier Jahre später mit den Ruhrpott-Bands in Berührung; genauer mit Sodom und Kreator: „Mit Kreator haben wir gespielt, da war unsere erste Platte noch gar nicht erschienen. Ich würde behaupten, das war 1985 oder '86 in Pforzheim. Die hatten schon ihr erstes Album draußen. Beim allerersten Konzert von Sodom 1984 in Frankfurt-Sindlingen waren wir übrigens Vorband. Das war die ominöse Black-Metal-Night, bei der Venom eine Autogrammstunde gegeben haben. Destruction waren ebenso als Gäste da und spielten ein paar Songs. Ein legendärer Abend. Der Ruhrpott war für uns sowieso immer die Heavy-Metal-Szene in Deutschland. Das war das Herz, das ist doch ganz klar. Ungeheuer pulsierend. Da schielte man schon immer ein bisschen eifersüchtig hin", ergänzt der Tankard-Sänger.

**Gerre und das Rock Hard Magazin:**
Gerre verbindet eine ganz besondere Beziehung zum Dortmunder Rock Hard Magazin, nicht nur über seine Band Tankard. Jahrelang moderierte er zusammen mit Bobby, der damals noch als Schlagzeuger von Sodom sein Unwesen trieb, die Rock-Hard-DVDs. „Zum Rock Hard haben wir seit der ersten Stunde einen guten Kontakt gehabt. Tankard waren zweimal auf dem Titel: mit „The Morning After" und 1990 mit mir auf dem Cover", bemerkt Gerre. Die Anfrage an Bobby und ihn sei damals vom Magazin ausgegangen: „Irgendwann kam der Anruf vom Rock Hard, ob wir beiden das moderieren wollen. Bei einigen Kaltgetränken fingen wir mitten in Dortmund an einer Trinkhalle an, ganz viel Blödsinn zu erzählen. Die Resonanz war wohl ganz gut, dann kam die nächste Folge, und irgendwann waren wir fester Bestandteil. Ich weiß noch, wir waren mal auf einer Haushaltsmesse in Essen und haben da per Zufall Mille von Kreator getroffen. Das war sehr lustig. Wir haben ohnehin superviele lustige Sachen gemacht. Auf den Hinfahrten im Zug von Frankfurt nach Dortmund versuchte ich immer, ein kleines Storyboard zu schreiben, damit das Ganze zumindest einen roten Faden hat und nicht nur irgendein Blödsinn war. Mit Bobby bin ich immer noch in Kontakt. Der Ruhrpott-Humor von Sodom und unserer funzte immer gut!"

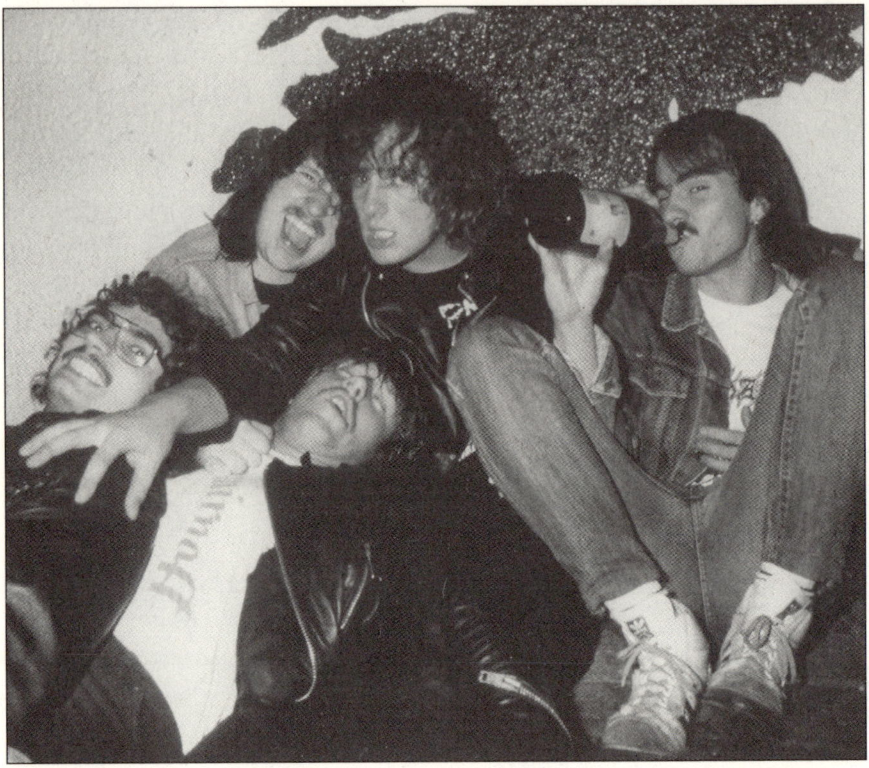

Tankard Frankfurt Alt-Sachsenhausen 1987 oder 88 (Foto: Uwe „Buffo“ Schnädelbach)

Die Frankfurter Metal-Szene selbst war überschaubar. „So richtig viele Bands gab es nicht“, bestätigt Buffo: „Außer uns noch Grinder (hier spielte Stefan Arnold, der später die Drums bei Grave Digger übernehmen sollte), die waren ein paar Jahre später dran. Viel passiert ist bei ihnen nicht. Zudem gab es Stretta aus Hanau, Think Of Misery probten neben uns, aber die haben nie so richtig was auf die Kette gekriegt. Die Frankfurter-Szene war insgesamt kleiner, eher zweite Liga, würde ich behaupten, nicht so wie im Ruhrgebiet. Die härtere Musik ist irgendwann ins Speak Easy abgewandert.“ Ansonsten sei die Batschkapp „ein bisschen das zweite Wohnzimmer“.

Umso wichtiger gestalte sich der Blick über die Grenzen der Hessen-Metropole hinweg. Gerre entdeckte über das Tapetrading eine Reihe neuer Bands. „Ich war aber nicht der Die-Hard-Demo-Trader. Hyrax waren eine der ersten Bands, mit denen ich Kontakt hatte. An den Exciter-Fanclub in Kanada schickte ich einen Brief und warte bis heute auf die Antwort (lacht).“ Wichtig waren für ihn die neu aufkommenden Metal-Magazine: „Das allererste Metal-Magazin, das ich mit dreizehn oder vierzehn in den

Händen gehalten habe, war das Aardschok. Da bin ich vollkommen ausgerastet: Was, es gibt ein Magazin?!"

**Buffo und die Bedeutung des Ruhrpott-Metal**

„Hamburg ist natürlich mit Halloween, Gamma Ray, Paragon, Storm Warrior und weiteren Bands gut aufgestellt, aber das Zentrum der deutschen Metal-Szene ist Dortmund, Essen, Duisburg bis nach Düsseldorf runter. Das kann man schon so sagen. Das Ruhrgebiet hat das richtige Environment mit seinen Zechen und Stahlwerken und dem vielleicht etwas niedrigeren Lebensstandard als München, Hamburg oder Frankfurt. Da sind die Kids dann ein bisschen verwöhnter und hören vielleicht eher andere Musik. Damit habe ich mir das ein bisschen erklärt: Die Menschen im Ruhrgebiet sind urwüchsiger und authentischer." Besonders verbandelt waren Buffo bzw. Tankard mit der Zeche Bochum: Gemeinsam mit Deathrow füllte man die Bochumer Location mit tausend Fans …

Für Buffo war es vor allem der Schreiberjob, der ihm internationale Kontakte zu aufstrebenden Thrashern wie Lars Ulrich & Co. eröffnete: „Metallica habe ich über das Rock Hard getroffen, weil ich in Nürnberg beim ersten Konzert zusammen mit Venom war. Ein Bekannter von mir leitete

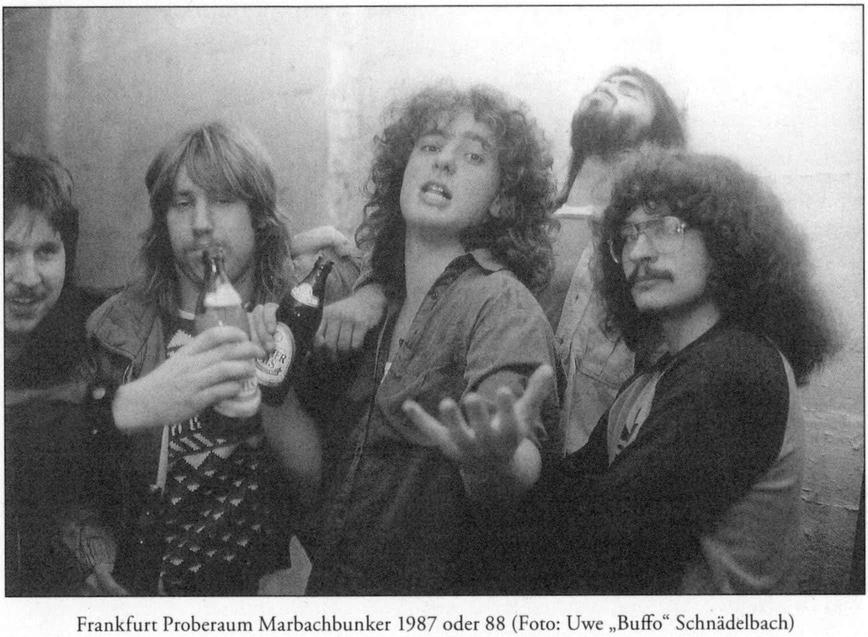

Frankfurt Proberaum Marbachbunker 1987 oder 88 (Foto: Uwe „Buffo" Schnädelbach)

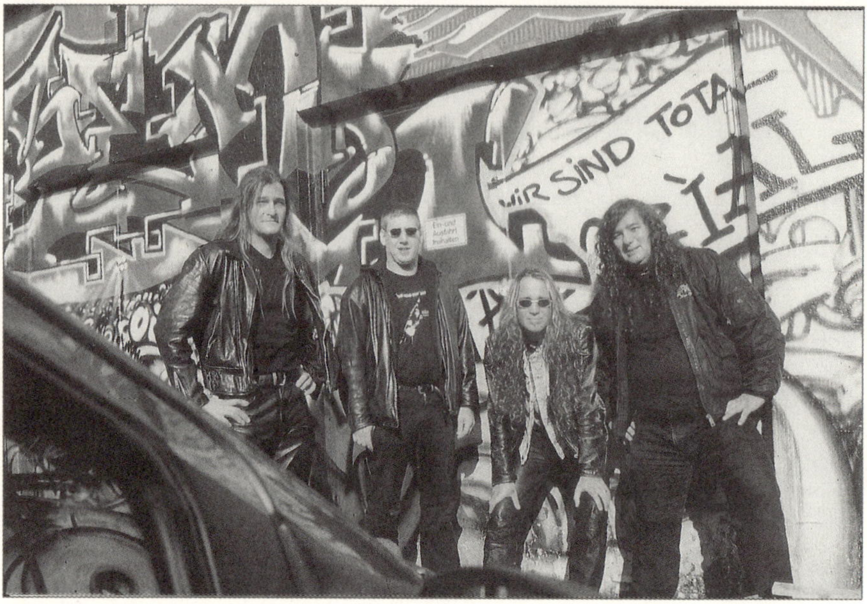


Frankfurt 2004 (Foto: Uwe „Buffo“ Schnädelbach)

damals einen Venom-Fanclub, so kam das zustande. Etwas näher lernte ich die Jungs kennen, als ich den Veranstalter des Dynamo Open Air, André Verhuysen traf, der hatte mehr Kontakt zu Metallica. 1985 konnte ich günstig nach Kalifornien fliegen, und André vermittelte, dass ich ein paar Wochen bei James und Lars auf dem Sofa pennen konnte. Über die Connection konnte ich auch das eine oder andere Interview machen. Da haben wir meist mit Lars, James und deren Kumpels abgehangen.“

Kalifornien – bekanntlich der amerikanische Hotspot der Thrash-Szene – war Ausgangspunkt für weitere Kontakte: „In den darauffolgenden Jahren pennte ich meist beim Manager von Testament und kam mit den ganzen Bands wie Exodus, Death Angel, Vio-Lence und wie sie alle hießen zusammen. Da hast du schon gemerkt, dass etwas entsteht.“ Irgendwann kam der Draht zur damaligen Managerin von Possessed, Debbie Abono, zustande, sodass Buffo fortan den Possessed-Fanclub für Europa leitete, was sich allerdings auf „den T-Shirt-Verkauf beschränkte“, wie er lachend zugibt. Zugleich vertrieb er das erste Heathen-Demo. Jedoch hätte sich „im Laufe der 90er“ die Szene ein Stück weit verlaufen, die Kontakte rissen mit Ausnahme von Candlemass, Anthrax und einigen weiteren ab.

Fronter Gerre hatte das Glück, billig fliegen zu können, da sein „Papi bei British Airways arbeitete“. Ihn zog es aber mehr nach Großbritannien. „Ich war mehrfach mit Matthias Brill aus Frankfurt, der die Venom Legion

Deutschland betreute, unterwegs. Beim Drummer von Venom pennten wir sogar eine Nacht. Wir waren drei Tage lang bei Manowar auf der „Hail To England"-Tour, und Matthias hat es gedeichselt, dass wir mit der Crew reisen konnten. Auf einer Polizeistation fragten wir, wo es ein billiges Hotel gibt, und die Polizisten meinten nur: ‚Jungs legt euch einfach hin.' Bei Monsters Of Rock 1984 waren wir ebenfalls. Die Leute pinkelten in Plastikflaschen und bewarfen die Vorbands damit. Das war wirklich ekelhaft."

Aber zurück nach Deutschland. Seit 1986 begleitete Buffo alias Uwe die Geschicke von Tankard als Manager, sodass man davon ausgehen könnte, dass er von Beginn an eng mit Sodom, Kreator und Konsorten zusammengearbeitet hat. Buffo relativiert dies: „Da ich aus Frankfurt bin, bekam ich die Entwicklungen im Ruhrgebiet weniger mit. Die Jungs von Sodom, Kreator, Assassin und anderen kenne ich natürlich schon ewig, aber wie verzahnt sie untereinander oder mit den Bands der Bay Area waren, das weiß ich nicht."

Zu den Ruhrgebiets-Thrashern habe man ein freundschaftliches Verhältnis, aber auch eine gesunde Distanz gepflegt: „Lass es mich so sagen, heutzutage verstehen wir uns gut. Es war schon eine gewisse Konkurrenzsituation da, aber daran waren alle beteiligt, wir genauso. Eine Big-Teutonic-4-Tour hat es ja leider auch nie gegeben. Zudem gab es Mentalitätsunterschiede in den 80ern: Die Uhren in Essen oder Gelsenkirchen tickten ein bisschen anders. Wer etwas anderes behauptet, wie harmonisch das zum Beispiel in der Bay

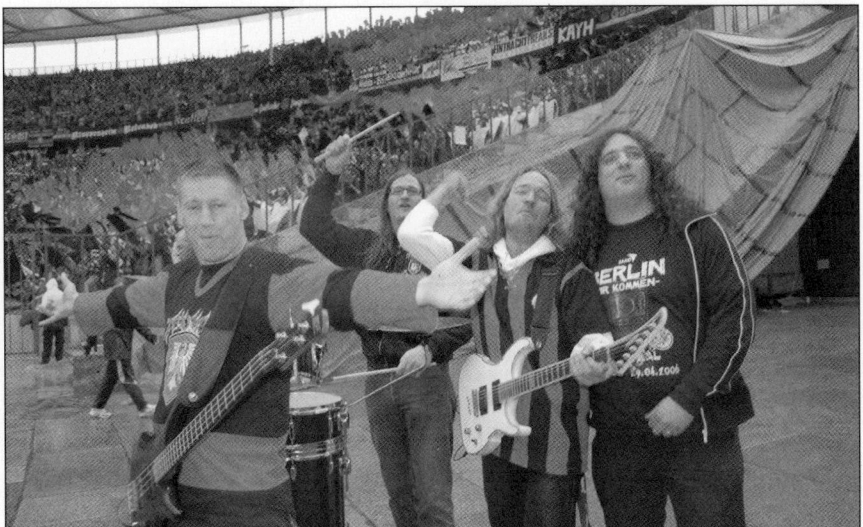


Tankard Berlin Olympiastadion vor dem Finale gegen Bayern München am 29.04.2006
(Foto: Uwe „Buffo" Schnädelbach)

Area gewesen sein soll, der lügt wahrscheinlich. Es gibt nur einen Kuchen, und den muss man sich teilen. Mit den Düsseldorfern Deathrow waren wir aber zum Beispiel dick befreundet, weil wir zweimal gemeinsam auf Tour waren."

Letzteres bestätigt auch Gerre: „Mit Deathrow gab es ziemlich enge Beziehungen durch die Touren. Mit dem ehemaligen Drummer Markus Hahn habe ich auch wieder Kontakt. Das ist schon witzig nach so vielen Jahren." Hinsichtlich der Frage der „Konkurrenz" bewertet er die Vergangenheit aber etwas anders: „Ich sehe das ziemlich entspannt. Die Schnittmenge der Fans ist enorm groß, und wir sitzen alle in einem Boot. Kreator sind natürlich mit Abstand die größte Thrash-Bands Europas. Eine gewisse Konkurrenz ist schon da, man schaut, wie die anderen ankommen. Aber ich sehe das relativ entspannt, vielleicht auch meinem Alter geschuldet. Vielleicht war das mit Anfang zwanzig anders, aber daran kann ich mich nicht mehr erinnern. (lacht) Ich gönne jedem anderen die Butter auf seinem Brot."

Mit Tankard habe man „eine ordentliche Fanbase", die Leute würden „honorieren", dass sich die Band nie aufgelöst hat, betonen beide.

**Der Verkauf von Nuclear Blast**

Wohl selten hat es einen so großen Exodus von Bands gegeben, die ihr angestammtes Label verlassen. Die Unzufriedenheit scheint in der eher traditionell orientierten Metal-Szene, in der physische Tonträger nach wie vor überlebenswichtig sind, recht groß zu sein. Accept wandern zu Napalm Records, etliche andere zu Atomic Fire Records & Co. Buffo kann dem Wandel durchaus etwas Positives abgewinnen: „Ich finde es natürlich nicht schön, wenn große Firmen kleine aufkaufen. Aber es gibt ja noch genügend andere Labels wie Napalm oder AFM, die alle einen tollen Job machen. Atomic Fire kommt gerade ganz schwer. Da folgen schnell große Namen. Ich sehe insgesamt gar nicht so schwarz, aber der Markt ist kaputt. Es gibt Bands, die sind in den Top 20 der Charts und haben tausendzweihundert Einheiten verkauft in der ersten Woche. Wir sind mit Tankard bei Reaper, die mit Atomic Fire verbandelt sind, und froh, dass wir aus dem Vertrag mit Nuclear Blast raus sind. Wir sind eine solche retro-analoge Band, haben fast keine Streams. Neunzig Prozent der Verkäufe sind analog. Mit Blast konnten wir in der Vergangenheit sehr gute Erfahrungen machen, aber dann war unser Team weg, und das war der Grund, zu fragen, ob wir aus dem Vertrag rauskommen. Lieber sind wir bei einem kleineren Label die Nummer zwei und nicht die Nummer achtzehn oder neunzehn. Das Persönliche ist uns wichtig."

Ähnlich schätzt Gerre die Situation ein: „Florian Milz hat früher immer die Promo für uns bei Nuclear Blast gemacht, und nun hat er sein eigenes Label Reaper – da sind wir bestens aufgehoben!" Platz acht in den deutschen Charts mit „Pavlov's Dawgs" gibt Tankard recht, die richtige Entscheidung getroffen zu haben.

### 3.3 Gastbeitrag von Holger „Schnuller" Ziegler: Dort im Pott: Ein Kommentar aus „South Of Hessen"

Ein Samstagmittag, irgendwann im Januar/Februar 1986. Neben unserer Haustür lagen, wie jeden Samstag, einige Stapel mit Prospekten eines Großkaufmarkts. Einmal in der Woche Prospekte austragen war die einfachste Möglichkeit für einen Fünfzehnjährigen, sich ein paar Mark zu verdienen, um die Sucht nach neuer Musik zu befriedigen. Nachteilig war natürlich, dass man den Kram bei Wind und Wetter in unserer Wohngegend in die Briefkästen verfrachten musste. Der Vorteil gegenüber jedem anderen Job: Ich konnte Metal hören! Zwei bis drei Tapes und genügend Akkus in die Jackentasche, den Walkman geschnappt und los. Rund zwei Stunden die ausgeklügelte Route abzufahren und dabei die Prospekte zu verteilen ging mittlerweile wie im Schlaf (oder ferngesteuert, wie man das auch sehen mag). Nachts hatte es noch einmal geschneit, locker zehn bis fünfzehn Zentimeter. Vor knapp vierzig Jahren keine Seltenheit, heutzutage für das Flachland eine unglaubliche Menge, wo mittlerweile schon nach den ersten Flocken der totale Verkehrskollaps eintritt. Immerhin schien jetzt wieder die Sonne, was zur Folge hatte, dass die weiße Pracht be-

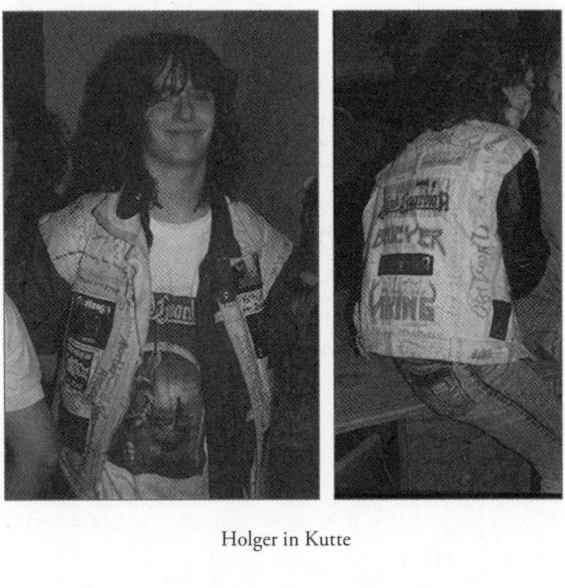

Holger in Kutte

Further informations:
Official ANGEL DUST
Fanclub/METAL POWER

Hallo Holger!

Es tut mir echt leid, daß Du solange auf Antwort warten mußtest. Leider habe ich Idiot den Brief den ich schon vor einigen Monaten an Dich geschrieben habe in meine Schreibtischschublade gelegt und – vergessen. Vielleicht solltest Du demnächst an den Fanclub schreiben, der arbeitet präziser als wir! Aber egal, hier nun die Antworten (sind eh aktueller) auf Deine Fragen.

zu 1) Die L.P. erscheint am 2. Juni Wochenende.

zu 2) Folgende Songs sind drauf: „Intro" „Into the dark past" (Titel) „I'll come back", „Legions of destruction", „Gambler", Seite 2: „Fighter's return" „Atomic Roar", „Victims of madness", „Marching for Revenge".

zu 3. Wir werden keine Texte abdrucken, aber ich bin sicher das Du jedes Wort verstehst.

zu 4. Wir haben einen Sänger und zwar seit Anfang April, er heißt Jörg Weiß und ist super! (Leider singt er nicht auf der L.P.)

zu 5. Das Demo haben wir ca. 300 mal verkauft. Allerdings haben wir noch einen seperaten Vertrieb in New York (Bzw. hatten) von dem wir jedoch nur wissen das es etwas über 200 Stück waren die er verkauft hat.

Andere Seite gehts weiter!

DISASTER RECORDS

Brief von Frank Banks (Angel Dust) an Holger Ziegler

reits wieder taute und ich mich an diesem Tage durch den Schneematsch kämpfen musste.

Wie schon erwähnt, wurde die schwer verdiente Kohle direkt in Schallplatten und ein paar Leerkassetten investiert. Wenn ich mich recht erinnere, gab es für das Austragen um die 50 DM im Monat, was zusammen mit dem Taschengeld für zwei bis drei Alben und ebenso viele Tapes reichte. Irgendwann im Herbst '85 fiel mir im Metal Hammer oder im Rock Power eine Demo-Kritik ins Auge. Natürlich hatte ich die Demo-Seiten schon immer gelesen, aber so richtig hatten mich die Kritiken nie überzeugt, mal einen Zehner zu opfern. Beim ersten Angel-Dust-Demo war es dann endlich so weit. Das Demo sollte schlappe 7 DM kosten, Götz Kühnemund schrieb von „schnellen Riffs und doppelten Soli", also ein vertretbares Risiko, auch wenn ihm der Gesang nicht so gefallen hat. Rein in den Umschlag mit der Kohle, ab zur Post und gewartet ...

Die nächsten Wochen sollte da erst einmal nichts passieren, bis zu diesem Samstag. Nachdem ich die Prospekte in der Kiste auf meinem Rad verstaut hatte, fiel mir ein größerer Briefumschlag auf, der nicht mehr ganz in unseren Briefkasten gepasst hatte. Er war an mich adressiert, hatte einen Absender aus Dortmund, und der Inhalt fühlte sich stark nach einer Kassette an. Mein erstes Demo-Tape, yeah! Da ist also doch noch was gekommen! Somit war die Playlist für diesen Samstagmittag klar. Zugegeben, nach den ersten Sekunden des doch stark rauschenden Demos war ich etwas unsicher, ob ich hier nicht Geld für irgendeinen Murks ausgegeben hatte. Der Sound war nicht so der Kracher, allerdings war ich ja auch schon die ersten beiden Venom-Alben gewöhnt. Spätestens nach den ersten 6:04 Minuten (nicht wie auf dem Cover angegeben 6:56 Minuten, selbst mitgestoppt!) des ersten Songs ‚Thunder Of War' war aber klar: Das Teil ist geil – und es hat an diesem Tag und in den folgenden Monaten noch viele weitere Durchläufe bekommen!

So viel zu meinem musikalischen First Contact mit dem Ruhrpott in den ersten Wochen des Jahres 1986. Natürlich geisterten die Namen Kreator und Sodom auch schon durch unsere Schulklassen, in den Magazinen kam die internationale Konkurrenz allerdings besser weg. Deswegen tauchten die ersten Alben von Exodus, Agent Steel und Savage Grace kurz vor jenen der Ruhrpott-Größen in meiner Sammlung auf. In unserer lokalen Plattenbude stand Kreators „Pleasure To Kill" allerdings pünktlich zum Release im Jahr '86 im Fach mit den Neuheiten. Die schnappte mir allerdings Uwe, mein späterer Gitarrenkollege unserer ersten Band, vor der Nase weg. Ehrensache, dass ich sie ihm einige Jahre später, als sein Musikgeschmack etwas softer wurde, abgeschwätzt habe. Das Angel-Dust-Debüt „Into The

„Watch out" werden wir wohl streichen aus dem Programm bestenfalls wird's mal auf 'ner B Seite von 'ner Maxi erscheinen.
„Thunder of War" wird in neuer überarbeiteter Form (vor allem gesangliche Überarbeitung) auf der nächsten LP. oder der nächsten (1.) Maxi erscheinen.
Das mit den falschen Zeiten auf dem Demo kann schon sein.
Naja, was soll's.
Wir hoffen demnächst eine größere Tournee machen zu können welche ~~[illegible]~~ uns dann sicherlich auch in Deine Gegend führen wird (wo ist das eigentlich, ich bin ein geographischer Idiot).
Die Texte vom Demo haben wir nicht mehr aber ehrlich es lohnt sich auch nicht sie zu lesen – nur Scheiße.

Okay ich hoffe Du kaufst unsere LP. und ich hoffe das sie Dich nicht enttäuscht.
Schreibe uns doch mal Deine Meinung darüber.

Also bis dann

P.S. Falls Du an Merchandising interessiert bist kannst Du Dich an den Fanclub wenden (Adresse neben dem A.D. Schriftzug)

Ach so – grüße bitte die Heavys in Deiner Gegend recht metallic von uns!

Brief von Frank Banks (Angel Dust) an Holger Ziegler

Dark Past", das ebenfalls 1986 erschien, ist im Übrigen so etwas wie mein heiliger Gral des deutschen Speed/Thrash Metal. Der Quantensprung, den die Band in diesen wenigen Monaten zwischen dem Demo und dem ersten Album hingelegte, war unglaublich. Cover, Songs und vor allem die Produktion von Harris Johns. Für mich der schiere Wahnsinn! Eine ausführliche Liebeserklärung an das Album ist auf den Review-Seiten unserer Totentanz-Homepage zu finden.

Dass „dort im Pott" in Sachen Heavy Metal eine ganze Menge los ist, hat sich bei uns im Rhein-Main-Gebiet schnell herumgesprochen. Wobei das „dort im Pott" bei uns in South Of Hessen geografisch etwas lockerer gesehen wird. Hier werden Velbert (hart an der Grenze) und Düsseldorf (vermutlich ein mittlerer Affront) gern mal ins Ruhrgebiet geschoben. An dieser Stelle ein Dank an Andreas Schiffmann für das Geografieupdate im zweiten „Kumpels in Kutten"-Band.

In den mittleren und späten 80er Jahren kamen gefühlte fünfzig Prozent aller Newcomer aus dem Pott oder eben „von dort". Dass auch ein reger Kontakt unter den Bands bestehen musste, konnte man sich recht schnell zusammenreimen. Beispielsweise lagen den Demo-Bestellungen oder beim Tapetrading meistens diverse Konzertflyer bei, was nach einem regen Austausch an Gigs aussah. Aber wer zum Teufel waren Darkness, die da überall mitspielen? Hatten die schon ein Demo, und warum wurde das nirgendwo besprochen? Es war ein Drama ohne Internet. Ein wahrer Quell für Neuentdeckungen waren natürlich die „Thanx" und „Greetings" auf den Alben und Demos, in denen die anderen Bands der Region gegrüßt wurden. Einige dieser Namen tauchten selbstverständlich bald in der eigenen Sammlung auf, sobald etwas verfügbar war. Hier und da kabbelten sich die Bands untereinander, auch hier ein Beispiel mit Angel Dust, die auf ihrem ersten Album in den Greetings Violent Force an die ausstehenden 100 DM erinnerten. Die Jungs aus der „toten" Stadt Velbert reagierten auf ihrem leider einzigen Album ein Jahr später mit einem „Die 100 DM schenken wir euch zu Weihnachten" darauf. Nerdwissen! Aber damals hatte man noch Zeit, die Special Thanx mehrfach durchzulesen und damit unfreiwillig auswendig zu lernen, vor allem wenn mal wieder keine Texte abgedruckt waren. Das eigentlich Schlimme ist, dass dieser Kram nach knapp vierzig Jahren noch Speicherplatz bei mir im Hirn belegt, und der wird langsam echt knapp.

Eine weitere Sache, welche die Szene im Pott für mich zu etwas Großem werden ließ, wurde durch die Radiosendung Scream auf WDR2 befeuert: Moderator Volkmar Kramarz ging gern auf Musikwünsche ein, gab Underground-Konzerte der Region durch und auch mal den einen oder anderen

Leserbrief zum Besten. In Letzteren grüßten sich vermehrt diverse Fanclubs gegenseitig, und das wurden jeden Monat mehr. Da musste man einfach denken, dass im Pott jedes Wochenende die Hölle los war, zumindest reimte man sich das als Fünfzehn-, Sechzehnjähriger ganz schnell so zusammen. WDR2 konnte ich im Übrigen, dank experimenteller Antennenkonstruktion, mit meinem JCV Receiver an guten Tagen fast rauschfrei empfangen. Am Tag der Übertragung eines Mitschnitts der „Hell Comes To Your Town"-Tour 1986 (mit Kreator, Destruction und Rage) lief es allerdings nicht gut und war nur Mono zu empfangen. Damn it!

Natürlich war bei uns im Rhein-Main-Gebiet auch einiges los, nur waren wir hier gefühlt ein paar Jahre später dran, bis man in den einschlägigen Plattenläden und Jugendzentren entsprechende Flyer oder Plakate für Konzerte sah. Nach den geschilderten Eindrücken, die man von der Szene im Ruhrgebiet vermittelt bekommen hatte, empfand ich alles bei uns auch nicht so groß. Dass die Entfernung Duisburg-Dortmund mal locker das Doppelte von Wiesbaden-Darmstadt ist, hatte ich damals natürlich nicht auf dem Schirm. Bei mir war der Eindruck: Man setzt sich mal kurz in die U-Bahn, und zack, ist man von Essen in Dortmund oder von Bochum in Oberhausen. Natürlich totaler Käse. Es entstand durch die Klamotten seinerzeit ebenfalls ein geschlossener Eindruck der Szene, wenn man Bilder in Magazinen sah oder zum Beispiel den Film „Verlierer" gesehen hatte. Bei uns sahen die Metalheads natürlich nicht anders aus, nur kannte man die alle und hatte daher eine etwas andere Wahrnehmung der eigenen Szene. Die Bilder aus dem Pott von „Kumpels in Kutten" wirkten auf mich irgendwie viel geschlossener.

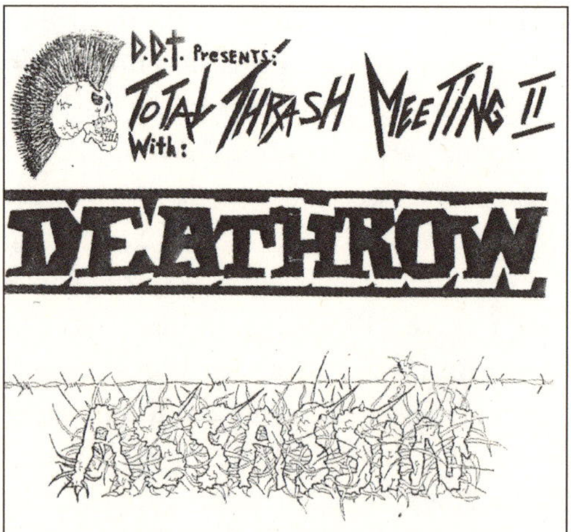


Flyer von 1986: Thrash Metal-Konzert Tor3 in Düsseldorf

Bezeichnend ist auch eine Aussage, die Gerre von Tankard mal irgendwo zum Besten gegeben hat. Nach einem gemeinsamen Gig mit Sodom

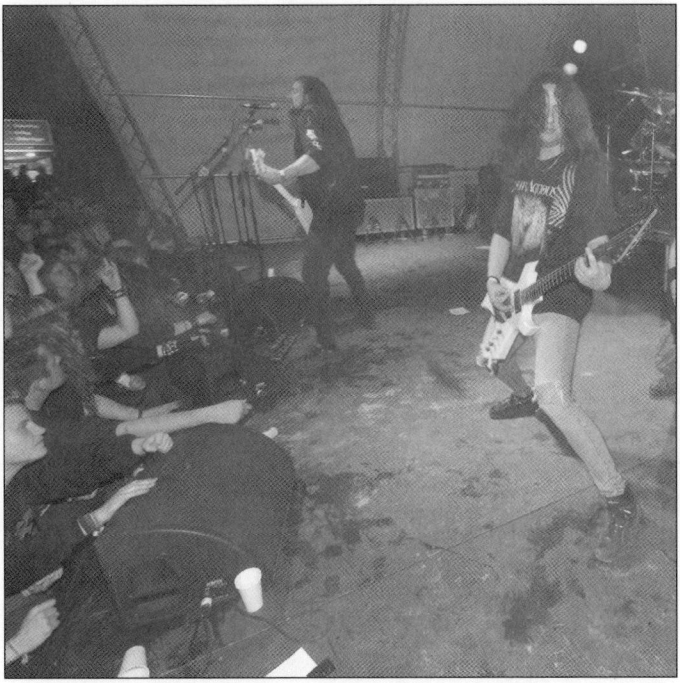

Abandoned auf dem Rock Hard Festival 2005

auf einem Treffen der Venom Legions 1984 in Sindelfingen konnten Sodom ihren ersten Plattendeal einheimsen, während Tankard leer ausgingen, weil sie angeblich zu unmetallisch aussahen. Und mal im Ernst. Nach Tankard, Exumer und Grinder kommt aus dem Rhein-Main-Gebiet erst mal lange nichts, das zumindest national richtig von sich reden machen konnte. Auch bei mir in „South Of Hessen" (im Übrigen der Name einer hiesigen Slayer-Coverband) war die Szene schon früh sehr aktiv. Arrow und Asmodina waren mit ihren ersten, sehr raren EPs '84 und '85 schon dabei, überregional allerdings eher unauffällig – von einigen Trüffelsuchern mal abgesehen. Die Ballung der Großstädte im Pott und die damit verbundene Masse an Bands hat nach außen auf mich eine ganz andere Wirkung gehabt als unsere eher gutbürgerliche Szene.
Zum Schluss noch ein aktueller Punkt, der mir im Zusammenhang mit dem Ruhrpott immer in Erinnerung bleiben wird, auch wenn das schon wieder über siebzehn Jahre her ist. Meinen definitiv geilsten Gig habe ich mit Abandoned am 13. Mai 2005 auf dem Rock Hard Festival in Gelsenkirchen gespielt. Auf der kleinen Bühne spielten wir mit Girlschool und Regicide die Warm-up-Show. Der Platz vor der Bühne war mit locker tausend Leuten gefüllt, und es ging höllisch die Post ab. Unser Sänger Kalli kom-

mentierte das mit einem „un-fucking-fassbar", was damals auf der Rock-Hard-Homepage direkt als Überschrift zu unserem Gig genommen wurde. Menschen flogen, Bierduschen und eine nachgewiesene Gehirnerschütterung als Folge hemmungslosen Stagedivens (Name dem Autor bekannt) waren die Folgen. Ja, so in etwa muss das damals immer gewesen sein, oder? Letzte Randnotiz: Mein innig geliebtes Living-Death-Shirt mit dem „Metal Revolution"-Cover (ich weiß, Velbert ist gerade so nicht mehr Ruhrgebiet) habe ich an diesem Abend erstanden. Ich kann also für mich ganz klar festhalten, dass die Ruhrpott-Szene über einen langen Zeitraum einiges an Eindrücken hinterlassen hat und mein eigenes musikalisches Schaffen mit Sicherheit mitprägte, auch wenn ich damals nicht vor Ort war.

> **Über Holger „Schnuller" Ziegler:**
> „Ich bin Baujahr 1970 und wurde '78/'79 mit KISS infiziert, als ich mit Masern und vierzig Grad Fieber im Bett lag. '83/'84, als Speed und Thrash auf der Bildfläche erschienen, war ich sofort dabei. Heftiger wurde es allerdings nicht. Death Metal war selten mein Ding, und Black Metal ebenfalls sehr wenig, ich bin halt ein totales Kind der 80er. Von Hair Metal bis (Black) Thrash geht so ziemlich alles. Im Herbst '87 wechselte ich vom Klavier an die E-Gitarre, und der erste Gig mit der ersten Band (circa sechzig Prozent Eigenkompositionen) war im April 1988. Ab etwa '90 war ich auch als Schreiber bei Fanzines dabei (Otherwise/Under The Cross). Im Moment bin ich bei Abandoned und Roxxcalibur als Gitarrist und beim Totentanz Magazin als Schreiber aktiv."

### 3.4 Interview mit Stefan Arnold: „Und dann kam Grave Diggers Sargnagel"

Offenbach und Ruhrgebiet Anfang der 80er waren eigentlich zwei Welten mit ihrem jeweiligen Metal-Kosmos. Oder? Eigentlich nicht, denn Stefan Arnolds Werdegang zeigt, wie eng schon damals die Verbindungen über unterschiedlichste Kanäle bis in das Herz des Ruhrgebiets führen. Denn bereits mit seiner Band Wallop war der Offenbacher beim Essener Axel Thubeauville 1985 unter Vertrag und nahm das Debüt mitten in Bochum auf.

Wie muss ich mir die Frankfurter „Metal-Szene" ab Mitte der 80er vorstellen, und welche Verbindungen gab es zum Ruhrgebiet?

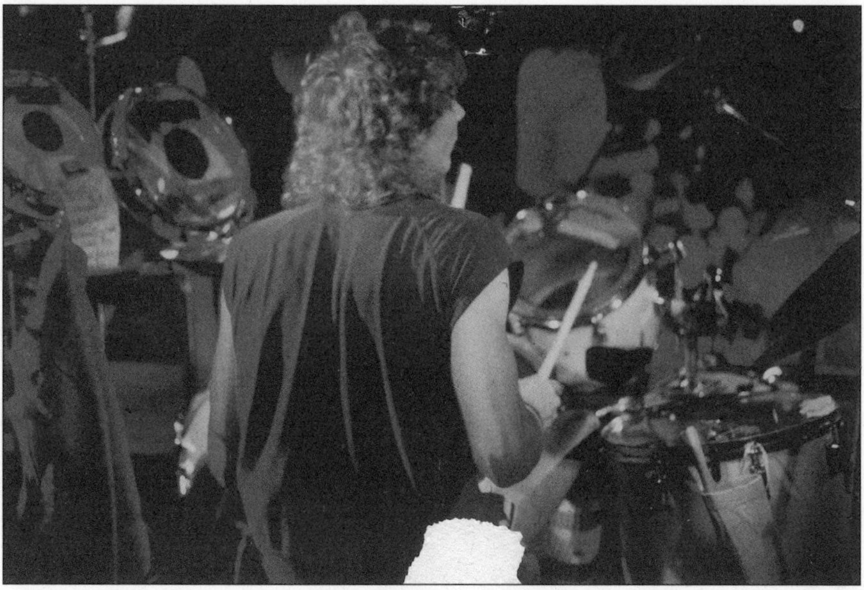

Stefan Arnold mit Wallop

Stefan: „Erst mal muss ich hier klarstellen, dass ich den Aufbruch der Metal-Szene in den 80ern in Offenbach hautnah miterlebt habe. Wir haben mit der Stadthalle eine Mega-Location, in der ich mit meinen Kumpels wirklich alles live erlebt habe: AC/DC mit Bon Scott und Judas Priest als Support, Ozzy Osbourne mit Randy Rhoads an der Gitarre, Motörhead im Original-Line-up, Iron Maiden in der „Killers"-Besetzung, Metallica mit Metal Church als Support, plus KISS, Def Leppard, DIO, Mötley Crüe, ZZ Top, Accept, Saxon ... Alle waren hier bei uns. Wir hatten eine kleine, aber sehr eingefleischte Metal-Szene in meiner Heimatstadt, die sich regelmäßig in einem Jugend-Musikclub traf, in dem ich auch mit meiner ersten richtigen Band Wallop probte. Den Hauptanteil des Publikums bei Konzerten stellten damals allerdings die im Rhein-Main-Gebiet stationierten US-Soldaten. Den Ruhrpott kannte ich damals nur in Verbindung mit dem legendären „ZDF RockPop in Concert"-Event in der Dortmunder Westfalenhalle."

Du warst u.a. Schlagzeuger bei den Frankfurtern Grinder, die von 1985 bis 1991 aktiv waren und einen Vertrag bei Charly Rinnes Label No Remorse Records bekamen. Charly war anfangs auch Chefredakteur des Metal Hammer. Wie kam es denn dazu?
Stefan: „Nachdem sich Wallop aufgelöst hatten, las ich im damaligen Rock Hard Magazin, dass die Frankfurter Band Grinder einen Schlag-

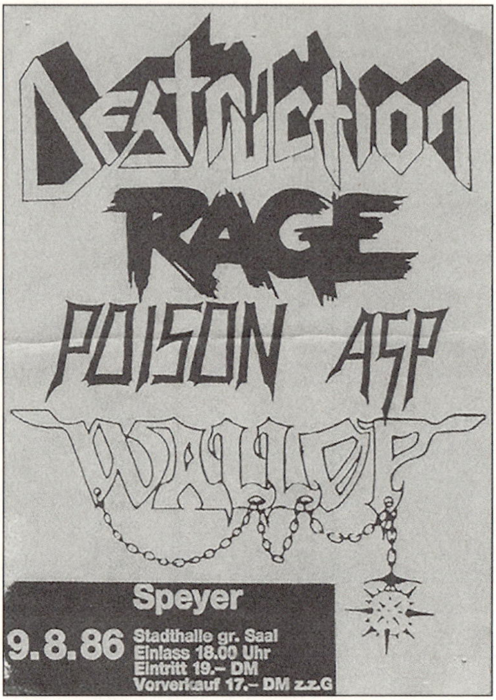

Flyer Wallop zusammen mit Rage

zeuger suchte. Ich rief dort an und erfuhr, dass sich das mit Grinder erledigt hatte, weil die Jungs keinen Proberaum mehr besaßen. Nachdem ich ihnen die freudige Nachricht übermittelte, dass in unserem Offenbacher Jugend-Musikclub geprobt werden konnte, waren die Jungs Feuer und Flamme. Eine Frankfurter Band zog um nach Offenbach. Unsere Lieblingsband war Flotsam And Jetsam, deren erste beide Alben unfassbar genial sind und uns komplett beeinflussten. Melodischer Speed Metal war unser Ding. No Remorse Records nahmen uns unter Vertrag, und damit ergab sich die erste Verbindung zum Ruhrpott, denn Labelchef war der in der Szene sehr bekannte Charly Rinne. Wir spielten unter anderem eine kleine Tour mit unseren Labelkollegen Blind Guardian, später eine Tour zusammen mit Despair und Accu§er. Bei der Tele-5-Metal-Sendung „Mosh" wurde ein Osterfestival mit u.a. Tankard im TV ausgestrahlt. Und ein weiteres Highlight war eine Live-Fernsehproduktion von Tele 5 aus der Braunschweiger Eissporthalle mit Sodom, Blind Guardian, Grinder und Holy Moses."

Stimmt es, dass ihr im Mai 1990 die erste deutsche Band wart, die in der Türkei gespielt hat?
Stefan: „Ja, das ist richtig. Dazu kam es, weil unser Gitarrist Lario im W.O.M. Frankfurt arbeitete und dort immer ein wohlhabender Metal-Fan aus Istanbul CDs bei ihm kaufte. Die beiden freundeten sich an, und aus einer Schnapsidee wurde dann tatsächlich ein legendäres Open-Air-Konzert in Istanbul."

Ihr hattet mit eurem letzten Album „Nothing Is Sacred" (1991) einen Vertrag beim Walterbach-Label Noise Records: Wie waren eure Erfahrungen?

Stefan: „Kurz gesagt: richtig scheiße! Keine Promo, keine Tour, nichts. Diese frustrierende Erfahrung führte zur Auflösung von Grinder."

Nach der Auflösung von Grinder hast du mit den Ex-Mitgliedern Adrian Hahn (Bassist, Vocals) sowie David Hofmann (Gitarre) Capricorn gegründet. 1995 war auch hier Schluss. Euer erstes Demo habt ihr mitten im Ruhrgebiet im Gelsenkirchener T&T Studio aufgenommen und einen Vertrag bei Axel Thubeauvilles Label Bonebreaker unterschrieben. Für die Ruhrgebietszene war Thubeauville eine wichtige Figur. Wodurch ergab sich die Zusammenarbeit?
Stefan: „Wir hatten schon mit Wallop einen Plattenvertrag mit Axel Thubeauville ergattert und unser Debüt „Metallic Alps" (1985) in Bochum aufgenommen. Lustig war, dass Thubeauville ein Haus direkt am Wattenscheider Stadion hatte. Da ich absoluter Fußballfan bin, lud er mich zum Spiel Wattenscheid 09 gegen Rot-Weiss Essen ein. Wir gingen durch sein Gartentürchen und standen vor der Sitztribüne. Unfassbar! Und da saß ich nun neben Peter Neururer – diese neunzig Minuten waren legendär.
Dass Axel dann bei Capricorn wieder ins Spiel kam, war schon kurios. Er bekam irgendwie unser Demo in die Finger. Nicht nur das Demo, sondern auch die beiden Scheiben spielten wir im T&T Studio ein. Da hatten wir stetigen Besuch von Tom Angelripper (Sodom), und es wurde gemeinsam extrem viel gefeiert. Zu Sodom und Kreator hatten wir schon zu Grinder-Zeiten ersten Kontakt, waren ansonsten aber doch mehr auf unsere Rhein-Main-Szene fixiert. Robert Kampf kannte ich noch als Sänger von Despair, die mit Grinder eine kleine Tour zusammen gemacht hatten. Allerdings sang da dann schon Andy. Gerald Wilkes (Continental Concerts) lernte ich übrigens als Top-Tourleiter näher auf unser Rage-/Grave-Digger-Tour durch Japan kennen. Wie man sich vorstellen kann, war das ein absolutes Highlight für alle, und Gerald war derjenige, der damals den kompletten Überblick behalten hat."

Auch zum Rock Hard Magazin gab es ja eine gewisse Beziehung …
Stefan: „Für Holger Stratmann habe ich tatsächlich in den 80ern mal Rock Hard Magazine von Hand verkauft. Leider lief das überhaupt nicht gut, weil bei Konzerten oder in Metal-Clubs keiner Bock hatte, den ganzen Abend mit so einem Heft in der Hand rumzurennen."

Capricorn waren musikalisch im traditionellen Fahrwasser verwurzelt. Im Rock Hard bescheinigte man euch damals Parallelen zu Grave Digger,

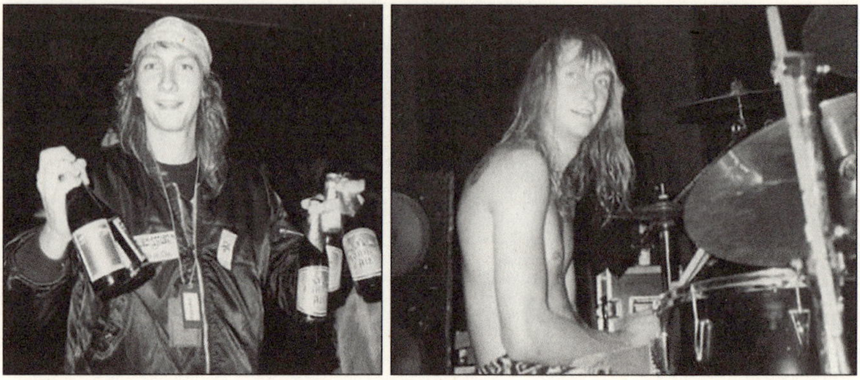

Stefan Arndold zu Grinder-Zeiten

1994 wart ihr mit eben jener Band auf Tour: War das der Auslöser, warum du bei Grave Digger eingestiegen bist?
Stefan: „Leider war ich bei Capricorn der Einzige, der vorwärtskommen wollte, und mir war klar, dass das mit den anderen beiden im Schlepptau nicht möglich war. Und passend zu dieser Erkenntnis rief mich Tommy Göttlich an, der damalige Bassist von Grave Digger, ob ich Interesse hätte, mal vorzutrommeln, weil deren Schlagzeuger raus war. Natürlich spielte es mir in die Karten, dass wir mit Capricorn bei Grave Digger Vorband gewesen waren und alle Beteiligten wussten, was ich kann. Und so bin ich dann im Dezember 1995 bei ihnen eingestiegen."

Das „Tunes Of War"-Album war 1996 ein Werk, das den Zeitgeist gut traf und wegweisend war. Damals kam mit Grave Digger, Hammerfall, Primal Fear & Co. eine Aufbruchsstimmung in die Szene: Traditioneller Metal wurde wieder beliebter. Für dich sicherlich ein toller Start?
Stefan: „Das „Tunes Of War"-Album war tatsächlich der perfekte Einstand. Danach ging es rasant bergauf, und mit unseren Labelkollegen Rage spielten wir einige legendäre Touren und Festivals. Für mich war es wie ein Rausch. Alles ging so verdammt schnell. Ich weiß noch, dass sich die Jungs von Hammerfall bei unserem zweiten Wacken-Auftritt 1998 unsere komplette Show von der Seite anschauten, und dann sind die so dermaßen durch die Decke gegangen – wie so viele Bands, die Grave Digger supportet hatten. Der True Metal erlebte tatsächlich eine Wiedergeburt, und wir waren mittendrin."

Sicherlich eine ganz spannende Zeit! Dreiundzwanzig Jahre oder vierzehn Alben lang warst du bei Grave Digger, bevor Boltendahl die Zusammen-

arbeit beendete (oder wie man das auch immer formulieren möchte). In einem Interview mit dem Rock Hard Magazin hast du von „Zombie-Klamauk“ und über die „Schotten-Chöre“ gesprochen.
Stefan: „In den dreiundzwanzig Jahren habe ich tatsächlich drei – oder sogar kurz vier – Gitarristen erlebt. Ich war bei meinem Einstieg bei Grave Digger unerfahren. Uwe begleitete mich sehr intensiv und half, mein Schlagzeugspiel in die richtige Richtung zu lenken. Als Manni einstieg, ist für mich ein Traum wahr geworden, weil wir uns schon vorher kannten und schätzten. Manni, Jens und ich waren die ‚Drei Stooges‘, hatten immer ein gemeinsames Zimmer auf Tour. Eine unvergessene Zeit. Bis heute sind wir eng befreundet. Und dann kam Grave Diggers Sargnagel. Wobei man erwähnen muss, das leider mit ihm das größte Highlight der Bandkarriere stattfand: Wacken 2010. Jeder weiß, wovon ich rede: Fünfundachtzigtausend Fans drehten komplett durch und machten diesen Abend zum absoluten Highlight meiner Karriere. Was jetzt davon übrig geblieben ist, ist ein erbärmliches Trauerspiel.“

Grave Digger waren in den 80ern eines der Aushängeschilder der Ruhrpott-Szene. Hast du das damals als Offenbacher überhaupt so wahrgenommen? Nach deinem Einstieg bei Grave Digger seid ihr zum Beispiel immer im Januar in der Zeche Bochum aufgetreten – eine der prägenden Locations.
„Die „Heavy Metal Breakdown“-Scheibe lief bei uns rauf und runter. Obwohl der Gesang in den Strophen eine Vollkatastrophe war, waren die Refrains unschlagbar, absoluter Kult. Wir fuhren damals mit einem Reisebus inklusive fünfzig Fans nach Weinheim, wo wir mit Wallop von Helloween eingeladen worden waren. Dort spielten an dem Abend Helloween, Grave Digger und Celtic Frost – was für ein Package. Allerdings waren Grave

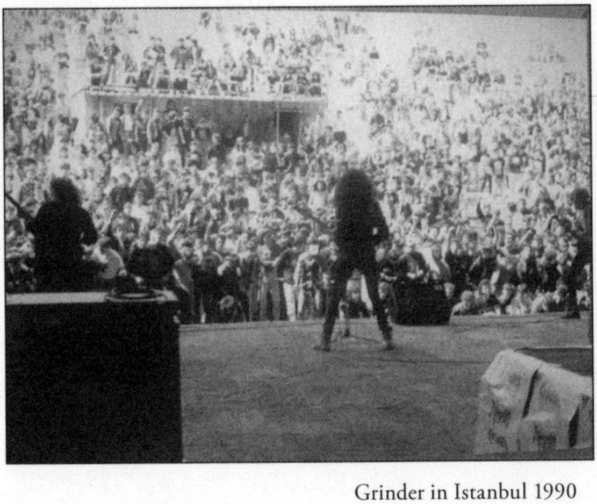

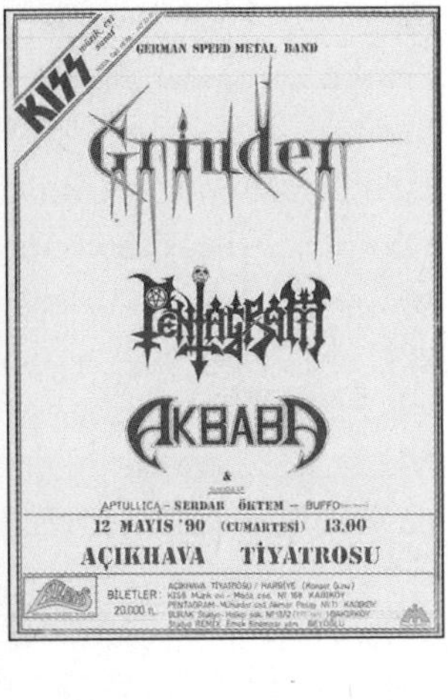


Grinder in Istanbul 1990

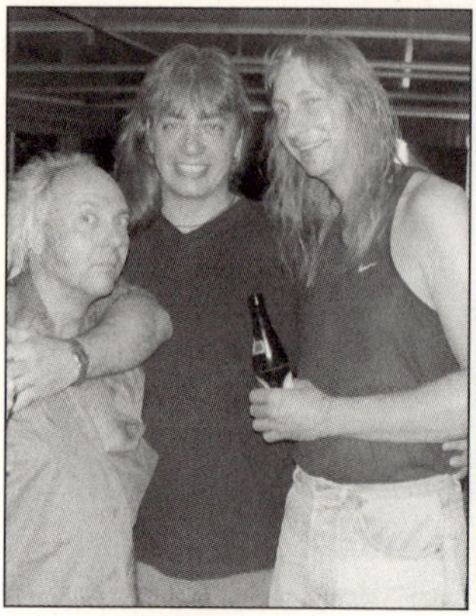

Stefan Arnold rechts mit Manni Schmidt und Metal Manni vom Metal Hammer links

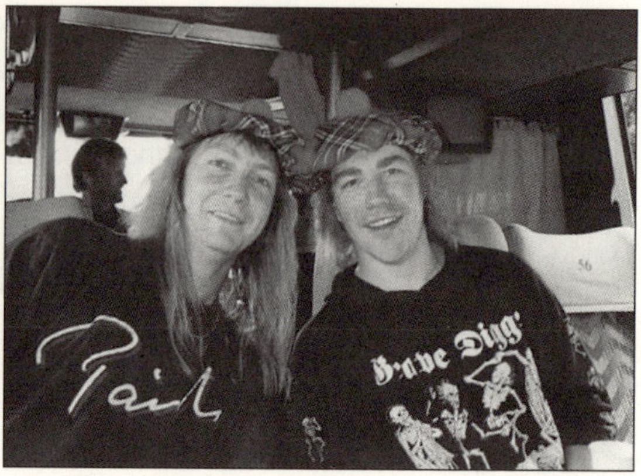

Stefan Arnold mit Uwe Lulis zu „Tunes Of War"-Zeiten

Digger an diesem Abend im Gegensatz zu Helloween ein Totalausfall, und danach hatte sich das erst mal erledigt mit Ruhrpott-Metal. Durch den Einstieg bei der Band pflegte ich endlich einen engeren Kontakt zur dortigen Szene. Zu Grinder- und Wallop-Zeiten war das alles eher oberflächlich. Da traf man auf Festivals und Tourneen immer wieder auf Rage, Kreator, Sodom et cetera, hatte aber jedes Mal eine wunderbare Zeit. Die Zeche Bochum ist eine legendäre Kultstätte, und es war für mich jedes Mal eine Ehre, dort aufzutreten. Von dieser Location hatten wir schon in der 80ern gehört. Einer aus unserer Clique war dort bei Anthrax, Overkill und Agent Steel und hatte nur geschwärmt."

Mit dem Einstieg von Manni Schmidt folgte das düstere Werk „The Grave Digger" (2001), das zwar auch ein Konzeptalbum, aber in mehrfacher Hinsicht eine Ausnahme ist. Wie empfindest du rückblickend die musikalische Entwicklung der Band?

Stefan: „Tatsächlich ist „The Grave Digger" neben „Tunes Of War" mein Lieblingsalbum. Manni brachte einfach frischen Wind mit. Es war ein schweres Erbe, das er antreten musste, und er hat das sensationell gemeistert. Seit Mannis Ausstieg hat es sich leider nicht mehr wie eine Band angefühlt. Der Neue wirkte mit seiner Art und Optik auf der Bühne wie ein Fremdkörper, aber es lief irgendwie. Und so entwickelte sich auch die Musik hin zum Belanglosen. Nur zwei gute Titel sind mir aus dieser Sargnagel-Phase in Erinnerung geblieben: ‚Highland Farewell' und ‚Hammer Of The Scots'."

Hast du denn inzwischen wieder Kontakt zu ehemaligen Mitmusikern?
Stefan: „Zu Uwe Lulis ja, Tommi habe ich seit seinem Rauswurf nie wiedergesehen. Manni und ich sind richtig befreundet, wir hatten vor einiger Zeit mit Jens ein legendäres ‚Stooges'-Treffen, bei dem viel getrunken und gelacht wurde."

Aktuell bist du wieder bei den Offenbachern Wallop: Wie sehen eure Pläne aus?
Stefan: „Das Schöne an Wallop ist, dass wir tatsächlich im originalen Line-up von 1985 agieren und auch nur so weitermachen. Wir spielen traditionellen Metal ohne Keyboards und Playback-Chöre. Einfach Old School. Wir schreiben gemeinsam an Stücken für ein neues Album, wobei auch Titel von Demos aus den 80ern überarbeitet werden. Mehr Tradition geht nicht. Und wir versuchen, das eine oder andere Konzert oder Festival zu spielen. Wir sind für alles offen."

Und abschließend ein Satz zur Bedeutung des Metal im Ruhrgebiet?
Stefan: „Der Ruhrpott ist neidlos definitiv das Herzstück der deutschen Metal-Szene gewesen. Heute verteilt sich das fair über ganz Deutschland. Aber ohne den Ruhrpott hätte sich deutschlandweit niemals solch eine florierende Metal-Szene entwickeln können."

### 3.5 Rockmusik trifft Wissenschaft: „Rock Fossils on Tour"

Im Metal gibt es inzwischen einfach alles. Doch dass vermeintlich staubige und – auf den ersten Blick – vermeintlich langweilige Fossilien schon seit Jahrzehnten Teil der Metal-Kultur sind, da zahlreiche Forscher ihre archäologischen Funde nach Rock- und Metal-Bands benannt haben, ist vielen sicherlich unbekannt. Zu sehen sind diese in der Wanderausstellung „Rock Fossils on Tour", an der der Geologe Dr. Achim Reisdorf von der Stiftung Ruhr Museum in Essen federführend mitwirkte und Station unter anderem im Senckenberg Naturmuseum mitten in Frankfurt machte. Es ist ein bizarres Bild: Tankard-Fronter Gerre sitzt inmitten einer Riege von Professoren und Doktoren, die über ihre Faszination für nach Rock- und Metal-Musikern benannten Fossilien referieren, umgeben von lebensecht gearbeiteten dreidimensionalen Modellen. Millionen Jahre alte Fossilien können für Laien also doch verdammt spannend sein.
„In unserer Forschung gewinnen wir durch den Blick in die Vergangenheit wichtige Erkenntnisse für unsere Gegenwart und Zukunft", erklärt Prof. Dr. Andreas Mulch und fährt fort: „Mit dieser Ausstellung haben wir die ideale Verbindung von Paläontologie und Rockmusik." Dr. Achim Reisdorf

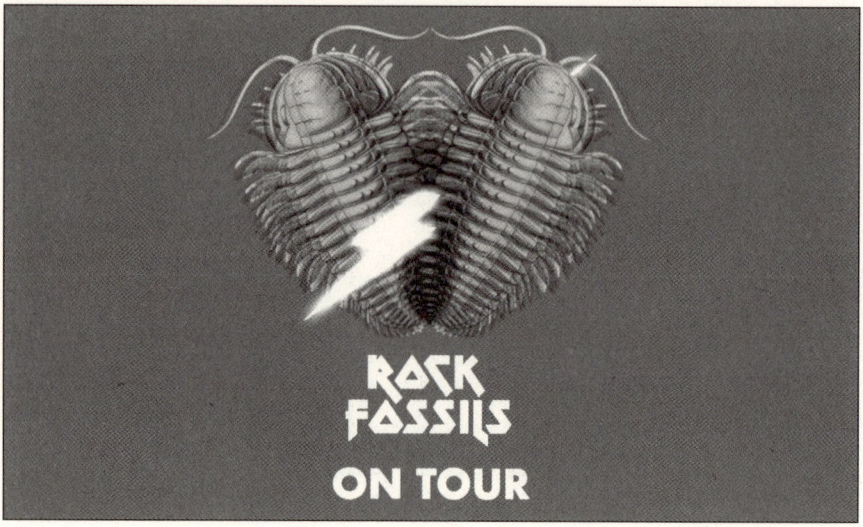


Logo der Wanderausstellung

vom Rock-Fossils-Team, der im Ruhr Museum mitten in Essen tätig ist, brachte gleich einen Teil seiner Metal-Plattensammlung mit, um den Bezug deutlich zu machen. Er erklärte, dass durch die Verbindung von Rockmusik und Wissenschaft „weltweite Aufmerksamkeit für die Forschung erzielt" wurde. Bei den rekonstruierten Modellen lassen sich die Wissenschaftler künstlerische Freiheiten, so wurde die nach Lemmy benannte Tierart stilecht mit Warzen versehen, während der nach Tankard benannte Schlangenstern naturgemäß aus einem alten Bierkrug herausragt.

„Die Geburt von Rock Fossils war eine Publikation meines Fachkollegen Prof. Mats E. Eriksson über King Diamond." Das war der Impuls für den Kontakt zwischen mehreren Paläontologen-Metalheads, die sich untereinander vernetzten. „Wir waren auch die Ersten, die in einem naturkundlichen Museum Stagediving zusammen mit den Bandmitgliedern von Accept gemacht haben. Das hatte es noch nie zuvor gegeben. Das Ganze wirkt nach außen", lacht Reisdorf. Die Benennung nach Songs und Bands sei ein „Trendsetter". Neben Museen in Dänemark, Deutschland und vielen weiteren Ländern waren die „Rock Fossils on Tour" seit 2013 auch schon auf dem Sweden Rock und dem Bang Your Head!!!.

> **„Ophiura tankardi"**
> Ein Modell der ausgestorbenen Art von Schlangensternen mit schlanken Armen, ähnlich den Seesternen, schmückt künftig das Regal von Tankard: Dr. Ben Thuy vom Naturhistorischen

Museum Luxemburg beschrieb die in Rheinland-Pfalz bei einer Bohrung gefundene Art gemeinsam mit seinen Kollegen. Als großer Fan der Musik der Frankfurter blieb für ihn nur eine Namenswahl: Ophiura tankardi. Die Rock-Fossils-Mitbegründer Esben Horn (10 Tons) und Rune Fjord (Rune Fjord Studio) überreichten Sänger Andreas „Gerre" Geremia das Modell. Die Eröffnung der Ausstellung „Rock Fossils on Tour" im Frankfurter Senckenberg Naturmuseum war der perfekte Anlass, um die neu entdeckte alte Art gemeinsam mit Gerre pünktlich zum vierzigjährigen Bandjubiläum zu feiern. Damit gehören Tankard zur Riege von Genregrößen wie Lemmy Kilmister von Motörhead, King Diamond, Alissa White-Gluz (Arch Enemy) oder Sid Vicious (Sex Pistols). „Als uns die Nachricht erreichte, dass ein viele Millionen altes Fossil nach uns benannt werden soll, dachten wir erst an einen verfrühten Aprilscherz. Das Rock-Fossils-Team hat uns dann aber vom wissenschaftlichen Bierernst der Benennung eines dreißig Millionen Jahre alten fossilen Schlangensterns nach Tankard überzeugt. Für uns ist es eine riesengroße Ehre, zumal das geologische Alter ungefähr hinkommt – schließlich haben wir 2022 unser vierzigjähriges Bandjubiläum gefeiert. Prost Ophiura tankardi, du wunderschönes Sternsche!", erklärt der Tankard-Fronter sichtlich gerührt. Und die Bild-Zeitung titelte: „Metal-Band jetzt unsterblich."

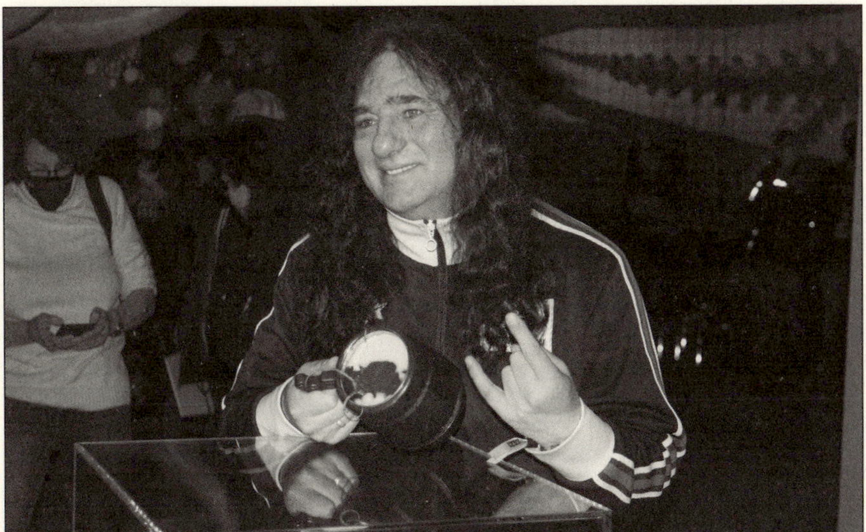

Gerre (Tankard) mit der Rekonstruktion des nach der Band benannten Fossils

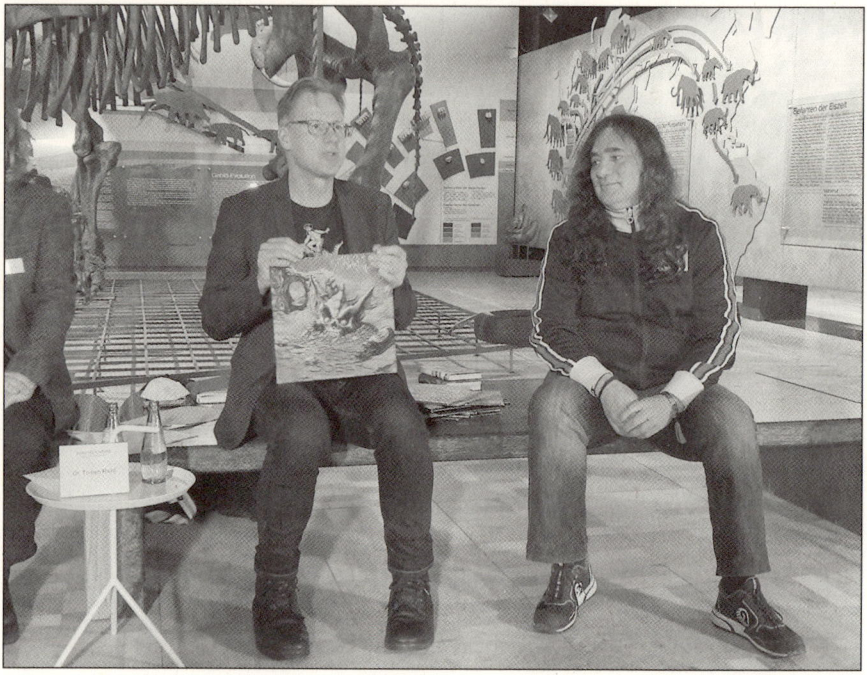

Gerre (Tankard) mit Dr. Achim Reisdorf bei der Ausstellungseröffnung in Frankfurt

**Kurz-Biografie Dr. Achim Reisdorf:**
„Born in the GDR. Kreator begleiten mich seit meiner Jugend in Freiberg/Sachsen, der Silberbergbaustadt im Erzgebirge: „Pleasure To Kill“, eine Raubkopie auf Musikkassette, gekauft in einem Hochhaus in Berlin-Weißensee für sage und schreibe 60 Ostmark, hüte ich bis heute wie einen Augapfel. Weshalb dieser Schwarzmarkt in Ostberlin nicht ausgehoben worden ist, bleibt mir bis heute ein Rätsel, gab es hier doch vieles von dem zu kaufen, wonach das Metal-Herz lechzte und das legal kaum zu erwerben war. Sogenannte West-Verwandtschaft hatte ich keine. Meine Oma konnte ich auch leider nicht in den ‚West-Plattenladen‘ schicken, um das Vinyl meiner Thrash-Metal-Helden oder deren T-Shirts zu kaufen. Kein Grund, um den Kopf in den Sand zu stecken. Wir tauschten und kopierten in Sammelwut und Leidenschaft die neuen und älteren Releases. In Bastelarbeit entstanden nicht selten Thrash-Metal-Shirts. Sammler, Jäger, Heimwerker … Nun lebe ich als Geologe und Kurator am Ruhr Museum auf dem UNESCO-Welterbe Zollverein in der Heimatstadt von Kreator. Essen, Bergbaustadt, Pott, Kohle, Metal. Hier in der grünen Hölle fühle mich zu Hause. Gleich nebenan wohnen Sodom. Ruhrpott, alles andere als „Endless Pain“!“

# KAPITEL 4: "FOR ADULTS ONLY": WIEDERAUFERSTANDENES SCHWERMETALL

## 4.1 Bandstory Mad Butcher: Reunion nach 40 Jahren

Harald Elbracht – besser bekannt unter dem Namen Metal-Harry – ist ein Unikum, der (fast) alles über den Heavy Metal der frühen 80er weiß und eigentlich keine Fragen braucht, um über sein Baby Mad Butcher, die Pioniere aus dem Pott, zu erzählen. An Selbstbewusstsein mangelt es ihm definitiv nicht.

Seine Geschichte und die seiner Kumpels (Guggi Schirrmacher, Sydney Keller und Manni Salhöfer) beginnt im Januar 1981 in der legendären Essener Kneipe Sigis Kalei. Unter dem Eindruck des Hardrock der 70er und 80er, Metal US-amerikanischer Prägung sowie der England-Connection Motörhead, Saxon und Iron Maiden entstehen Mad Butcher, die bis 1990 Bestand haben werden. „1981 gab es Mad Butcher und nicht viel anderes, weil die meisten anderen Bands erst später gegründet wurden", blickt er auf

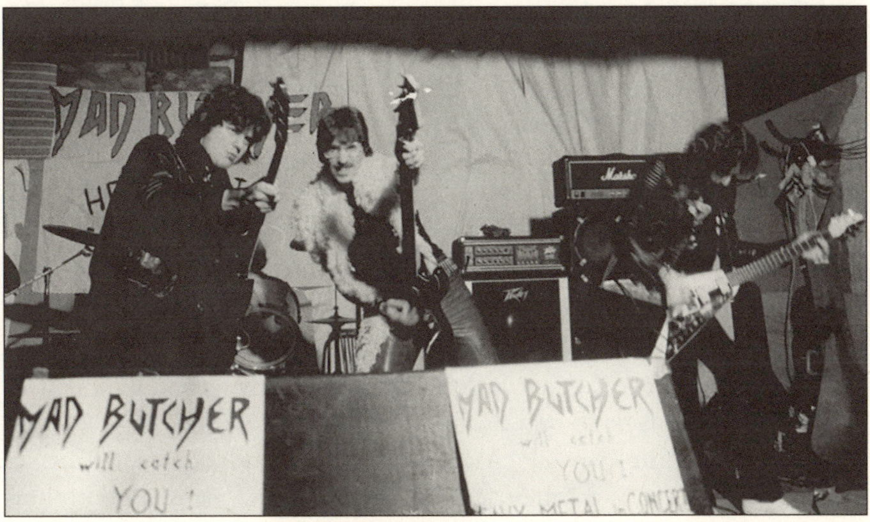


Proberaum in der Stauderstraße in Essen-Altenessen 1982

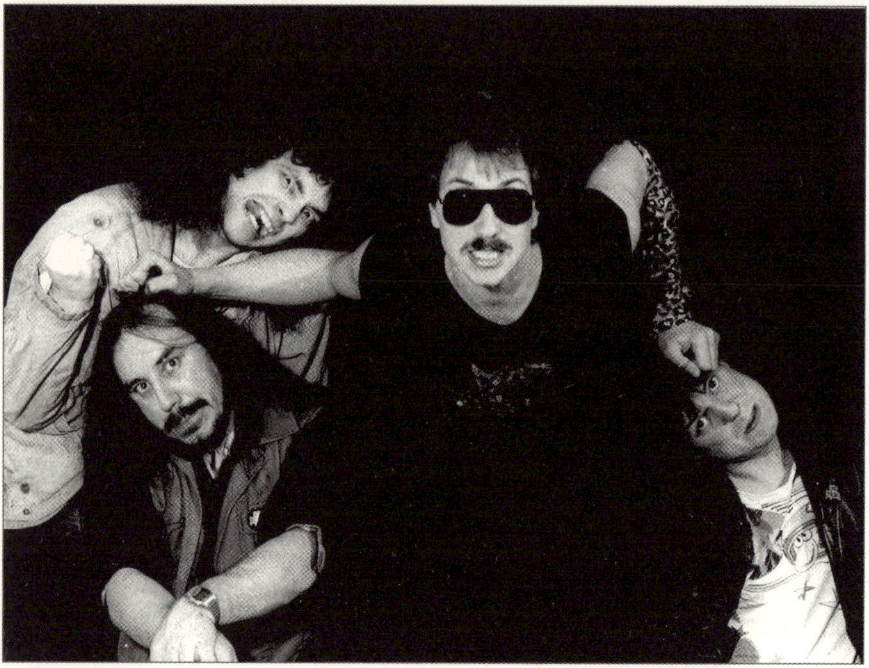

Promo-Foto in Düsseldorf für „Metal Meat" 1987 (Foto: Archie Gleim)

die frühe Zeit des Metal in Deutschland zurück und kritisiert: „Es gab auch keine deutsche Metal-Szene der 80er. Das wird immer ein bisschen verklärt. Jede Band hat für sich allein gearbeitet, und es gab Futterneid. Keiner gönnte dem anderen den Dreck unter den Fingernägeln."

Ein Proberaum findet sich in Altenessen in der Stauder-Straße, in dem auch für die ein Jahr später gegründeten Sodom noch Platz ist: „Wir haben Sodom damals mit reingenommen", so Metal-Harry. Es ist ein typsicher Proberaum der 80er: Sperrmüll-Matratzen sorgen für die Schallisolierung, das Equipment kauft man gebraucht zusammen – ganz ähnlich wie wenige Jahre später bei Darkness und vielen anderen. Auftrittsorte finden sich vor allem zunächst in Jugendheimen und Kneipen der Umgebung. Nach und nach komponieren die Musiker eigene Songs. 1983 entsteht das im Proberaum aufgenommene Demo „Eat The Rat", das die musikalische Reise mit Twingitarren bereits andeutet und zeigt, dass die Band komponieren kann. „Wenn du dich mit Mad Butcher beschäftigst, stellst du fest, da sind ganz viele Fragmente drin. Genau das war unser Ziel: eine große Bandbreite", resümiert der Frontmann und Bassist.

1984 folgt dann die erste LP „Metal Lightning Attack" auf dem Essener Label Earthshaker: „Wir haben den Plattenvertrag bei Earthshaker Records nur durch die Connection zu Axel Thubeauville bekommen. Musikalisch verstanden wir uns immer gut, und ich verschaffte ihm den Kontakt zu Metal Mike und seinem Aardschok-Magazin. Wir besuchten damals oft Konzerte im Dynamo Club. Mike war der Metal-Papst in Holland und ist es auch heute noch, so kam der Kontakt zustande. Axels Plattenladen hingegen war die erste Anlaufstelle in Essen. Da konntest du die Platten probehören. Sonst hast du dir die Hüllen angeschaut und gelesen, ob du jemanden von der Dankesliste kennst. Ein Budget für „Metal Lightning Attack" hatten wir nicht, ich bekam erst das fertige Produkt in die Hand. Das Foto machte Hucky Heppke. Fertig war das Cover. Wir klangen auf der Platte wie live, weil nichts produziert wurde. Diesen Spirit bringen wir auf der Bühne: keine Gimmicks, da wird nichts getriggert. Das ist handgemacht."

**Metal-Harry beim Metal Hammer**

RockPop in Concert 1983, u. a. in der Dortmunder Westfalenhalle (in Band eins haben wir ausführlich darüber geschrieben), war die Geburtsstunde der deutschen Metal-Szene, was Metal-Harry bestätigt. Parallel zum Festival kam das erste Metal Hammer Magazin heraus, für das er von 1984 bis 1986 schrieb. Dazu Harry: „Charly Rinne war nach Hucky damals Chefredakteur (Erhard ‚Hucky' Heppke arbeite parallel in Axels Plattenladen in Essen). Ich habe das nur unter einer Bedingung gemacht: Jedes Wort, das ich schreibe, muss gedruckt werden, und ich habe Erstzugriff auf Neuerscheinungen. Jetzt kannst du natürlich sagen, ich sei überheblich. Aber ich wusste sehr viel über die Szene. Dann kam Charly Rinne, der hielt mich für ein arrogantes Arschloch, auch wenn er das nicht so direkt formulierte."

An die Tätigkeit als Autor erinnert er sich gern zurück. „Das war natürlich Wahnsinn, wenn du Lars Ulrich Backstage treffen und über Musik sprechen konntest. Metallica waren noch richtig zugänglich. Ich bekam damals sogar Anrufe mit Geldangeboten, wenn eine Platte gut besprochen würde, das lehnte ich immer ab. Ich unterschreibe doch nicht mit Metal Harry, wenn ich nicht hinter der Musik stehe! So was mache ich nicht, ich bin Idealist und Fan und konsequent subjektiv-objektiv."

Trends gehen an den vier, die einfach nur Heavy Metal spielen wollten, vorbei: Unkonventionell eroberten die Jungs die Bühnen, keine Show ist wie die andere. In einer Szene, die zunehmend Wert auf adäquate Kleidung legt, ein Problem: „Wir haben auf der Bühne gelacht, sahen nicht aus, wie wir hätten aussehen müssen. Mit Brille und kurzen Hosen in einer Zeit, als die Szene noch sehr engstirnig war", das, so Harry, sei ein Grund gewesen, warum Mad Butcher nie den Durchbruch schafften.

> **Mad Butcher in der Bay Area:**
> „Ich hatte halt die Chance, als Bengel mit Mitte zwanzig unfassbar viele Bands in den USA zu sehen, war über dreißig Mal in den Staaten. Slayer lernte ich 1984 persönlich kennen, als wir mit der Band in San Francisco waren. Da gab es einen legendären Plattenladen. Mit der Inhaberin Pam Smith bin ich bis heute verbandelt. Damals sind wir durch Amerika gezogen, es gab diese Tickets für sechzig Tage. Du konntest Tag und Nacht kontinental USA alle Flüge nutzen. Es lohnte sich also, Nachtflüge zu machen, damit du dir die Hotelkosten gespart hast. Es war immer das Gleiche: Du siehst einen Typen mit Van-Halen- oder AC/DC-T-Shirt und fragst: ‚Wo kauft man denn hier ein?' So kamen wir in den Plattenladen. Ich zog unsere Platte aus dem Regal, und die Inhaberin sagte, wir seien eine ‚amazing' Band. Sie rief erst mal den Manager von Lääz Rockit an, und so ergaben sich die Kontakte. Paul Baloff von Exodus meldete sich: ‚Hömma, heute Abend spielt Slayer. Seid ihr dabei?' Und dann kamst du da mit Paul in den Club und lerntest die Typen von Slayer kennen. Wir hätten dort auch spielen können, aber unser Drummer war nicht mit in den USA. Wir hatten sofort einen super Draht zueinander, und Slayer wollten uns sogar als Support für ihre „Hell Awaits"-Europatour. Wir waren in den Proberäumen von Bands wie Exodus und auf etlichen Konzerten und lernten praktisch die gesamte Bay-Area-Szene kennen."

Die Wahl des Labels für die zweite Platte erweist sich als Fehlgriff: „Metal Meat" (1987) mit seinem rohen Live-Sound erscheint bei Enterprise, das sich in vielerlei Hinsicht nicht den besten Ruf erarbeitet. Songs wie ‚Freewind' oder ‚Hypnotized' stechen qualitativ heraus. Geld sieht man für die Platte wieder keins. Auch die „kleineren" Bands hätten durchaus ihre Platten verkauft, finanziell gelohnt habe sich dies aber nicht, bemerkt Metal-Harry. „Bands wie Living Death oder Darkness waren ja teilweise richtig erfolgreich. Und was haben die gekriegt? Sechzig Mark und eine Kiste Bier."

„Metal Meat" mit seiner stilistischen Bandbreite passt nicht in den Zeitgeist einer sich immer weiter ausdifferenzierenden Szene. „Mad Butcher haben sich halt nie verbogen: Keine Trends, keine Anbiederungen", erklärt der

Sänger und weiter: „Unsere Einflüsse waren total unterschiedlich, daher decken wir ganz viel ab. Ich war wie ein Staubsauger, kaufte alles und sah viele Konzerte. Für mich ist das Heavy Metal, und nichts anders. Da ist immer Tempo drin, Balladen gibt es bei uns nicht. Wir haben nie die Lorbeeren geerntet, das ist eben die Gnade der frühen Geburt. Wir repräsentierten halt nicht die Art Metal-Musiker, die man erwartet hat. Ich stelle ja nichts dar mit meiner Brille und meinen Shorts, es fehlten die Patronengurte und der böse Blick …"
Trotzdem erspielt man sich live mit dem eigenständigen Gemisch aus schnellem Heavy Metal und zahlreichen Einflüssen gitarrenbasierter Sounds eine Fan-Basis in und über das Ruhrgebiet hinaus und nutzt als eine der ersten Bands Sender auf der Bühne. Bereits 1983 treten Mad Butcher unter anderem mit Scanner in der Zeche Bochum auf. Die vier leisten sich einen Manager aus Düsseldorf, der bundesweit Auftrittsmöglichkeiten organisiert. Als semiprofessionelle Musiker mit festen Jobs bleiben die Möglichkeiten längerer Touren einerseits beschränkt, andererseits sei man aber nie gezwungen gewesen, Kompromisse bei der stilistischen Ausrichtung einzugehen.

**Destruction:**
Beim Namen Mad Butcher denkt man schnell an die legendäre EP der Thrasher Destruction aus dem Jahr 1987, die bei SPV erschien. Stilistische Auffälligkeiten zwischen dem Bandmaskottchen der Süddeutschen und dem der Gelsenkirchener scheinen eher weniger zufälliger Natur zu sein, auch wenn Bandkopf Schmier gegenüber Metal-Harry betonte, man habe doch „dieselben Einflüsse" …

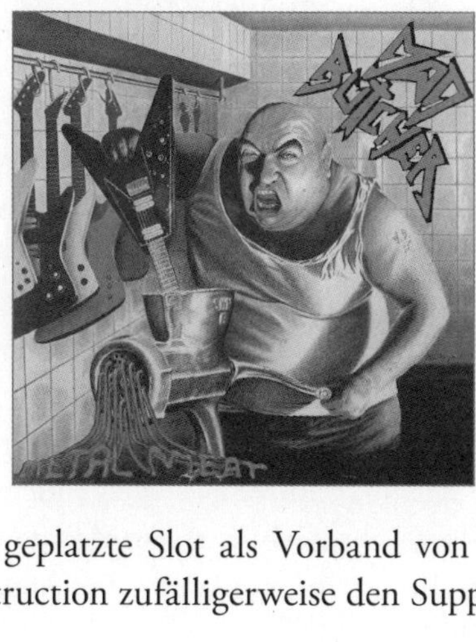

Der geplatzte Slot als Vorband von Slayer tut sein Übriges: „Dass dann Destruction zufälligerweise den Support für Slayer bekommen haben, hat-

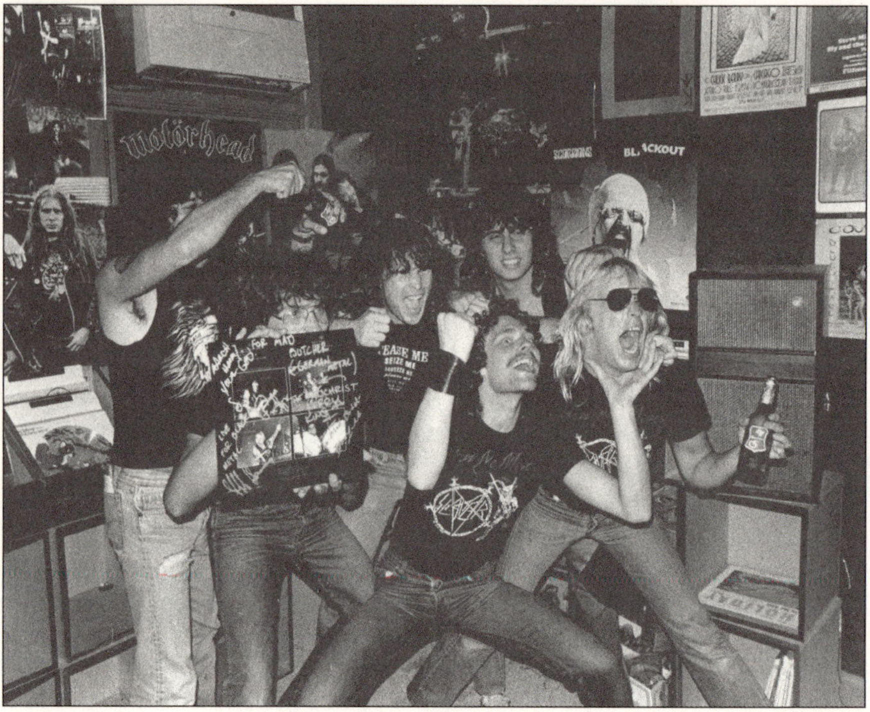


Mad Butcher meets Slayer 1986. Von links nach rechts: Tom Araya, Metal-Harry, Kerry King, Sidney Keller, Dave Lombardo und Jeff Hannemann im Record Vault Plattenladen in San Francisco.

te einen bitteren Beigeschmack, auch wenn ich Destruction alles gönne. Slayer wollten uns, aber das Management entschied sich dagegen. Die Slayer-Tour wäre wohl der Wendepunkt für uns gewesen, und wir hätten uns etablieren können. So aber liefen dann die Thrash-Bands an uns vorbei, und gerade in Essen und Umgebung nahmen Kreator und Sodom die Pole-Position ein. Da wird man schon ein bisschen unleidlich, das gebe ich gern zu“, resümiert Harry.

Höhepunkt in der Historie bleibt der Auftritt auf dem Scream Live Festival 1986 in Gelsenkirchen vor zweitausend Zuschauern; Headliner Halloween. „Das war mit Abstand unser größtes Konzert“, blickt Metal-Harry mit glasigen Augen zurück. „Dieses Feedback von der Halle werde ich nie vergessen, die Leute waren geil auf Metal. Was mich ein bisschen stolz macht, ist, dass weder Sinner noch Halloween so gut wie wir ankamen. Ich zog da voll die Ruhrpott-Karte.“

Aber auch das Konzert-Highlight kann Mad Butcher nicht retten: Die Metzger aus Gelsenkirchen sind Ende der 80er auf dem absteigenden Ast: Die verpasste Tour als Vorband von Slayer, die nicht szenekonforme Kleidung und die fehlende Kohle drängen die vier immer weiter ins Aus. Die

Kompositionen können mit den Großen des Genres nicht immer mithalten, auch wenn den Songs Charme und Qualität ganz sicher nicht abzusprechen sind.
Die Band kämpft und versucht 1988 mit dem Demo „For Adults Only" einen neuen Plattenvertrag zu ergattern – erfolglos. Der traditionelle Metal ist Anfang 1990 nicht mehr gefragt: „Absolut tot", bestätigt Harry, „in den 90ern habe ich mir die Hacken abgelaufen und Promotion-Material verteilt. Kassetten, Fotos, Promotion-Mäppchen, alles. Entweder man hörte gar nichts, das Positivste war noch: ‚Ja nicht schlecht, aber wenn kommen wir auf dich zu.'" Parallel klopft Chris Boltendahl bei Metal-Harry an und will ihn für Grave Digger verpflichten. Doch daraus wird nichts.

> **Metal-Harry und Grave Digger:**
> „Chris kam 1988 auf mich zu: ‚Harry, wir haben die Möglichkeit, als Vorband von Manowar in Amerika zu spielen. Wir brauchen einen Bass-Mann. Ich antwortete: ‚Chris sei mir nicht böse, aber da wartet niemand auf Grave Digger. Mach das nicht! Die Bands, die du da siehst, sind so gut, die sind technisch so geil, da kannst du als deutsche Rumpel-Combo einfach nicht mithalten. Dann war ich die Arschgeige."

Personell spitzt sich die Situation innerhalb von Mad Butcher zu, Gitarrist Sydney Keller, der jobbedingt ins Ausland muss, fehlt ein gutes halbes Jahr – die Gruppe ist in der Zwischenzeit eingefroren. Eine ewig lange Zeit für eine Band, die sich neu aufstellen muss. Sydney beschließt letztlich,

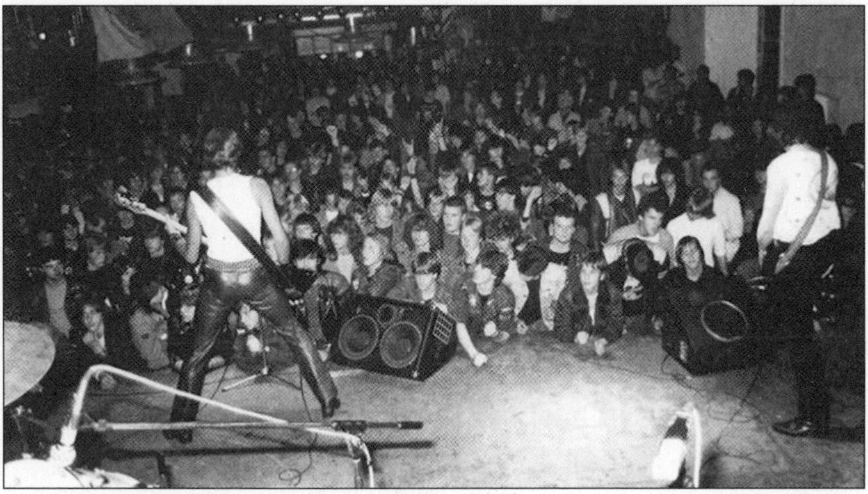

Stadthalle Beverungen Soundcheck 1984 (Foto Hucky Hepke)

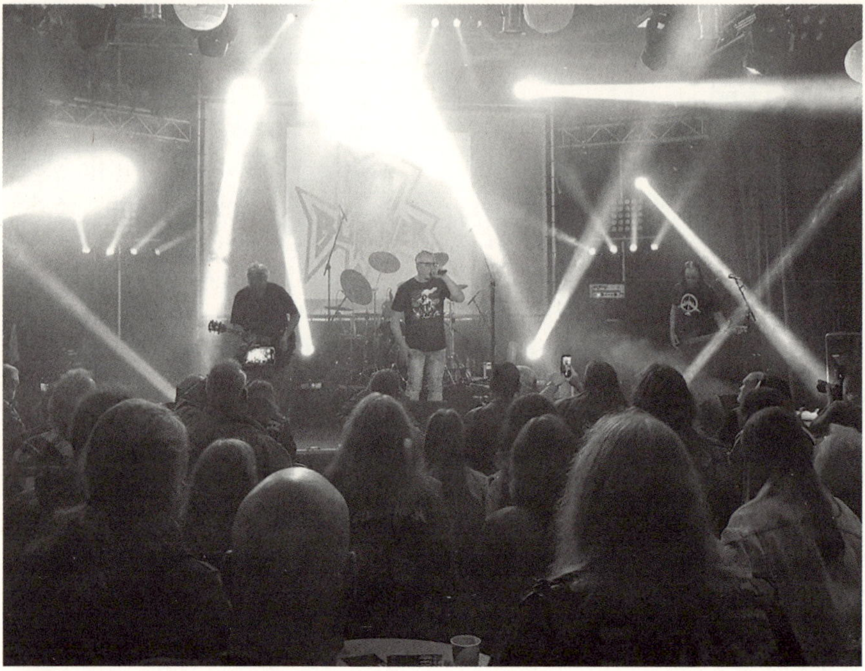

Reunion-Konzert Resonanzwerk Oberhausen (Foto: Marc Wawer)

nach China auszuwandern, lernt dort seine künftige Ehefrau kennen. „For Adults Only" wäre vielleicht die beste Langrille der Bandgeschichte geworden, aber durch die äußeren Umstände ist 1990 Schluss. Für Szene-Kenner, die nach Underground-Perlen der 80er suchen, bleiben zwei Alben und ein Demo, die mit ihrem rauen Sound zu punkten wissen und dank der Labels Stormspell bzw. Dying Victims inzwischen wieder erhältlich sind.

Was bleibt? Der Re-Start 2022! Über dreißig Jahre nach der Bandauflösung und gut vierzig Jahre nach der Gründung lässt Metal-Harry ein Gedanke nicht mehr los: ein Reunion-Konzert! Die Location wird schnell im Resonanzwerk Oberhausen gefunden, und so lädt Metal-Harry am 22. April 2022 „zum Tanze plus gemeinsamem Umtrunk" ein, unter dem Motto: „No Ballads, no Bullshit, just Riffs, Riffs, Riffs!" Auf das Oberhausener Resonanzwerk kommt man durch Zufall: „Ich stand da so und dachte, das ist aber geil. Dann kam ich plötzlich mit dem Besitzer ins Gespräch, der Mad Butcher sogar kannte, weil es sein erstes Konzert überhaupt war. Der Laden hat mich umgehauen, also war klar, die Reunion wird hier stattfinden." Schon steht der Deal und drei der vier Originalmitglieder sind dabei, neben Harry Rolli Borchert an der Gitarre und Rainer Gollan hinter den

Drums. Sydney Keller scheint nach wie vor irgendwo in China verschwunden zu sein.
Weitere Angebote für Einzelkonzerte u.a. in Solingen und Moers folgen. 2023 wagen sich die Metzger mit dem ersten neuen Song nach vierzig Jahren an die hungrige Öffentlichkeit: ‚Flesh And Blood' erfüllt die Erwartungen an eine traditionelle Heavy-Metal-Nummer mit eingängiger Hookline, die auch schon zu Gründungszeiten hätte entstehen können.

> **Das erste Mal live nach 30 Jahren …**
> Der 22. April 2022: Mad Butcher trauen sich auf die Bühne zurück. Rund zweihundert Gäste sind ihrem Aufruf gefolgt, die Einladung wird somit zum Erfolg: Neben den Metal-Veteranen, die schon Anfang der 80er dabei waren, und einigen bekannten Gesichtern wie Ventor von Kreator finden sich auch jüngere Fans ein, die die Gelegenheit nicht verpassen wollen, eine legendäre Gruppe der Geburtsstunde des deutschen Metal zu sehen. „Wir wollten einen Old-School-Abend wie früher: ein paar Bier trinken und ein bisschen bangen. Diesen Spirit bekommst du heute kaum mehr", so Harry.
> Und das ist Mad Butcher definitiv gelungen: Reiner Gollan trommelt souverän, hart und präzise – für einen immerhin Siebzigjährigen keine Selbstverständlichkeit. Auch Harry und Rolli geben beim Reunion-Gig alles, und Neu-Bassist Christian Pung integriert sich im Laufe des Sets immer besser. Nach dem Konzert ist sich Metal-Harry sicher: „Ich kann die dreißig Jahre nicht wegreden. Ich weiß nicht, wie relevant die Band noch ist. Wir wollten eine einmalige Reunion-Show machen, das ist uns gelungen. Ich finde, es ist besser als damals."

## 4.2 Gastbeitrag Ralf Frank: Chainsaw – Heavy-Metal-Pioniere aus Essen

Es war jene spannende Pionierphase, in der auf der ganzen Welt Newcomer aus dem Spielfeld Heavy Metal wie Pilze aus dem Boden schossen. Junge, hungrige Headbanger, die ihren Idolen von der New Wave Of British Heavy Metal nacheiferten, etwas Eigenes kreieren wollten, um irgendwann mit ihren eigenen Songs auf den großen Bühnen dieser Welt zu stehen. Viele haben es versucht, viele sind gescheitert.
Mitgerissen von dieser Welle der spannenden neuen Musik, die alles bisher Dagewesene an Härte und Schnelligkeit übertraf, wurden auch Burkhardt „Buko" Rautenberg und Arndt Kremer. Nach einem kurzen Gastspiel bei

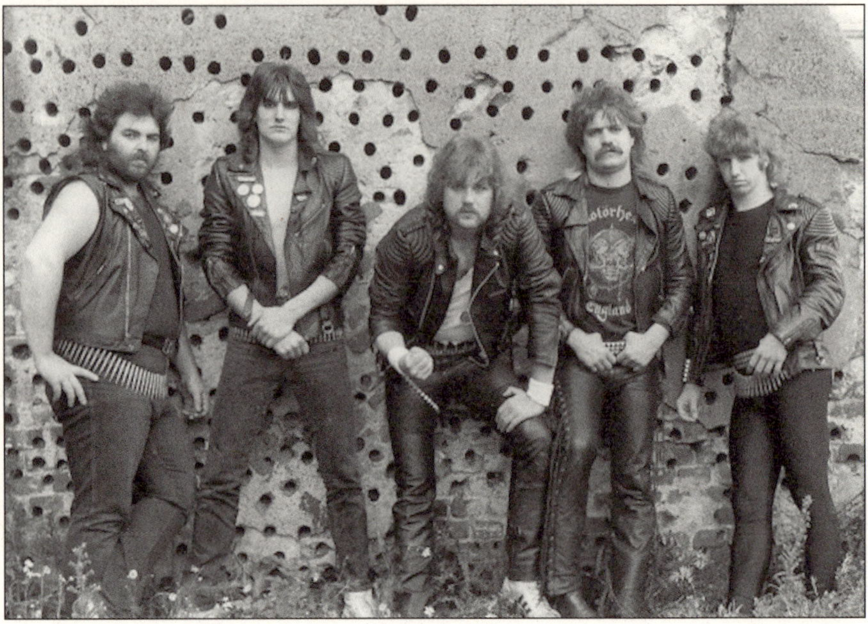


Chainsaw

den Essener Speed-Metallern Mad Butcher Mitte 1982 beschlossen sie, ihre eigene Band zu gründen, Chainsaw wurde geboren. Im Gegensatz zu vielen amerikanischen und britischen Kollegen, die sich Hals über Kopf als Vollprofis versuchten, hatten die meisten deutschen Jungmetaller Job, Lehre oder Studium vor der Brust, und die Musikerkarriere nahm eher den Stellenwert eines ernsthaften Hobbys ein, was vielfach dazu führte, dass vielversprechende deutsche Bands nie über einen Amateurstatus hinauskamen, während Acts wie Iron Maiden längst auf der Überholspur an ihnen vorbeipreschten.

Für Chainsaw dauerte es daher bis Mitte 1985, bis sie ihr Vinyldebüt „Hell's Burnin' Up!" über das kleine Essener Label Bonebreaker veröffentlichten, das bekanntlich von Axel Thubeauville gegründet wurde und wo zum Beispiel auch die Bands Wallop und Capricorn des späteren Grave-Digger-Schlagzeugers Stefan Arnold unter Vertrag waren. Nichtsdestotrotz hatte „Hell's Burnin' Up!" für damalige Verhältnisse durchaus Potenzial und hätte bei besserer Produktion und Promotion durchaus Chancen gehabt, aber dafür fehlte dem Label das entsprechende Know-how und vor allem das nötige Kleingeld.

Vertragsstreitigkeiten führten in der Folge zum Bruch mit Bonebreaker Records, und diverse Schicksalsschläge drehten das Personalkarussell: Bassmonster Gerd „Nöcker" Gutsche spielte nun in der Rock'n'Roll-Heaven-

Allstar-Band und wurde kurzfristig durch Kumpel Dirk „Zanni" Zantop ersetzt. Dazu kamen mit der Zeit musikalische Differenzen, die in der Folge Buko und Kremer zum Ausstieg bewogen. Sänger Frank von Scheidt fasst den Split zusammen: „Klimo und ich wollten einfach andere, heftigere Mucke machen. Bei Kremer kamen dann noch der Job bei der Bahn und andere Interessen hinzu. Da ergab sich das so. Die beiden haben uns aber immer geholfen, wenn wir Auftritte hatten. Manuel ist uns von seinem Bruder Boggie empfohlen worden, und als wir ihn im Proberaum gehört haben, waren wir echt platt! Detlef meldete sich ganz normal auf eine Zeitungsanzeige. Wir hatten schon fast die Hoffnung aufgegeben. Aber bei ihm war auch schnell klar, dass er der Richtige für den Job war."
Das erneuerte Personal erhöhte die Motivation innerhalb von Chainsaw, die in ganz Nordrhein-Westfalen unter anderem mit Rage, Holy Moses, Fact, Living Death oder Mad Butcher auf Tour waren. Neue Stücke wurden geschrieben, und ein Plattenvertrag war so gut wie in trockenen Tüchern. „Wir verbrachten eine sehr schöne Zeit im Studio von Detlef Mohrmann und nahmen dort acht Tracks auf, die – wie ich finde – einen deutlichen Unterschied zum Debüt zeigen", schreibt Frank von Scheidt in den Liner-Notes. Doch dann verschwand der vermeintliche externe Produzent in einer Nacht- und Nebelaktion und hinterließ der Band nichts als eine Menge offener Rechnungen. Dies brach den Essenern letztendlich das Genick, und man entschloss sich, die Band aufzulösen.
Über Jahre blieb man zwar freundschaftlich miteinander verbunden und dem Metal treu, aber Chainsaw waren Geschichte. Dafür verwirklichten die Musiker sich in anderen Bands und Projekten: Buko und Kremer rockten zum Beispiel bei Metalized, Klimo sowohl bei Jailbreak als auch bei Fakedealer, und Scheidti kann man auf dem Album „Die Herzensbrecher" (1998) zusammen mit Axel Rudi Pell, Jörg Michael, Schmier und anderen hören. „Axel hatte noch alte Aufnahmen, auf denen der Gesang fehlte. Da hat er mich eines Tages angerufen und gefragt, ob ich nicht Lust hätte, die vier übrigen Songs einzugrölen. Da das Ganze auch noch bei Detlef Mohrmann im Studio stattfinden sollte, brauchte ich nicht lange zu überlegen. Es gab 400 DM und eine Kiste Flens, die ich mir vor den Aufnahmen auch gepflegt in den Kopp geschraubt habe! Wir hatten auf jeden Fall tierischen Spaß", lacht Scheidti.
Kurz darauf kam es zum Release der seit 1989 verschollenen Aufnahmen. Frank von Scheidt: „Bernie von Metalizer Records hat die erste Chainsaw „Hell's Burnin' Up!" als CD veröffentlicht. Der „Dicke" (HoM-Redakteur und Ex-Chainsaw Andreas Roth) schickte mir mal den Link. Da ich noch die Aufnahmen von Detlef Mohrmann hatte, habe ich ihm eine CD ge-

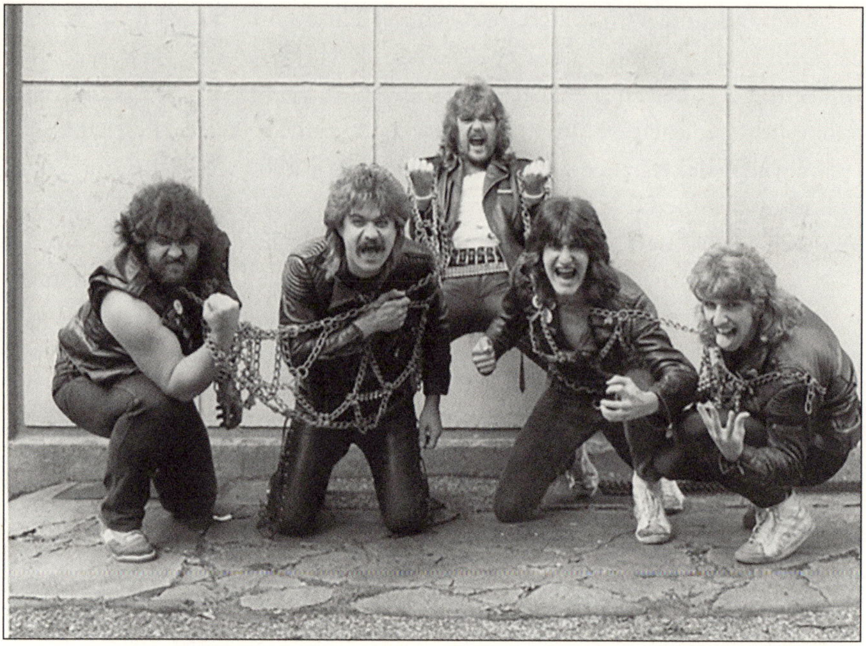

Chainsaw

schickt. Irgendwann hörte er sich die Songs darauf an und rief mich an. Wir sind uns schnell einig geworden. Die Aufnahmen sind leider nur remasterte MP3s. Die Originalbänder fand Detlef nicht mehr. Er meint, er hätte sie noch irgendwo."

„Permanent Menace" erschien 2011. Zusätzlich sind noch drei Songs eines professionell produzierten Demotapes als Bonustracks mit auf dem Album, darunter das geniale ‚Reinheitsgebot', welches nach wie vor das Zeug zum Klassiker besitzt, nicht zuletzt wegen des geilen Intros.

Nimmt man Chainsaws Werk als Grundlage, wird deutlich, dass die Pionierzeit des deutschen Thrash- und Speed Metal nicht erst mit Kreators „Endless Pain", Helloweens erster EP und Destructions „Sentence Of Death" begann. Chainsaw war eine dieser Gruppen, die letztendlich den oben genannten Bands Anfang der 80er Jahre den Weg geebnet haben. Mit etwas Glück hätte „Permanent Menace" den Durchbruch bedeuten können, doch wie formulierte einst Wilhelm Busch so treffend: „Erstens kommt es anders, und zweitens als man denkt."

### 4.3 Metal made in Gladbeck – Grave Digger aus der Perspektive eines Ex-Mitglieds: Thomas „Tomi" Göttlich

1997: Göttlich, gebürtiger Hesse, fliegt nach der grandiosen Wiederauferstehung der Galdbecker Grave Digger überraschend raus – „auf ganz schmutzige Art und Weise", wie er bis heute festhält. Drei Jahre später: Uwe Lulis wird aus der Band geworfen. Beide haben mit Grave Digger Geschichte geschrieben, was lag näher, als eine neue Formation zu gründen, die sich nach dem bekanntesten Stück der Gladbecker benennt? Rebellion werden aus der Taufe gehoben, und ein neues Kapitel im klassischen Metal beginnt, das nun schon über zwanzig Jahre fortgeschrieben wird.

Ähnlich wie bei vielen Jugendlichen in Essen-Altenessen oder Gelsenkirchen-Buer fing Tomis Metal-Sozialisation mit Kiss und AC/DC an – allerdings im hessischen Friedberg bzw. Gießen: Ab der achten Klasse ging es mit Kutte in die Schule, was immer wieder für Probleme sorgte. „Ich wollte einfach anders aussehen. Das gab Ärger, aber man lernte, zurück zu hauen", hält er fest. Kurz darauf kamen der gebrauchte Bass und das Röhrenradio als erster Amp, ein halbes Jahr später die erste Band, mit fünfzehn oder sechzehn die ersten Auftritte mit Iron Breed: „Mit denen habe ich im Gießener Jokus gespielt. Da kamen vierhundert

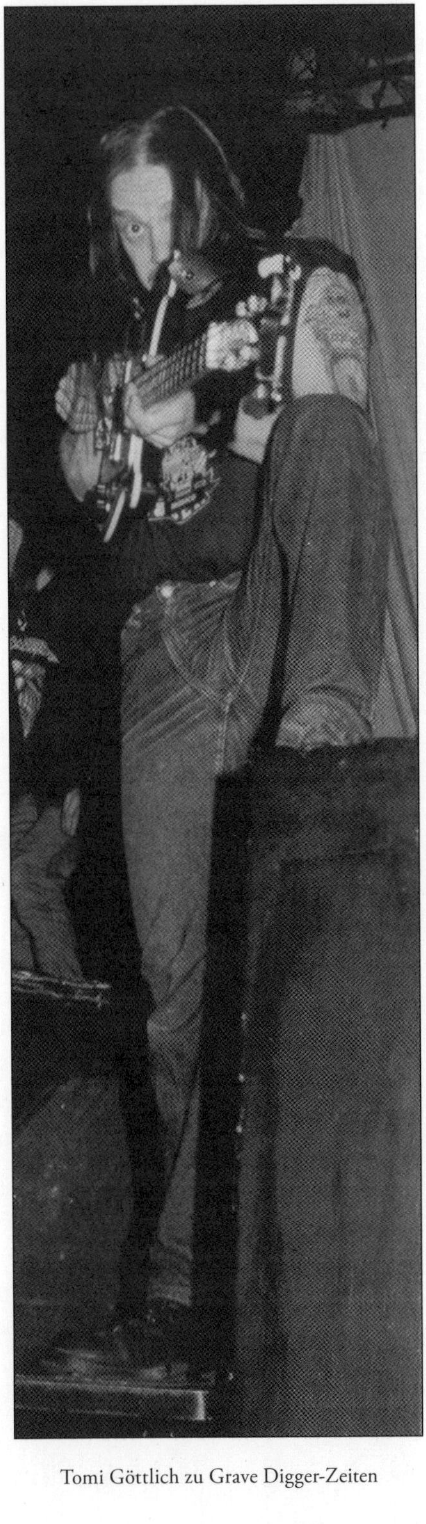

Tomi Göttlich zu Grave Digger-Zeiten

Leute. Die Band kannte zwar keiner, aber es stand Metal drauf. Wir waren der heimliche Headliner des Abends, auch wenn wir nicht am besten spielen konnten."

Bis 1986 blieb die Gruppe zusammen, dann begann das nächste Projekt in Form von Dust, die „unendlich viel besser spielen konnten" und den Basser technisch nach vorn brachten. Ein knappes Jahr später kam die Rückbesinnung mit den alten Iron-Breed-Leuten, die nun unter dem Namen Exray formierten und immerhin eine Ungarn-Tournee spielten. Der berüchtigte Label-Chef Ingo Nowotny rückte für Exray einen Plattenvertrag raus, bestand aber auf eine Umbenennung in Asgard: „Unsere Platte „Dark Horizons" (1991) wurde innerhalb von drei Tagen aufgenommen, das kann man sich heute kaum mehr vorstellen. Alles möglichst billig gemacht, die Veröffentlichung wurde Arschbombe des Monats im Rock Hard", lacht Thomas heute. Die Musik habe aber ohnehin niemand gefunden, da Nowotny den Bandnamen mit „z" anstelle „s" schrieben ließ. Damit war das Kapitel As(z)gard beendet …

Der Basser ließ sich durch die Misserfolge, die ihn immerhin musikalisch voranbrachten, nicht beirren. Um aus der regionalen Szene rauszukommen, in der er so ziemlich jeden Musiker aus dem Metal-Umfeld kannte, erstellte er eine Bewerbungsmappe und schaltete Kleinanzeigen. Sein Prinzip: überall hinfahren, „sogar wenn ich die Band blöd fand". Besonders „blöd" stellten sich Grave Digger in diesen Tagen an, die nach dem zu Recht gefloppten Digger-Album „Stronger Than Ever" neue Mitstreiter suchten, um Demos aufzunehmen und ein Label zu finden. Göttlich: „Grave Digger fand ich früher immer scheiße – vor allem die grottigen Texte, die Stimme des Sängers, und die Songs waren auch nicht so toll. Da sie keinen Plattenvertrag hatten, schickten sie mir ein Demo-Tape. Das klang wie Kraut und Rüben, einfach grottenschlecht. Später stellte sich heraus, dass sich der Manager vertan und in die Kiste mit den aussortierten Demos gegriffen hatte. Eigentlich bin ich da nur hingefahren, um mir die Leute anzugucken, habe mich aber trotzdem genau vorbereitet: Jeden Song habe ich eingeübt und bin bis nach Osnabrück gefahren. Erst mal war ich positiv überrascht, dass die Jungs total nett waren. Und dann haben sie mich weggeblasen, so tight wie sie spielten: Peter Breitenbach mit seinem Schlagzeugspiel, Uwe fuhr so ein richtiges Brett. Er ist sicher kein schlechter Solo-Gitarrist, aber er ist der beste Rhythmusgitarrist, mit dem ich je zusammengearbeitet habe. Sein Können kommt bei Accept gar nicht richtig zum Tragen."

Relativ schnell wurde Tomi Bandmitglied, gemeinsam komponierte man neue Songs. Der Weg zum Label-Deal lief über zahlreiche Gigs – ob vor zwanzig Leuten in Hamburg oder in irgendeinem Jugendzentrum, in dem

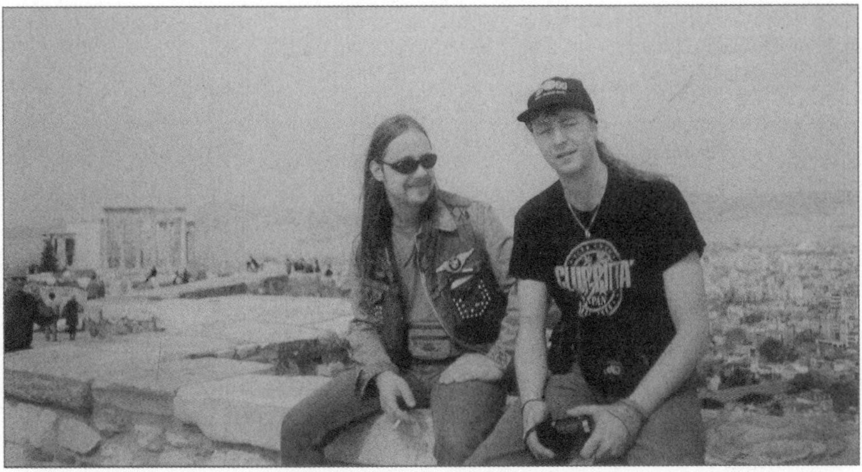

Tomi Göttlich zusammen mit Stefan Arnold in Athen

man dann mangels Hotel einfach auf dem Boden schlief. „Mit dem Demo „For Promotion Only“ haben wir den Vertrag bei GUN Records bekommen“, bilanziert Göttlich: „Anfangs war es eine Band von Freunden, deswegen haben wir uns auch vertraglich geeinigt, alle GEMA-Einnahmen durch vier zu teilen, das hat sich dann mit dem Einstieg von Jörg Michael geändert.“ Mit GUN und dem Label-Inhaber Bogdan „Boggi“ Kopec hatten die vier einen starken Partner an der Seite. Dieser habe „die Balance zwischen Geschäft und Kumpel gut hinbekommen – jovial, lustig und immer eine Lösung parat“, betont der Gießener.
Mit Labeldeal und „The Reaper“ (1993) als erster Veröffentlichung nach der Reunion stellte sich allerdings nicht automatisch der Erfolg ein. Mitten in der Krise des traditionellen Metal war die „Reaper“-Tour eine Herausforderung, wobei Göttlich zwischen Osten und Westen klar unterscheidet: „Einundzwanzig Auftritte waren es insgesamt, viele mit nicht mal fünfzig Leuten. Der Minusbetrag, den die Plattenfirma für uns zur Verfügung gestellt hatte, war fast aufgebraucht. Das Geld reichte nur noch für zwei Gigs, und ich vertrat die Meinung, dass wir die noch spielen sollten. Letztlich konnte ich mich durchsetzen, wir sind nach Leipzig gefahren, in eine Vierhunderter-Halle, das war richtig fett, und der örtliche Promotor sagte, dass wir ausverkauft wären. Das war kurz nach der Wiedervereinigung, viele Metal-Fans kannten die Band und wollten sie sehen. Die Gigs im Osten funktionierten damals mega.“
Zwei Jahre später erschien das düstere „Heart Of Darkness“ (1995), die harte Arbeit zahlte sich mit Platz 73 der Albumcharts aus, was damals noch hohe Verkaufszahlen bedeutete. Stefan Arnold aus der Frankfurter Szene

(Grinder, Capricorn) löste ab 1996 Frank Ullrich am Schlagzeug ab. „Stefan habe ich in die Band gebracht, ich kannte ihn von seiner Band Capricorn, kam mit ihm gut aus, und wir konnten zusammen nach Osnabrück in Uwes Studio fahren." Damit waren die Weichen für das erfolgreichste Album der Bandgeschichte gestellt: „Tunes Of War" rief 1996 weltweites Medienecho hervor.

**Die Ära „Tunes Of War":**

Am 25. August 1996 beginnt bei Grave Digger eine neue Ära: „Tunes Of War" wird von GUN Records herausgebracht. Es ist der Start der äußerst erfolgreichen Mittelalter-Trilogie, die mit „Knights Of The Cross" (1998) ihre Fortsetzung und mit „Excalibur" (1999) ihr Ende findet. Im Kern geht es um die Kriege zwischen Schotten und Engländern vom 11. bis zum 18. Jahrhundert. Nach dem von Dudelsack-Melodien geprägten Intro zeigt ‚Scotland United' die Marschrichtung: Uwe Lulis brilliert mit sägender Rhythmusgitarre, die Texte zur schottischen Geschichte sind von Tomi Göttlich bis ins Detail ausgearbeitet. Im Chor unterstützen u. a. Hansi Kürsch (Blind Guardian) und Piet Sielck (Iron Savior), das Keyboard spielt H.P. Katzenburg. Lediglich das arg klischeehafte Cover von Andreas Marschall stellt einen Schwachpunkt dar.

‚Rebellion' ist bis heute der Klassiker im Backkatalog, die gesamte Platte ein Highlight in der Historie des Ruhrpott-Metal. Das Album erreicht in den deutschen Charts nur Platz 84, wird bis heute aber circa neunzigtausend Mal verkauft. Musikvideos entstehen zu den Songs ‚Rebellion' und ‚The Dark Of The Sun'. Zum Dreißigjährigen wird das gesamte Werk live in Wacken aufgeführt – von der damaligen Besetzung sind zu diesem Zeitpunkt noch Fronter Chris Boltendahl und Schlagzeuger Stefan Arnold mit an Bord.

Die Idee zum Konzeptalbum kam Bassist Tomi Göttlich, der großer Schottland-Fan ist, auf einer Motorradtour: „Die „Tunes Of War" war mein Baby. Ich habe mich gründlich in das Thema eingelesen, alle Texte verfasst, alle Melodien so komponiert, dass Chris mit seiner begrenzten Stimme sie auch singen kann. Die Band und die Plattenfirma waren von der Idee nicht wirklich begeistert, das würde doch niemanden interessieren, aber ich habe mich letztlich durchgesetzt. Ich glaube, der Erfolg war auch dem Glück geschuldet, weil wir zur richtigen Zeit das rich-

> tige Thema hatten. Die Filme „Highlander“ und „Braveheart“ waren ja sehr erfolgreich und hatten großes Interesse an dieser Thematik geweckt. Die Promo-Tour durch Schottland, zu der ausgewählte Journalisten eingeladen wurden, plante ich komplett allein und setzte sie gegen den Widerstand der Plattenfirma durch. Wir hatten jeweils ein Team von Viva und MTV dabei, die Specials drehten. In seinem Buch erzählt Boltendahl das ja ganz anders.“

Das überraschend große Medienecho zu „Tunes Of War“ war ein Faktor, der letztlich auch zum Bruch mit der Band führte: „Für die Interviews zur inhaltlichen Thematik hatte ich Chris noch einen Reader erstellt, doch er winkte ab und sagte, dass das doch eh keinen interessieren würde“, erinnert sich Thomas und weiter: „Mach du mal die Interviews zum Konzept und ich die zur Band. Letztlich kam es dann doch anders, und ich gab weit über hundert Interviews weltweit. Entsprechend hatte ich eine mediale Präsenz, die Chris gar nicht passte. Eigentlich war die Band gut eingespielt, die internen Auseinandersetzungen waren auf einem Niveau, dass man miteinander auskam, nur mit Uwe gab es immer wieder Probleme. Der sollte eigentlich aus der Band geschmissen werden. Zwei Songs auf „Tunes Of War“ sind daher schon von Andreas Püschel (Asgard) geschrieben worden, der Uwe ersetzen sollte. Das war so der erste Testbetrieb von Chris.“

Die zu Dreivierteln nicht mehr aus dem Ruhrpott stammende Besetzung tourte vorwiegend durch Deutschland und Europa, aber nicht nur. „Tunes Of War“ brachte die Totengräber u. a. nach Argentinien – ein Abenteuer, wie sich herausstellen sollte, da der lokale Promoter pleiteging und verschwand. Aufgrund ausstehender Zahlungen hatte man das gesamte Equipment „weggesperrt“, das erst ausgelöst und irgendwie zum Flughafen gebracht werden musste: „Fans haben uns dann in einem Autocorso zum Flughafen gefahren“, erinnert sich Thomas.
Auf der Hochzeit von Chris Boltendahl hätten alle schon gewusst, dass er durch Jens Becker (Ex-Running-Wild) ersetzt werden sollte, mit ihm habe aber von der Band niemand gesprochen, obwohl er es aus anderen Quellen bereits erfahren hatte: „Ein halbes Jahr vorher sollte ich noch Chris' Trauzeuge werden. Sie hatten wohl Angst, dass ich das Gods Of Metal Festival 1997 in Italien nicht mehr spiele. Ich dagegen fand, das wäre ein ganz angemessenes letztes Konzert, so direkt vor Manowar.“
Mit Distanz, aber auch nach zwanzig Jahren noch mit einer gewissen Frustration resümiert er: „Jemand, mit dem ich die Band gemeinsam groß ge-

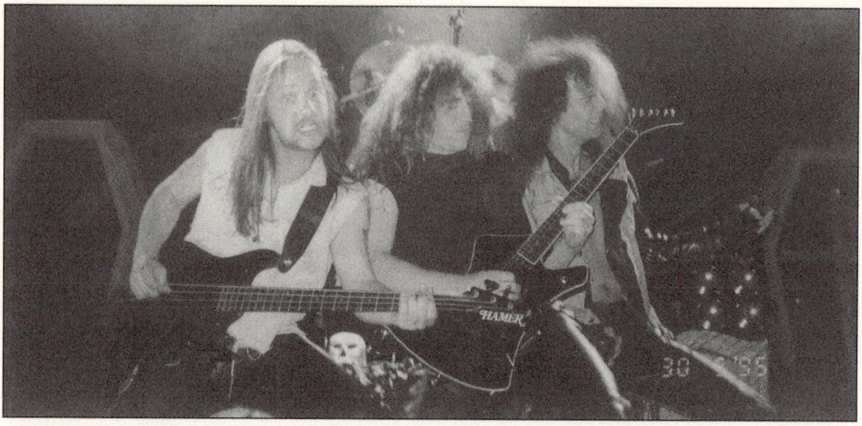


Zu Grave-Digger-Zeiten

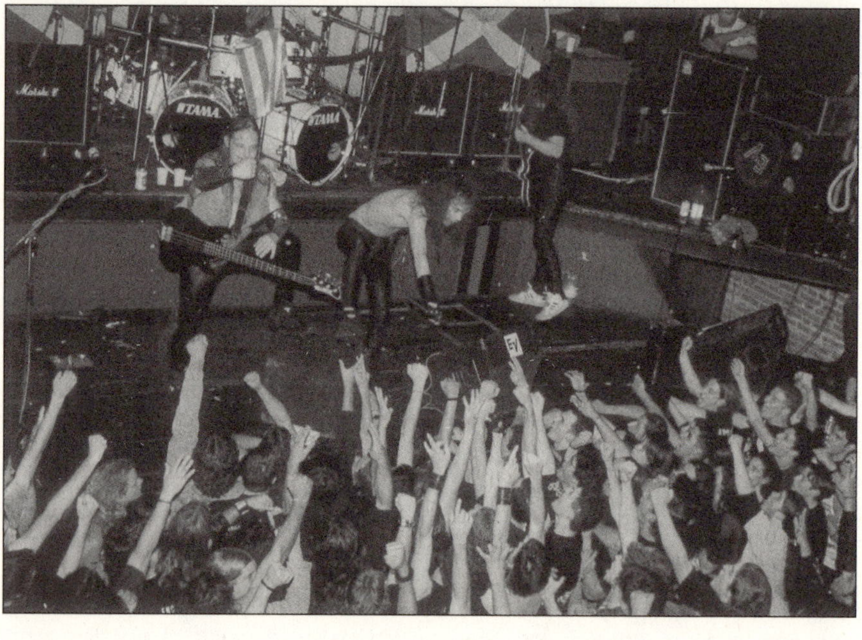


macht habe, der zu mir sagte, ich sei der einzige richtige Freund, den er je gehabt habe ... Da hätte man sich an den Tisch setzen und sagen können: ‚Hör mal, Tomi, das passt nicht mehr.' Das wäre fair gewesen. Aber manchmal ist es halt, wie es ist, ich wurde ausbezahlt, und damit hatte die Sache dann ein Ende. Heute verfolge ich Grave Digger nicht mehr. Ich habe der Band was gegeben, habe aber auch etwas bekommen. Mit Chris habe ich nichts mehr zu tun, Leute wie er machen sich selbst kaputt."

Göttlich beschloss, sein Lehramtsstudium mit den Fächern Englisch und Geschichte nach zwanzig Semestern abzuschließen und der Musik den Rücken zu kehren. Uwe Lulis würde hingegen noch drei Jahre bei den Toten-

gräbern bleiben, bevor auch er gehen musste. Damit sollte ein neues Kapitel unter dem Banner Rebellion beginnen. Thomas fasst die Bandgründung zusammen: „Zu Grave Diggers Zeiten gab es zwischen Uwe und mir immer Ärger. Einige Jahre später trafen wir uns irgendwann in seinem Studio in Frankfurt und sprachen uns aus. Wir schlossen Frieden, soffen zusammen, und er spielte mir einige Stücke vor. Ich hatte sofort Ideen und sang spontan einige Tracks ein. Am nächsten Morgen führen wir zu Boggi Kopec nach Witten und bekamen direkt einen Deal. Dann mussten wir erst mal eine Band suchen", lacht er.
Die Zeichen standen mit „Shakespeare's Macbeth – A Tragedy In Steel" (2002) äußerst gut, man spielte vor Running Wild, und es herrschte Aufbruchsstimmung, in dem Glauben, Rebellion „richtig groß" machen zu können, aber nach „Born A Rebel" (2003) waren Drummer, Gitarrist und Plattendeal weg. Simone Wenzel übernahm die Gitarre, und der gebürtige Gelsenkirchener Gerd Lücking (Holy Moses) von 2003 bis 2010 das Schlagzeug. In dieser Formation spielte man die Wikinger-Trilogie ein. Aber auch dadurch veränderte sich erfolgstechnisch wenig, weshalb Uwe 2010 seinen Ausstieg verkündete. Thomas hierzu: Für „ganz groß" sei man „vielleicht fünf Jahre zu spät" gewesen. Immerhin habe man auf der ganzen Welt Fans: „In Anführungszeichen sind wir richtig groß, es gibt Fans beispielsweise in Südkorea, Spanien, Brasilien oder Australien. Die Band ist schon bekannt, aber es reicht nicht einmal, um Roadies zu haben. Uwe nervte es irgendwann, weil wir eine geile Platte nach der anderen machten, aber der ganz große Erfolg ausblieb. Vielleicht muss man akzeptieren, dass man auf einem begrenzten Markt ist und über diesen Stand im Moment nicht hinauskommen kann. Ich zumindest bin zufrieden mit dem, was ich habe, und muss nicht von der Band leben."
Mit „We Are The People" (2021), das im Übrigen von Uwe Lulis in seinem Black Solaris Studio in Frankfurt aufgenommen wurde, legte die Band ein etwas anderes Konzeptalbum vor. Der studierte Historiker erläutert: „Ich wollte schon immer über Nationalismus und die Shoa schreiben, weil ich mich auch beruflich seit Jahren damit beschäftige. Wir haben hier so viel AfD-Kacke, da kann man nicht die Klappe halten. Die Promotion war toll, aber es brachte die Band nicht auf ein anderes Level."
Neben dem Basser ist Sänger Michael Seifert (Wolfchant) die Konstante im Rebellion-Bandgefüge: „Ich rechne jedes Jahr damit, dass Michael aussteigt", witzelt Tomi, „aber es hat sich eine lange Freundschaft entwickelt, und ich hoffe, dass er bleibt."
Entmutigen lässt sich Thomas Göttlich ohnehin nicht: „Ich bin der Überzeugung, dass du mit jedem Album, das du veröffentlichst, ein Los aus der

Trommel ziehst und einfach Glück haben musst. Wir werden weiter Lose aus der Trommel ziehen. Ob ich jemals wieder auf großen Bühnen spiele, das weiß ich einfach nicht."

> **Der Lehrer Thomas Göttlich**
> Nach Studium und Referendariat zog es Thomas Göttlich an das Goethe-Gymnasium Wetzlar, weshalb der Rauswurf bei Grave Digger letztlich „nicht ganz so hart" für ihn gewesen sei. Auch mit den großen Erfolgen von „Tunes Of War" hätten die Einnahmen gerade nur so „zum Überleben gereicht". Seit Jahren ist er an die Universität Gießen abgeordnet und kann dort historischen Themen nachgehen. Rebellion als semi-professionelles Spielfeld kommt da genau richtig.

### 4.4 Gastbeitrag von Zepp Oberpichler: Hasse wat Hartes?

Eines schönen Tages stand er in der Tür: „Du kannst mich Didi nennen. Ich heiße zwar Dirk, aber alle sagen Didi zu mir." Ungefragt laberte mir Didi, wie ich nun wusste, diesen Satz an die Ohren. Jetzt muss ich dazu sagen, dass Didis Name vom Herausgeber dieses Buches geändert wurde. Didi hieß eigentlich „Dolf", was streng genommen von mir, dem Autor dieses Beitrags, geändert wurde, um die Anonymität des Kunden zu wahren. Denken wir nur mal an den Datenschutz, da kann man ja heutzutage viel falsch machen.

Dolf war natürlich auch nicht Didis richtiger Name. Der war Horst, wie hier nicht verraten werden soll, obwohl seine Mutter gern Leander genommen hätte. Daraufhin hatte Didis Vater gesagt: „Wenn du den Leander nennst, hast du mich die längste Zeit hier gesehen. Ich bleibe doch nicht mit einem Leander unter einem Dach." Es war eine komische Zeit 1972, als Didi geboren wurde.

Sei es drum, Didi stand also eines Tages in der Tür und sagte ungefragt, dass er Didi heiße. Nicht schlecht für eine Eröffnung, dachte ich. Andere Leute kommen rein und sagen erst einmal nichts. Wieder andere kommen rein und sagen „Moin" oder „Hallo" oder „'n Guten", wobei ich heute noch nicht weiß, was sie mir für einen „Guten" wünschen wollen. Einen guten Tag? Einen guten Stuhlgang? Oder möchten sie einen guten Kaffee von mir? Ich weiß es nicht.

Einen Kunden habe ich das mal gefragt: „Was denn für einen Guten? Orgasmus, Kakao oder Musikgeschmack?" Da hat der aber ziemlich blöd aus der Wäsche geschaut, aus der ungewaschenen, und den ganzen Tag kein

Sterbenswörtchen mehr gesagt. Also zumindest nicht zu mir. Also zumindest nicht in der halben Stunde, die er da war.

Vielleicht ist jetzt die richtige Gelegenheit, mich vorzustellen. Mein Name ist Zepp Oberpichler, wobei er vom Autor der Geschichte geändert wurde. Eigentlich heiße ich Frank. Wobei meine Mutter mich Lothar nennen wollte. Da war aber mein Vater dagegen. So ein Glück. Stell dir mal vor. Nicht dass ich etwas gegen den Namen Lothar hätte, Gott bewahre. Aber selbst so heißen wollte ich nun wirklich nicht.

Bleiben wir doch einfach bei Zepp. Okay? Jedenfalls gehörte mir bereits seit einigen Monaten der Schallplattenladen 33 1/3 in Duisburg-Duissern, umgangssprachlich unter „dreiunddreißig" bekannt, der allerdings vollständig „Musikalienhandel 33 1/3 Schallplatten" heißt – streng genommen, für den Gewerbeeintrag. Zum Zeitpunkt meiner Übernahme kannte ich den Laden bereits über fünfunddreißig Jahre. Ich hatte sogar seine Anfänge miterlebt, rund zweihundertfünfzig Meter weiter rechts, in der alten Garage. Da standen anfangs lediglich ein paar hundert Platten in Plastikkisten auf Tapeziertischen. Ja, lediglich einige wenige hundert Scheiben.

Mit der Menge, die heute im Laden steht, ist das nicht zu vergleichen. Über die Jahre war die Garage immer voller geworden. Der Umzug in ein ordentliches und deutlich größeres Ladenlokal war eh nur eine Frage der Zeit gewesen. So ein Ding halt, von der Gründung in einer Garage über den Bezug einer ersten ernsthaften Ladenfläche bis hin zu einer Rakete wie Tower Records.

Na ja, nicht ganz. Man kannte solche Geschichten aus den USA-Success-Stories, vom Tellerwäscher zum Millionär. Aus der Garage von Papa hinaus nach Cupertino in eine riesige Anlage mit eigenem Golfplatz und hunderttausend Angestellten. Gab es alles. Man kannte solche Geschichten, allerdings nicht aus Duisburg. Deshalb blieb das 33 1/3 klein. Damit ist alles gesagt. Punkt.

Didi wollte also „was Hartes". Das hätte ich als geübter Schallplattenverkäufer, pardon, Musikalienhändler, auch falsch verstehen können. Dennoch sagte ich in dem mir eigenen besonnenen Tonfall: „Ja sicha, kumma da vorn, alles watte brauch's, Mäidn, Priest, Leppard, die ganze Flöte."

Der Schallplattensammler von Welt schätzt es immer sehr, wenn man einen Künstler, eine Band, eine Künstlerin, eine Bandin, so ausspricht, dass allein dies schon Kennerschaft vermuten lässt. „Lynyrd Skynyrd" zum Beispiel sagt man im Schallplattenladen nicht, wenn man auf sich hält. Man sagt „Skünnert", und alle wissen Bescheid. Man fragt auch nicht, ob es eine Scheibe von Rory Gallagher zu erstehen gäbe, man fragt: „Wat von Rorri

da?“ Folglich sagt man auch „Mäidn“ und nicht „Eiron Meiden“. Das ist so etwas wie die Basislektion, das Benimm im Schallplattenladen.
Iron Maiden, die eigentlich Killer heißen sollten, bevor der andere Gitarrist sie Powerslave nennen wollte. Coole Truppe. Die originalen alten Scheiben von denen sind selten zu finden, gehen also immer sofort weg, vorausgesetzt der Zustand stimmt. Bei Platten für die Hardrock- oder Heavy-Metal-Ecke ist das immer so eine Sache. Entweder sind die Platten in exzellentem Zustand, also wie neu und somit sehr teuer, oder sie sehen aus wie nach einer feucht-fröhlichen Nacht in irgendeinem Keller oder einer Schrebergartenlaube am Bahndamm.
Hierzu sind jetzt ein paar Erklärungen fällig, wie der geneigte Leser, die gemeine Leserin, sie gern einfordert. Okay. Als Kind des Ruhrgebiets wird man selten in Königshäusern und Palästen groß. So viel steht schon mal fest. Möchte also der agile Bewohner, die aktive Bewohnerin feiern, so geschieht das in liebevoll eingerichteten Kellerräumen, in denen Jahre zuvor noch die Steinkohle lagerte oder eine Riesenkiste für Kartoffeln stand.
Die Kohle war zum Heizen da, klar. Allerdings wurde der Großteil dessen, was man als Sozialbau ab den 60er und 70er Jahren in den Himmel schießen ließ, direkt mit Nachtspeicheröfen ausgestattet. Der Keller brauchte also keine Kohle mehr zu fassen und konnte entweder als Werkraum für Ollen seine Basteleien genutzt werden – wehe einer sagt „Vati“! Wer „Vati“ sagt, der frisst auch kleine Hunde und steckt Häuser in Brand – oder eben als Partykeller. Dort wurde meist eine kleine Theke installiert, ein Kühlschrank war Pflicht, und dann gab es noch die gute alte HiFi-Anlage von Universum aus dem Quelle-Katalog. Fertig war der Feierplatz.
Ausgefuchste Party-Impressarios spendierten noch eine Disco-Licht-Anlage mit rot, gelb und grün. Die Vier-Wege-Anlage, also der Rolls Royce unter den Heimanlagen, bot zudem noch blau und war meist 15 DM teurer. In jedem Fall war gelb kaputt. Noch ein paar Poster aus der Bravo oder dem Playboy an die Wände, und schon stand der Party nichts mehr im Wege. Die Eltern feierten immer wieder mit Peter Alexander, Rex Gildo und Costa Cordalis. Die Jugend mit Status Quo, Slade, Sweet und Black Sabbath. Geiler Scheiß!
Gleiches konnte man in den Schrebergarten-Siedlungen erleben. Allerdings musste dort immer auf irgendeine Pfeife aufgepasst werden, die sich zum Schrebergarten-Vereinsvorstand hatte wählen lassen. Diese kleinen Könige aus Kürbishausen bestimmten über Ruhezeiten und Feierlaune, sie schieden Wasser von Wein und trennten lebenswertes von unlebenswertem Dasein. Da konnte man nicht einfach ‚20th Century Boy‘ von T.Rex auflegen, geschweige denn ‚Highway To Hell‘ von AC/DC. Solche Anmaßungen

wurden sofort mit Karottenverbot belegt. Merke: Der Schrebergarten-Vereinsvorstand ist ein alberner Mann, der nicht im Stehen pinkeln kann. Wie auch immer, dort liefen sie, die Scheiben, in den 70er und 80er Jahren. „Powerage" von AC/DC war eindeutig unsere Platte. Und natürlich das Live-Album von Quo. Da waren wir noch zwölf. Danach schlug „Ace Of Spades" ein, aber immer wieder auch Birth Control. Und irgendwann ließ uns die Nachbarschaft auch Priest, Maiden und Pistols hören, da waren wir flexibel. Mit steigendem Alkoholpegel fiel dann auch schon mal beim Tanz einer gegen den Plattenspieler. Das gab unschöne Kratzer. Und? Man sammelte nicht, man hörte.

Allerdings gibt es in jedem Plattenladen die Sammler. Sammler sind mitunter sehr speziell. Das fängt schon beim Sammelobjekt an. So gibt es Sammler und Sammlerinnen von alten japanischen Vasen, kleinen Plastikautos, großen Metallautos, Einkaufstüten, Brieföffnern und natürlich auch Schallplatten. So manches Mal konnte ich den Eindruck gewinnen, dass im Bereich der Schallplattensammler die Leidenschaft noch merkwürdigere Wege geht als zum Beispiel bei den Sammlern von englischen Puppen mit Porzellanköpfen. Allerdings mag ich mich da auch täuschen.

Ich kenne Menschen, die sammeln alles, was mit einer bestimmten Band oder einem bestimmten Künstler zu tun hat. Die Beatles sind so ein Sam-

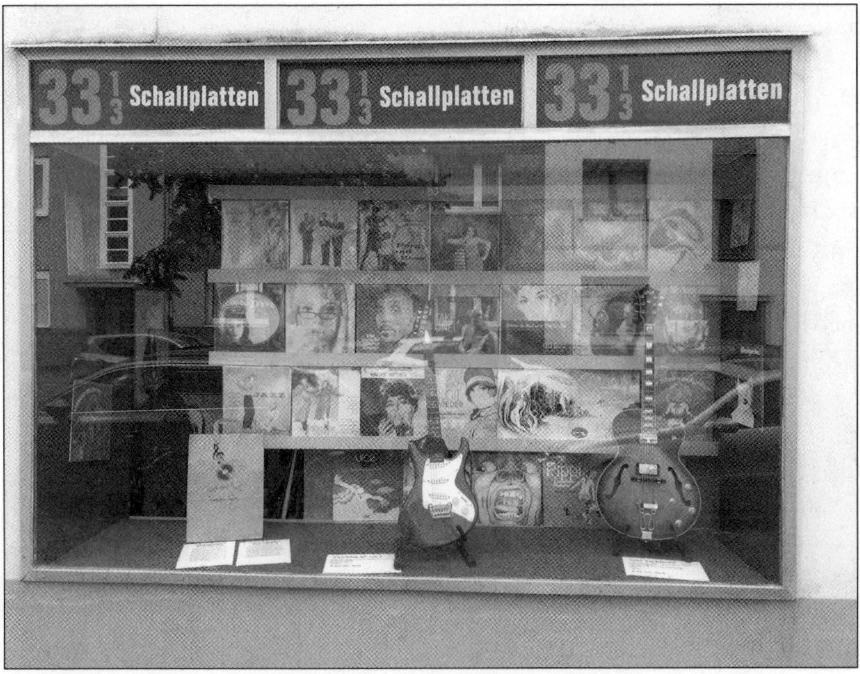


Schaufenster Plattenladen Zepp Oberpichler

melobjekt, oder die Rolling Stones, Elvis, die Beach Boys et cetera. Und auf den Bereich „wat Hartes" bezogen, nehmen die Sammler von Metallica sicher eine spezielle Position ein. Manche Sammler entscheiden sich nur für eine bestimmte Phase innerhalb der Musikgeschichte und suchen beispielsweise alles zum Thema Punk zwischen 1976 bis 1978. Oder alles zum Thema Glamrock ab Bowies „Ziggy Stardust" bis maximal Slades „Nobody's Fools".
Es gibt Sammler, die von einem Album oder einer Single alle weltweit erschienenen Bestellnummern besitzen müssen. Das können bei Alben wie „The Dark Side Of The Moon" von Pink Floyd schon mal mehrere Hundert Ausgaben sein. Es gibt Sammler von Bootlegs und Live-Alben. Da bieten sich Grateful Dead als Forschungsobjekt an. Sammler von Picture-Discs, von Fehlpressungen, von Erstpressungen, von One-Hit-Wonders, von X und von Y. Manche Sammler möchten ein bestimmtes Album haben, um es zu haben. Da ist der Zustand dann oftmals nicht so wichtig. Andere Sammler suchen nur beste Qualität oder gar ausschließlich eingeschweißte Ware, also „sealed". Die originalen Aufkleber sollten drauf sein, die mitunter so wichtige Informationen tragen wie: „Das brandneue heiße Eisen!" oder „Die Nummer eins aus den USA!"
Ich habe im Laden seltsamste Blüten des Sammeltums erlebt. Da sammelte einer gezielt seit Jahren Platten einer bestimmten Band, und dann fehlte ihm noch dieses eine Album. Das allerdings hat weltweit nur die geringe Auflage von fünfhundert Exemplaren. Durch großen Zufall fiel mir exakt dieses Album in die Hände, und ich konnte es ihm anbieten – zu einem Preis, der völlig okay war. Der Sammler drehte die Scheibe, wendete und untersuchte wie ein Kriminalbeamter. Minutenlang. Bis plötzlich, da, war da nicht ein minimaler Kratzer am Cover – in der unteren Ecke, hinten? Mit bloßem Auge konnte ich zunächst nichts dergleichen erkennen. Daraufhin lässt der Typ das Album liegen mit der Bemerkung: „Ich warte lieber, bis ich eine bessere finde."
Didi war kein Sammler. Didi war Fan. Fan von Musik. „Hasse wat Hartes?", war die erste Frage, nachdem er in den Laden gekommen war. Schallplatten allerdings, also gut riechendes Vinyl, verpackt in schöne, große Cover, auf denen sich Layouts befinden, die man auch als solche erkennen kann, das wollte Didi nicht. Didi wollte CDs. Auf meine Frage hin, warum er denn nur CDs haben wolle, antwortete er mir: „Ich hab doch nur so'n kleinen Spieler, Radio und CD, weißte?" Nee, wusste ich nicht, ansonsten hätte ich nicht gefragt. „Früher hatte ich auch Kassetten, die klangen besser als die CDs. Manchmal auch nicht. Jedenfalls hab ich immer nur Hartes gehört. Sabbatt früher, die fand ich als Kind schon super. Hier, kennste doch", er

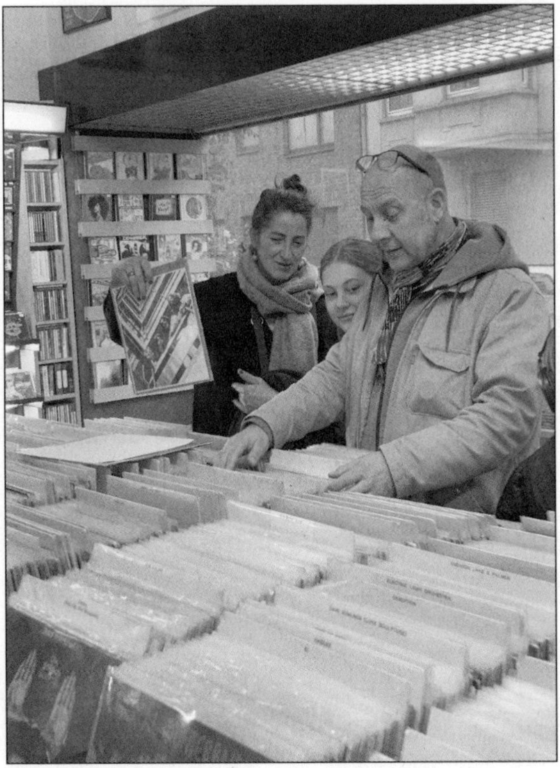

Kunden im Laden

stellte sich mitten in den Laden, mit umgeschnallter Luftgitarre, nicht gestimmt, wie ich schnell merken sollte, und tat so, als spiele er die berühmten Eröffnungsakkorde: Bööhm, bööhm, ei om eion män. Und dann wieder: Bööhm, bööhm. Er blickte in die Runde, sah zwei, drei Leute, die sich nicht sonderlich zu ihm umgedreht hatten, und nahm schließlich mich ins Visier.
„Klar“, sagte ich, ‚Paranoid‘. Didi schaute mich verdutzt an, wartete ein paar Minuten und sagte: „Sabbatt, sach ich doch.“
„Hab ich da, auch auf Single, wenne suchst.“
„Nee, nur CD, hab ich doch gesacht.“
„Bei CD kenn ich mich nich gut aus, musse selber gucken.“
Das war keine Faulheit von mir. Ich mochte CDs, als die Kinder klein waren und ich meine geliebten Vinyls auf dem Dachboden verstaut hatte, damit sie nicht durch unsachgemäße Behandlung neugieriger Kleinkinderhände beschädigt würden. Zu der Zeit lagen bei uns überall CDs rum. The Who und Jimi Hendrix für den Vatter, ABBA und A-ha für die Mutter, „Peter und der Wolf“ sowie 1.378 weitere für die Kinder.

Außerdem liebte ich meinen CD-Wechsler von Blaupunkt. Im Auto war schließlich häufig die einzige Gelegenheit, richtig laut Musik zu hören. Wenn ich zum Beispiel einen Termin in Bonn hatte, was beruflich durchaus vorkam, oder ich zwei Stunden den Niederrhein hochjuckeln sollte, dann befüllte ich vorher den CD-Wechsler. Sechs Scheiben passten hinein, und über das Radio mit CD-Funktion konnte ich den Fundus exakt steuern. Großartige Zeiten, wenn man auf einer längeren Fahrt „Live At Leeds“ von The Who einfach mal volle Pulle durchhören konnte, ohne dass einer dazwischen schrie. Leider ist die Zeit der CD-Wechsler auch schon wieder vorbei.

Kauf doch heute mal ein neues Auto und sage dem Verkäufer, dass du gern einen CD-Player darin hättest. Der wird dich anschauen wie ein Pferd, und zwar vor dem Wasserlassen. Zu „Live At Leeds“ muss man also wieder in den Keller. Da schließt sich der Kreis.

Didi wollte CDs. Das ist sein gutes Recht. Ich gehöre nicht zu den Typen, die aus jeder Gelegenheit eine Grundsatzdiskussion über die Vorteile von Vinyl gegenüber der CD und möglichen anderen Formaten machen. Warum auch? Jeder soll seine Musik hören, wie er mag. Solang es nicht ins politisch extreme Lager schlägt oder zu sonstigen menschlichen oder gesellschaftlichen Abartigkeiten aufruft, ist das für mich okay.

Ich bin mit Vinyl groß geworden. Von ABBA bis ZZ Top, wie man so schön sagt. Die CD zog nur sehr zögerlich bei mir ein. Selbst dem Streaming kann ich etwas abgewinnen, wenn ich zum Beispiel eine lange Zugfahrt vor mir habe oder etwas recherchieren möchte, mal neuen Sound austesten will. Dann ist das ein großartiger Service, und wenn mir etwas gefällt, dann kaufe ich die Platte sowieso – so es eine gibt. Manchmal auch die CD, warum nicht? Besonders Boxsets haben es mir angetan, deren Umfang an Musik und Beigaben ansonsten nicht zu bekommen ist.

Auf der anderen Seite, auch von der CD musste man nicht alles selbst besitzen. Man konnte trotzdem Musik auf langen Auto- oder Zugfahrten hören. Erinnert sich noch einer an den Walkman? Ich liebte es, mit dem Fahrrad zur Schule zu fahren und ‚Do We Still Do It‘ von Slade zu hören. Repeat, repeat, repet again. Die Slade Scheibe „Whatever Happened To Slade“ hatte ich von einem Kumpel aufgenommen. Einige Jahre habe ich nur dieses Tape gehört und mir dann doch bei einer günstigen Gelegenheit die Platte gekauft. So war das.

Heute höre ich diese Scheibe nur noch selten. Aber wenn, dann wird das zelebriert! Ich fische das gute Stück aus meinem Plattenregal, lasse das schwarze Vinyl aus dem Cover flippen, lege es auf den Plattenteller, schalte alle notwendigen Geräte ein und lasse den Tonarm niedersinken, bis die

Nadel das schwarze Gold küsst. Ich setze mich auf das Sofa vor meiner Anlage, streiche behutsam über das Cover, das auch schon bessere Tage gesehen hat, nippe an der zuvor bereitgestellten Flasche oder dem Glas und lausche dann den infernalischen Klängen der Herren Nolder & Co. Herrlich, so etwas bietet mir nur die Schallplatte, kein anderes Medium.
Didi hatte etwas gefunden, Sabaton, Rush und Sinner für sich, Marianne Rosenberg für die Mutter. Da sage noch einer Heavy-Fans hätten kein Herz.

**4.5 Interview mit Attic**

Gitarrist Tim „Katte" Katteluhn, der auch bei Warhammer und Iron Kobra (als Live-Musiker) spielte, gibt einen kleinen Einblick in eine außergewöhnliche Gelsenkirchener Band, die sich seit 2010 musikalisch am Schaffen von King Diamond orientiert und irgendwie unter dem Radar läuft, obwohl Attic bereits Konzerte in dreißig verschiedenen Ländern vorzuweisen haben. Die Shows wirken wie ein Ritual: mit Altar, Weihrauch, Kerzen und energiegeladener Performance.

Ein Highlight eurer Karriere war sicherlich der Auftritt auf dem Rock Hard Festival 2018 in eurer Heimatstadt – vor mehreren tausend Gästen, und euer Vorbild King Diamond war auch noch vor Ort. Das muss ein unglaubliches Gefühl gewesen sein.
Katte: „Tatsächlich haben wir bereits nach unserem Debütalbum „The Invocation" auf dem Rock Hard Festival 2013 gespielt, aber dort aufzutreten ist für uns immer wieder etwas ganz Besonderes, da uns als Band aus dem Ruhrgebiet eine lange gemeinsame Vergangenheit mit dem Festival verbindet. 2003 fand dieses zum ersten Mal im Gelsenkirchener Amphitheater statt und war damals durch die Nähe das erste Festival, das ich überhaupt besuchen konnte. Als Jugendliche waren wir während des Sommers häufig im Rhein-Herne-Kanal, der unmittelbar am Festivalgelände entlangläuft, schwimmen, und es gibt eine Erinnerung, an die ich in diesem Zusammenhang besonders gern zurückdenke: Eines Tages waren wir dort, u. a. unser ehemaliger Gitarrist Rob und ich. Wir sind zum Amphitheater rübergeschwommen, über eine Leiter und eine kleine Absperrung auf das Gelände geklettert, haben uns nur mit Badehosen bekleidet auf die leere Bühne vor die leeren Ränge des Amphitheaters gestellt und uns vorgestellt, dort eines Tages mal mit einer Band vor Publikum spielen zu können. Jahre später sollte es dann so weit sein, diesmal allerdings in Jeans und Lederwesten. Die Show an sich war eine Katastrophe: Es gab technische Schwierigkeiten, Soundprobleme, und keiner von uns war mit dem Auftritt zu-

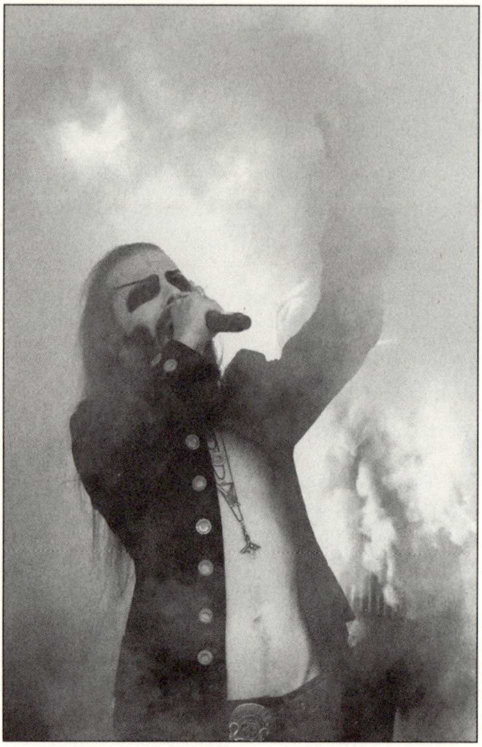

Attic

frieden. Aber den Leuten hat es gefallen, und wir hatten ein ganz besonderes und partyreiches Wochenende."

Mit Ván Records seid ihr bei einem vergleichsweise jungen Label, bei dem aber große Erfolge und herausragende Bands wie beispielsweise The Devil's Blood und einige mehr auf der Habenseite stehen. Warum habt ihr euch für das Aachener Label entschieden?
Katte: „Nachdem wir unsere Demo-CD selbst vertreiben, bzw. mithilfe von befreundeten kleinen Labels auch auf Vinyl und MC veröffentlichen konnten, stand Ván Records für uns sehr schnell als Wunschlabel fest. Mit Bands wie The Devil's Blood, The Ruins Of Beverast, Griftegård oder Vanderbuyst bietet Ván Records eine unvergleichliche Genrevielfalt, während die einzelnen Releases mit so viel Mühe und Liebe zum Detail veröffentlicht werden, wie wir uns das auch für ein Attic-Album wünschten. Zu dem Zeitpunkt gab es schon eine kleine Anzahl an Labels, die Interesse an uns zeigten, aber Ván Records war tatsächlich das Einzige, bei dem wir uns aktiv mit unserem Demo bewarben. Sven, dem Betreiber von Ván, gefielen unsere Musik und unsere Einstellung, und nach einem gemeinsamen Umtrunk in Essen konnten die Verträge aufgesetzt werden."

Gelsenkirchen verbindet man – bezogen auf Metal – vor allem mit Sodom, aber auch mit Acts wie Black Messiah. Du hast vorher u. a. bei Warhammer gespielt. Seid ihr mit lokalen Bands verwurzelt?
Katte: „Definitiv. Wenn man im Ruhrgebiet aufwächst und Metal für sich entdeckt, wird man schon sehr früh mit den lokalen Größen konfrontiert. Neben der hiesigen Metal-Geschichte bot das Ruhrgebiet natürlich auch institutionell einen optimalen Nährboden für junge Fans und Musiker. Das bereits genannte Rock Hard Festival, Metal-Locations wie Der Frosch-

könig in Gelsenkirchen (leider seit Jahren geschlossen), das Roxy bzw. später Turock in Essen, die Zeche Carl und ab 2007 dann das Helvete in Oberhausen waren Treffpunkte, bei denen man Leute kennengelernt, sich ausgetauscht und stets neue Musik entdeckt hat. Plattenläden wie Yeah Records in Essen oder Idiot Records in Dortmund taten ihr Übriges, sodass man sich wirklich als Teil dieser lebendigen Szene wahrgenommen hat und als Band natürlich auch verwurzelt bleibt.
Zu Black Messiah bestand trotz gleicher Heimatstadt kein Kontakt, obwohl sie seinerzeit im gleichen Bunker geprobt haben wie ich mit meiner ersten Band. Ich erinnere mich aber daran, dass wir ihre Proben manchmal durch die Wände und Türen hören konnten und sehr beeindruckt waren, schließlich waren sie eine große Band mit Plattenvertrag und vielen Auftritten, die ihre Instrumente wirklich beherrschten, während wir nur Kids waren, die im Proberaum herumgestümpert und Partys veranstaltet haben.
2007 erfuhr ich dann durch einen Kollegen, dass Warhammer einen neuen Gitarristen suchten. Die Band war mir durch Zeitschriften und ihre Veröffentlichungen bereits ein Begriff, ich wusste zum Beispiel, dass sie die meisten Alben bei Nuclear Blast veröffentlicht und bereits beim legendären Wacken Open Air gespielt hatten. Was ich allerdings nicht wusste, war, dass der 2021 tragischerweise verstorbene Sänger Volker Frerich genau gegenüber von dem Haus gelebt hatte, in dem ich damals noch mit meiner Mutter wohnte. Der Kontakt wurde vermittelt, und nach einer Probe war ich dabei. Obgleich ich nur ein bis zwei Jahre bei Warhammer gespielt und an keiner Veröffentlichung mitgewirkt habe, eröffnete die Zeit mir großartige Erfahrungen, und vor allem sollte ich dort Chris kennenlernen, der nicht nur von 2005 bis 2014 als Bassist bei Warhammer tätig war, sondern 2012 auch bei Attic einsteigen sollte."

Für eine Band eurer Größenordnung habt ihr eine beachtliche Liste an Konzerten an teils spektakulären Orten vorzuweisen. Am 6. Mai durftet ihr zum Beispiel in Norwegen beim Karmøygeddon Metal Festival auftreten – nicht eure erste Show in Skandinavien. Das war eurer erstes Konzert nach der Pandemie?
Katte: „Ja, unser erstes Konzert nach der Pandemie war das Karmøygeddon Metal Festival, bei dem wir eigentlich schon 2019 spielen sollten. Als das Festival 2019 stattfand, waren wir gerade mit Marduk auf einer einmonatigen Europatour, sollten von Spanien aus nach Norwegen fliegen und nach dem Festival wieder zurück auf die Tour aufspringen. Ungünstigerweise befand sich die Fluggesellschaft, mit der wir einen Teil des Flugs nach Norwegen antreten sollten, zu diesem Zeitpunkt in einem Streik, sodass

wir uns gezwungen sahen, die Show beim Karmøygeddon kurzfristig zu canceln. Unsere Teilnahme wurde dann auf das Folgejahr verschoben, allerdings konnte das Festival durch Corona nicht stattfinden. Eine weitere Ankündigung folgte für 2021 – ebenfalls wegen der Pandemie ausgefallen. Umso unvorstellbarer war es dann, als wir dort in diesem Jahr wirklich auf dem Festivalgelände ankamen und unsere Show nach all den Jahren nachholen konnten!
Das war allerdings nicht unsere erste Show in Norwegen, wir haben zuvor schon häufiger dort gespielt und sind dort stets auf treue Fans und auf Veranstalter, die wirklich an uns interessiert waren, gestoßen. Wir werden dort, aber auch in anderen nicht deutschsprachigen Ländern mit einer größeren Ernsthaftigkeit behandelt, als dies in Deutschland der Fall ist, wo man uns selbst nach über zehn Jahren noch als die junge Nachwuchsband aus dem Pott wahrnimmt. Wir werden im Ausland häufig gefragt, wo wir herkommen, und egal wie bescheiden die Kenntnisse von Deutschlands Geografie auch sein mögen, die ‚Ruhr Area' mit Kreator oder explizit Gelsenkirchen als die Heimatstadt von Sodom kennt eigentlich jeder."

Zudem hattet ihr Auftritte u. a. in Indien und Mexiko. Gibt es an euch ein großes internationales Interesse?
„Einen Großteil unserer bisherigen Konzerte haben wir in Deutschland gespielt, erfahren aber auch ein enormes internationales Interesse. Wir haben bereits in über dreißig verschiedenen Ländern gespielt und im Herbst kommen in Südamerika noch einige hinzu. Als wir mit Attic begonnen haben, dachten wir, dass diese Art von Heavy Metal mit solch einem exzentrischen Gesang lediglich eine kleine Handvoll Plattensammler interessieren würde. Nun ein solches Feedback aus der ganzen Welt zu bekommen, ist manchmal schon überaus beeindruckend."

# KAPITEL 5: BETWEEN THE WALLS: METAL IN DER DDR

**5.1 Mit dem Tourbus in den Osten Deutschlands**

Aus Hessen geht es weiter über das Ruhrgebiet mit Mad Butcher in die östlichen Bundesländer mit Blick auf den Heavy Metal in der DDR – eine Szene, die überraschend vielschichtig war. Auch Bands aus bzw. am Rande des Ruhrgebiets aus der „zweiten Reihe" waren durchaus in der vielfältigen dortigen Szene bekannt: ob Assassin, Deathrow oder Darkness.

Neben westlichen Metal-Platten eben jener Bands, die vor allem in Ungarn gekauft werden konnten, spielte das Tapetrading eine Rolle, wobei das Überspielen von Kassetten sich weniger auf Demos bezog als vielmehr auf die Kopie von Langspielplatten, deren Kauf Unsummen verschlang. Abgerundet wird das Kapitel durch einen Gastbeitrag von Ralf Schuller, der über die (musikalische) Situation in Ostberlin vor der Wendezeit berichtet, sowie einem Interview mit Thorsten „Buddy" Kohlrausch, der das Rockharz Open Air seit über zwanzig Jahren erfolgreich veranstaltet.

**5.2 Blitzlichter aus dem Osten der Republik: Woher kommt der Krach?**

Unabhängig von den politischen Umständen im sogenannten real existierenden Sozialismus und ihren Konsequenzen für die darin lebenden Menschen entwickelte sich harter Metal in der Deutschen Demokratischen Republik kaum anders als „nebenan" in der BRD. Die Unterschiede liegen im Detail, und wenn es um Einflussgeber ging, spielte West-Thrash – auch und gerade aus dem Ruhrgebiet – hinter der Mauer eine gewichtige Rolle.

In der DDR kann man die wachsende Popularität des Hardrock – beflügelt allen voran von Deep Purple und Led Zeppelin – ebenfalls in den Siebzigern verorten, als bekannte Namen wie Karat, Silly, Puhdys oder City teilweise auch im Westen von sich reden machten. Daneben ließen Combos wie die progressiven Magdeburg, Prinzip, Berluc oder das psychedelisch angehauchte Joco Dev Sextett ihre Gitarren hier und dort bereits satt braten, weshalb man sie durchaus als Vorreiter des DDR-Metal anführen kann.

Dieser ließ sich anfangs logischerweise von der New Wave Of British Heavy Metal beflügeln, wobei Formel I zu den Pionieren des Landes zählen dürften, gefolgt von Merlin, Babylon, Blitzz, Biest, MCB, Titan aus Pirna mit Kai-Uwe Schneider, der heute bei den Black-Metallern Saxorior Gitarre spielt, oder den heute noch/wieder aktiven Erfurtern Macbeth, Blackout (später Depressive Age), Disaster Area sowie Regenbogen, die mit Countdown fusionierten und sich schließlich Pharao nannten.
Die besondere Eigenheit der einheimischen Gruppen waren ihre ausnahmslos deutschsprachig gehaltenen Texte, die der Staat als systemkonformes Muss verordnete und auf verfängliche Inhalte überprüfte, während sich alle, um im Radio oder auf Konzertbühnen stattfinden zu können, einer Einstufung für das „künstlerische Volkskunstschaffen" unterziehen mussten. Zudem agierten die Protagonisten auf gehobenem handwerklichen Niveau, denn andernfalls hätten sie kein Tonstudio von innen gesehen. Dass die verwendete Technik und die Expertise der Produzenten zu wünschen übrig ließen, steht wiederum auf einem anderen Blatt.
Unterdessen blieb die Zahl der Veröffentlichungen von Titeln ausländischer Acts überschaubar. Das seit seinem Übergang auf den staatlichen Tonträgerproduzenten VEB (Volkseigener Betrieb) Deutsche Schallplatten Berlin im Jahr 1954 dem Ministerium für Kultur nachgeordnete Label Amiga veröffentlichte Lizenzpressungen von AC/DC, Depeche Mode, den Beatles oder Bob Dylan mit einiger Verspätung; bei den Platten handelte es sich häufig um Compilations von Songs mehrerer Alben, deren 10.000er-Auflage meist schnell vergriffen waren. Da selbst die erfolgreicheren DDR-Gruppen erst spät zu Release-Ehren kamen, fand die aktive Auseinandersetzung der Hörer lange Zeit auf der Live-Ebene statt.

## Woher kommt der Krach?

Oder man besorgte sich die Musik international veröffentlichender Metal-Acts im östlichen Ausland, beziehungsweise ließ besorgen. „Man hat Einkaufslisten geschrieben und der Oma mitgegeben", erzählt Hendrik Rosenberg (geboren 1971 in Demmin in Mecklenburg-Vorpommern und im thüringischen Gera aufgewachsen), der neben dem Speziallabel German Democratic Recordings die Webseite ostmetal.de betreibt und das Fanzine Eisenblatt herausgibt. „Die legte den Zettel im Plattenladen vor und brachte die Alben mit nach Hause. Zeitschriften gab es nicht, alles lief über Mundpropaganda, man saugte die Informationen auf und in den Hüllen der Schallplatten förmlich auf, wenn mehr darauf geschrieben stand als die Songtitel und Bandbesetzungen."

Folglich wurden abgesehen von Bandaufnähern auch Schnipsel aus der westlichen Musikpresse gesammelt, die sich auf dem Schwarzmarkt finden ließen. „Vor allem Ausschnitte aus dem Metal Hammer waren heißbegehrt, eine kopierte Doppelseite konnte durchaus mit 50 Ostmark zu Buche schlagen. Originale waren relativ selten." In Hinblick darauf, dass man den westlichen Pendants möglichst originalgetreu nacheifern wollte, tummelten sich auch Musiker auf dem Schwarzmarkt, um das hochwertigere Equipment (Verstärker, Instrumente) „von drüben" zu ergattern. „Wir mussten uns alles mit viel größerem Aufwand erarbeiten", bekräftigt Marcus Marth, seines Zeichens Gitarrist der Berliner Death-Thrash-Instanz Postmortem und unter dem Namen Herr Brakel Mitbesitzer des Szenelokals Brutz & Brakel. „Man konnte nicht mal eben in einen Laden gehen und Platten kaufen oder Patches bei irgendeinem Mailorderversand bestellen. Das hatten wir nicht, stattdessen bist du zwei Stunden lang für ein Priest-Poster aus der Bravo unterwegs gewesen und hast 40 Ostmark dafür hingelegt, weil jemand über drei Ecken jemanden kannte, der das Heft besaß. Das war für manche eine volle Monatsmiete. Man hat mit jedem Atemzug für die Musik gelebt, ich bin arbeiten gegangen und habe mein ganzes Gehalt dafür ausgegeben. Heute bekomme ich zu hören: ‚Ey, du hast ja noch lange Haare, willste net ma´ abschneiden?' Metal ist nach wie vor mein Leben."

Den Hunger nach Informationen bestätigen kann Julia Dobberstein, die mit ihrem Label Ars Metalli Ende der Neunziger (als Christoph Dobberstein, auch Bass bei Under Black Clouds) Bands wie den Isländern Sólstafir oder den Weimarern Die Apokalyptischen Reiter auf die Sprünge half. „Wir haben immer versucht, an Literatur zu gelangen. Woher die Bands kamen, hat man total bewusst wahrgenommen." Und so schärfte sich auch ein zumindest leises Bewusstsein für die Ursprünge des härtesten Metal, den die bundesdeutsche Nachbarschaft zu bieten hatte. „Wir interessierten uns brennend für jede Information, weil kaum etwas in Erfahrung zu bringen war. Für viele dürfte die erste Berührung mit Ruhrpott-Metal selbstverständlich über Accept gelaufen sein, auch wenn uns damals noch nicht klar war, dass sie von dort stammten. Außerdem wussten wir von Harris Johns in Westberlin, der hat ja ganz viele unserer Einstiegsdrogen produziert."

Julia entdeckte neben den üblichen Verdächtigen auch die Düsseldorfer Deathrow als frühe BRD-Lieblingsband, während Hendrik Assassin (ebenfalls Düsseldorf) und Living Death (Velbert) nennt. „Als Bands erkannte man sie an ihrem Stil, aber der Sound ließ sich nicht zwingend einer Region zuordnen, so wie es beispielsweise bei Gruppen aus der Bay Area von San Francisco der Fall war. Im Prinzip ging es ja nur um die Mucke an sich, ob sie nun aus den USA oder Westdeutschland stammte. Sie musste geil sein, da war die Herkunft nebensächlich, zumal man sie sowieso nicht einfach in Erfahrung bringen konnte, so etwas wie die Metal-Archives heute im Internet gab es ja noch nicht."

Ein Handel mit Kassetten von frühen Aufnahmen oder Konzertmitschnitten aufstrebender Bands fand weder innerhalb der DDR statt, geschweige denn, dass man enge Tauschkontakte zu Gleichgesinnten im kapitalistischen Ausland gepflegt hätte. „Tapetrading bezog sich bei uns nicht auf Demos von Bands, so wie es im Westen üblich war", erklärt Rosenberg, „sondern auf die eigentlichen Studioalben, die wurden überspielt und dann untereinander verbreitet." Wohlgemerkt kostete eine einzelne Leerkassette 20 Ostmark und mehr, was in den Achtzigern gut ein Viertel bis Fünftel eines Lehrlingsgehalts war. Man musste also genau überlegen, was man überspielte – oder man fertigte Mitschnitte im Radio ausgestrahlter Metal-Songs an. Die Bedeutung der DDR-Sendeanstalten für die Verbreitung von Rock und Metal ist deshalb nicht zu unterschätzen, zumal die Mehrheit der Bands darauf angewiesen war, wenn es darum ging, sich einem breiten Publikum zu präsentieren. Die Speed-Metaller Panther aus Halle an der Saale spielten den Song ‚Höllenfeuer' beispielsweise exklusiv fürs Radio ein. „Da ich aus dem Berliner Raum stamme", so Marcus Marth, „konnte ich den US-Soldatensender AF und den British Forces Broadcasting Service hören, wodurch man sehr viel von dem mitbekam, was gerade abging. Das Westberliner Radio hatte eine Wunschecke extra für DDR-Bürger, wo jedes Mal eine neue Adresse von Privatleuten angegeben wurde. Deshalb ist die Stasi nicht nachgekommen." Hätte man Briefe direkt an den Rundfunk im amerikanischen Sektor (RIAS) geschickt, wären sie vermutlich nie dort eingetroffen. „Über den westlichen Äther konntest du dir wenigstens Sachen wünschen, gerade RIAS 2 spielte auch mal Metal, zum Beispiel Judas Priest. Du warst immer froh, wenn sie deinen Wunsch gespielt und deine Grüße vorgelesen haben."

Im staatlichen Hörfunk selbst gab es zunächst die „Heavy Stunde" bei Jugendradio DT64 und ab 1986, als der Sender eigenständig wurde, die kultige „Tendenz Hard bis Heavy" mit dem 2021 verstorbenen Radiopapst Matthias Hopke als Moderator. Dobberstein erinnert sich: „Der ganz große Moment war für viele von uns damals das Intro der „Heavy Stunde" samstags um 16 Uhr: ‚Choir Of The Damned′ von Kreators „Pleasure To Kill". Wir saßen mit runtergeklappten Kinnladen vorm Radio – von so etwas hatten wir immer geträumt! Als man sich anschließend in der Kneipe oder so traf, gab es nur ein Thema: ‚Haste Kreator gehört?' Wir haben dann auch ziemlich schnell mitbekommen, dass die Band aus dem Ruhrpott kam und diese Gegend eine ziemlich gesunde, nein, großartige Szene haben sollte.

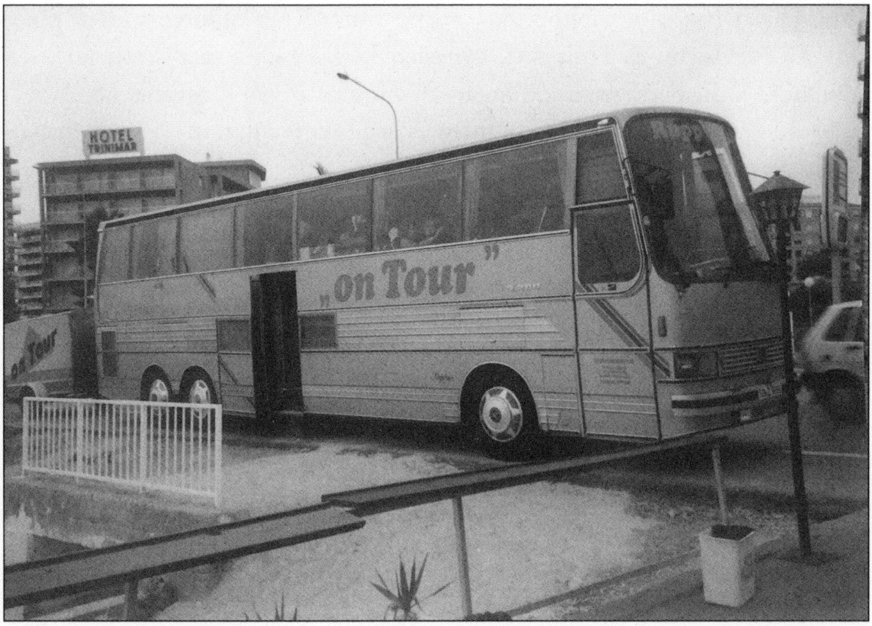


Tourbus von Running Wild mit Rage als Vorband 1990. Die Tour hielt auch am 14.07.1990 in Dresden (Foto: Mona Schmidt)

Man schwärmte davon, einmal im Leben dort hinzukommen und die Leute aus der Szene treffen. Na ja, nach der Wende ist dieser Traum für die meisten in Erfüllung gegangen."

Die „Beatkiste" beim Sender Stimme der DDR brachte gleichfalls ein wenig Metal zu Gehör, und als aus DT64 Anfang der Neunziger MDR Sputnik wurde, nahm der Heavy-Anteil am Programm ab, doch zu diesem Zeitpunkt waren die Mauer gefallen und der Zugang zu den Edelmetallen der ganzen Welt frei. „Sodom waren hier nicht so bekannt wie etwa Kreator, weil sie nicht im Radio gespielt wurden", verdeutlicht Julia den Stellenwert des Rundfunks als Medium. „Ihre frühen Plattencover fanden wir aber umso geiler, wenn wir sie in Ungarn auf dem Markt sahen, wo wir uns schließlich auch mit den Alben eingedeckt haben. Jeder von uns fuhr mindestens einmal im Jahr rüber, ich selbst tat es zweimal. Das war umständlich, weil man nicht nur Geld wechseln, sondern auch Zollerklärungen für den Wechsel in ungarische Forint schmuggeln musste, zum Beispiel im Schuh. Am besten war es, wenn man einen Zollbeamten kannte, und überhaupt waren Beziehungen in der DDR enorm wichtig. Die Geschäfte in Ungarn waren gut sortiert, und bis zur Maueröffnung besaß ich die damals komplette Strecke von Destruction, Kreator, Sodom und anderen Bands. Das wurde alles unter Freunden überspielt, ich weiß gar nicht, wie oft."

Julia Dobberstein bezeichnet das in mehreren Ruhr-Städten (unter anderem Essen, Bochum, Mülheim) angesiedelte Fernsehdrama „Verlierer" von 1986 mit Mille Petrozza und Die-Toten-Hosen-Sänger Campino als ebenso prägend wie die berüchtigte, kontroverse Dokumentation „Thrash Altenessen" von 1990. Im selben Jahr besuchte sie auch das legendäre Konzert von Kreator, Tankard, Coroner und den Briten Sabbat in der Werner-Seelenbinder-Halle in Prenzlauer Berg; Aufnahmen der Veranstaltung vom 4. März erschienen bekanntlich kurze Zeit später über Noise Records unter dem Titel „Doomsday News III: Thrashing East Live" und dokumentieren ein für die Entwicklung der Subkultur historisch bedeutendes Ereignis. „Ich stand in der ersten Reihe, und da war auch ein stämmiger Kerl mit Brille und schütterem Haar hinter der Absperrung. Er kam mir bekannt vor, also fragte ich: ‚Sind Sie Götz Kühnemund?' In der DDR sind wir ja alle zur Höflichkeit erzogen worden – aber klar, das war wirklich Götz, und bestimmt war es das einzige Mal, dass er von einem Metal-Fan gesiezt wurde ..."

Secondhand-Setlisten

Die Wichtigkeit von Live-Shows für eine Szenebildung spiegelt auch den Hunger der jungen Musikfans nach Grenzerfahrungen und Erleben an sich wider. „Wir sind im Osten so oft herumgereist, wie es ging", berichtet Dobberstein, deren metallischer Startschuss eine Best-of von Deep Purple war, ehe „Love At First Sting" von den Scorpions und die Amiga-Lizenzpressung von AC/DCs „Highway To Hell" hinzukamen. „Ich bin jeden Sommer per Anhalter nach Bulgarien gefahren. Wir hatten dort sehr abgelegen an der Mündung eines kleinen Flusses am Schwarzen Meer ein Tramper-Camp, wo hektoliterweise Rotwein vernichtet wurde. Ich blieb immer vier Wochen lang; es gab keinen Strom, man war komplett weg von der Zivilisation und hat am Strand geschlafen. Das war himmlisch. Ich dachte, meine Lieblingsbands vor Ort zu haben, wäre großartig, also schrieb ich Einladungsbriefe an Kreator und Destruction. Ob die je angekommen sind, weiß ich allerdings nicht, aber die Jungs hatten wohl sowieso Besseres zu tun, als mit Ost-Fans an einem bulgarischen Strand abzuhängen."

Fanpost von Julia bekamen im Übrigen auch die Bremer Krawallmacher Rumble Militia: „Als ich nach der Wende bei der Stasi-Auflösung mitarbeitete, bekam ich meine eigene Akte in die Hände. Darin stand, ich hätte Kontakt zu einer ‚Randale-Polizei' geknüpft ..." Herr Brakel wiederum schickte Destruction einen Brief, „als sie ihre erste Platte herausbrachten. Der dürfte aber nie angekommen sein und ist bestimmt in meiner Stasi-Ak-

te vermerkt. Eine Antwort habe ich jedenfalls nie bekommen, wahrscheinlich ist er nicht mal über die Grenze gelangt."
Hendrik Rosenberg spricht in Bezug auf die zweite Hälfte der Achtziger von „richtig vielen Fans und Bands". Letztere orientierten sich bei ihrer Gründung naheliegenderweise unter anderem an westdeutschen Pendants. „Die haben auch Accept oder Grave Digger nachgespielt, bevor sie härter wurden, woraufhin Kreator und Sodom als neue Vorbilder dienten – Destruction vielleicht weniger, weil deren Musik komplexer gewesen ist und man sich ja alles selbst heraushören musste."
Dies taten die Musiker mit großem Ehrgeiz, um einem für den Osten außergewöhnlichen Phänomen Rechnung zu tragen, das Julia Dobberstein auf den Punkt bringt: „Erstaunlicherweise wollten die Leute gar nicht die Originale hören, sondern nachgespielte Versionen. Das lässt sich für West-Fans vielleicht schwer nachvollziehen, war aber so. Man konnte sich dann in Gedanken ein bisschen rüber ins Fantasy-Reich switchen, wo zum Beispiel Overkill auf der Bühne standen, und nicht Biest. Ich erinnere mich in dem Zusammenhang auch an ein Konzert von Argus 1986 oder '87 im Tanztreff in Aue, wo mehrere Personen anwesend waren, die später auch als Szenemusiker bekannt wurden. Jedenfalls machte ich gerade eine Lehre zum Geigenbauer und wurde von Bekannten mitgenommen. Das war eine Live-Erweckung, weil da ein paar ganz schön deftige Sachen gecovert wurden, neben Ozzy Osbourne unter anderem Metallica, irgendwas von „Ride The Lightning"."
Zudem entstand ein regelrechter Wettbewerb darum, wer sich neue Stücke am schnellsten aneignen und sie am besten covern konnte. Indes erkannten herkömmliche Rockmusiker Marcus Marth zufolge, „dass Metal ganz schön populär war" und ein verhältnismäßig großes Publikum zu Konzerten lockte. „Darum fingen sie an, Metal-Songs in ihr Programm einzubauen, etwa die Blues-Combo Triolog. Sie klangen wie Bachmann-Turner Overdrive oder Slade, coverten dann aber Songs von Black Sabbath und Motörhead. Das hat die Fans total angezeckt, und jeden Monat am selben Ort aufzutreten wurde lukrativ, weil die Leute nicht genug kriegen konnten."
Aus den genannten Argus wurden später Moshquito, die 1990 gemeinsam mit Tankard in Aue auftraten und laut Hendrik anfangs unter anderem Slayer coverten. „Es gab Leute, denen hat das gefallen, die waren von den Instrumentalisten beeindruckt. Das Problem bei Moshquito bestand darin, dass sie ziemlich viele Zuschauer zu ihren Konzerten zogen, die sich natürlich nicht gut benommen haben." Die entstehenden Spannungen vergleicht der Label-Inhaber mit den Ausschreitungen beim geschichtsträch-

tigen 1984er-Monsters-Of-Rock im Wildparkstadion Karlsruhe, das in den darauffolgenden Jahren deshalb keine Wiederholung fand. „Dort soll es auch nicht gerade zimperlich zugegangen sein, und im Osten wurde es manchmal genauso heftig. Wenn die Konzertgänger nicht reingekommen sind, haben sie randaliert. So etwas hat Stress bereitet, die Obrigkeit wollte halt keine Massenaufläufe, denn Metal-Fans waren nicht angepasst. An der Musik hat man sich gar nicht mal so sehr gestört, es ging vielmehr um nonkonforme Jugendliche, wie man das damals nannte."

Das Paradoxe daran war also, dass man das Publikum fürchtete, weil es sich nicht ohne Weiteres bändigen ließ, während man sich gleichzeitig keinen Zwang antat, Bands zu fördern, solang sie sich an die Auflagen hielten. Dass die Kriterien der SED für saubere beziehungsweise gefährliche Inhalte mitunter willkürlich sein konnten (selbst etablierte Combos wie Formel I mussten Dinge wiederholt anders formulieren), belegt ausgerechnet der Sodom-Klassiker ‚Bombenhagel', mit dem die Partei sozusagen auf Kriegsfuß stand, obwohl die Lyrics ausdrücklich gegen Kriege gerichtet waren. Sowohl die erwähnten Panther als auch die Thüringer Urgesteine Macbeth bauten die Nummer, die zunächst tatsächlich als pazifistisch bewertet wurde, in ihr Bühnenprogramm ein, doch bei den Gigs feierte man wohl derart ausgelassen, dass den Behörden bange wurde, also galt der Song fortan als „faschistisch" – ganz zu schweigen von der Tatsache, dass die darin eingewobene BRD-Nationalhymne zur Wiedervereinigung aufrufen mochte.

Staatliche Maßnahmen konnten schwere Folgen nach sich ziehen. Wegen Unruhen bei einem Auftritt im Herbst 1986 im Stadtgarten Erfurt machte man Macbeth systematisch mürbe: Spielverbot, Entzug der Zulassung für den Bandbus und Auflösung des Proberaummietvertrags. Im Zuge einer erzwungenen Umbenennung in Caiman gelangte Sänger Detlev Wittenburg über ein Jahr lang in Haft, nach seiner Entlassung erhängte er sich im Dezember 1989 im Erfurter Steigerwald. Tatsächlich begann Macbeths Karriere erst nach der Wende richtig.

„Wenn sich jemand zum Beispiel ein Plattencover auf den Rücken einer Jacke gemalt hat", bemerkt Marcus Marth dazu, „konnte die Stasi nichts damit anfangen. Sie hat dann Leute auf Metaller angesetzt, weil sie sie nicht einordnen konnte und suspekt fand. Man dachte sogar, wir seien Nazis, weil wir Ledermützen trugen. Die haben wir uns für viel Kohle von den Dampflokomotivführern geholt und sie gepimpt, Ketten daran festgemacht und so weiter, um wie Rob Halford auszusehen."

## Wilde Sounds, zahme Ansichten

Auch wenn genretypisch aufrührerische oder Gewalt, Satan und Horror propagierende Texte bei westlichen Bands selten eine entsprechende Haltung ihrer Schöpfer ausdrückten, waren sie in der DDR, wie gesagt, gänzlich tabu. Die Nötigung, der Partei gewissermaßen nach dem Mund zu reden, führte letztendlich zu einer Flucht ins Abstrakte oder Triviale, in deren Rahmen die reine Musik umso weiter in den Vordergrund rückte. „In der Schule bekam man die Ideologie eingetrichtert", sagt Hendrik Rosenberg, „und hat sie brav wiedergegeben, um Einsen und Zweien auf dem Zeugnis zu kriegen, doch im Prinzip ging es dir am Allerwertesten vorbei. Man hat sich die Texte der Westbands zwar angeschaut, wobei vor allem die amerikanischen kritische Töne anschlugen, aber selbst nicht Partei ergriffen – nicht wegen der Stasi, sondern weil es einfach nur Musik war. Sicherlich gab es auch Leute aus der Szene, die sich politisch engagiert haben, doch erstens brachte das nichts, und zweites hast du dir dadurch in Sachen Freiheit ein Eigentor geschossen, denn du konntest nicht mehr auf Konzerte gehen. Darum sagen einige der älteren Musiker noch heute, Musik und Politik seien zwei verschiedene Paar Schuhe. Die Denkweise wurde dir von oben aufgedrückt, also musste man sich davon distanzieren."

Dies geschah dadurch, dass man den Spaß an der Musik betonte, was andererseits wieder etwas Subversives an sich hatte, denn im Grunde gab man gerade dadurch, dass man sich unpolitisch zeigte, ein politisches Statement ab. Wenn dann der Rundfunk derben Metal ausstrahlte oder staatliche Organisationen wie die Freie Deutsche Jugend zu Konzertveranstaltern wurden, kann man beinahe von subtiler Systemunterwanderung durch eine Jugendkultur sprechen, die zunächst als dekadent westlich verachtet und auch ein Stück weit als „politisch-ideologische Diversion" (Sabotage des Staates durch das kapitalistische Ausland respektive „feindlich-negative Personen") gefürchtet wurde. „Irgendwann sah man ein, dass die Heavys, wie wir genannt wurden, eigentlich harmlos waren", rekapituliert Marth. „Wir wollten nur unsere Musik hören und feiern, wozu wir geeignete Räumlichkeiten brauchten. Da versuchte keiner über die Mauer abzuhauen oder so."

Erst die Erkenntnis, dass es Metallern vorrangig um die harten Klänge als solche ging, führte also zu einer lockeren Haltung und gewissermaßen auch Subventionierung. „Du wolltest zu Konzerten gehen, möglichst viel Bier trinken und ordentlich abschädeln; was das betrifft, hat sich bis heute wenig geändert", weiß Hendrik Rosenberg, der sich generell nicht erklären kann, weshalb nach dem Mauerfall vor allem extreme Bands einen langen Atem bewiesen haben, wohl aber geografische Härteunterschiede innerhalb der DDR-Szene auszumachen glaubt. „Es gab ein Nord-Süd-Gefälle – je weiter auf der Karte nach unten, desto brutaler wurde die Musik. Die Berliner haben eher normalen Heavy Metal gehört."

Julia Dobberstein ergänzt: „Unter den Fans war das breiter gestreut. In meinem Umfeld gab es bis zur Wende eigentlich mehr Fans von traditionellem Metal. Möglicherweise lag die allgemein härtere Gangart aber daran, dass man alles möglichst provokant aufziehen wollte, und Venom-Stücke zu spielen eckte mehr an als etwa ein Scorpions-Cover." Rosenberg nennt für die Zeit der Wende, „nach der viele kleine Gruppen wieder verschwunden sind", Thrash als das in der DDR beliebteste Subgenre, gleichwohl zu Beginn der Neunziger die Death-Welle das internationale Parkett überrollte. „Bei uns kam halt alles verspätet an, und als die Grenzen dann offen waren, sind fast nur Death-Metal-Bands übrig geblieben – Golem, Postmortem und so weiter."

Metallische Ballungsräume wie im Westen existierten im Osten nicht, wenn man Julia glauben darf. „Natürlich gab es eine Szene in Ostberlin – mehr noch als auf der Westseite – außerdem im südlichen Brandenburg und in Sachsen, aber das war alles viel kleiner." Dafür hielt man auf der lokalen Ebene umso fester zusammen. „Man hat sich in der eigenen Umgebung gekannt und miteinander abgehangen", so Hendrik Rosenberg. „Zumindest regional hat man Netzwerke gebildet, aber es gab keine landesweit einheitliche Szene."

Thomas Dargel, der das auf Heavy-, Speed- und Thrash Metal abonnierte Berliner Label Iron Shield Records mitbegründete, erklärt den Umstand, dass vor allem die extremen Ausformungen des Stils die DDR überlebt haben, kurzum mit: „Hartes Leben, harte Maßnahmen." Die Situation im Osten sei sicherlich anders gewesen als im von der Schwerindustrie geprägten Ruhrgebiet, aber ähnlich beklemmend, und die Musik habe das eben zum Ausdruck gebracht.

## Getrennt vereint

Sich als Langhaariger durch Ostberlin zu bewegen, sei zeitweise kein Spaziergang gewesen, wie eine Anekdote des Label-Betreibers zeigt: „Offensichtliche Metaller sind nicht ohne Polizeikontrolle durch die Stadt gekommen. Wir hatten mal zwei aus dem Westen zu Besuch, die ausgetickt sind: ‚Polizeistaat, so was habe ich noch nie erlebt!' Für uns war das völlig normal, die Westberliner konnten es nicht fassen. Wir trafen uns jedenfalls zum ersten Mal, gingen Eis essen und wollten dann Richtung Palast der Republik, um noch ein paar Bierchen zu trinken und so, doch allein auf dem kurzen Weg von der Karl-Marx-Allee bis zum Alexanderplatz sind wir dreimal angehalten worden. Als sich die zwei so aufregten, meinten die Beamten im feinsten Sächsisch: ‚Wir können Sie auch gern zur Grenze zurückbegleiten.' Sie fragten sich wohl, was die hier zu suchen hatten und ob sie eine Rebellion anzetteln wollten ..."

Grundsätzlich bestanden durchaus Verbindungen zwischen Metalheads beiderseits des „antifaschistischen Schutzwalls", doch mit den westlichen Krachschlägern kam man erst nach der Wende in Berührung, wie Marcus Marth erzählt: „Bei Shows vor Ort begegnete man Gruppen, die ebenfalls hinter dem Eisernen Vorhang agierten, etwa Aria aus der Sowjetunion, doch direkten Kontakt zu den Bands von drüben hatten wir nicht, nur zu denjenigen in der DDR. Wir befanden uns quasi auf dem gleichen Level wie sie, bloß dass wir Fans und sie Musiker waren, aber es kam halt auch vor, dass wir ihnen neue Platten gezeigt haben oder sie nach Konzerten und Partys bei uns übernachten ließen. Man hat sich gegenseitig kräftig unterstützt und war teilweise mit den Mitgliedern von Bands befreundet. Die erste westliche Kapelle, die ich live gesehen habe, waren D-A-D aus Dänemark auf der Insel der Jugend in Treptow, als sie noch Disneyland After Dark hießen."

Der Postmortem-Mitbegründer wohnte seinerzeit an der Mauer und erinnert sich an einen Slayer-Gig im Jahr 1987, der auf der Westseite im historischen Theater/Club Metropol stattfand. „Da spielten meine absoluten Lieblinge wenige Kilometer weit entfernt, und ich konnte nicht hingehen! Ich stellte mich in der Hoffnung nach draußen, etwas von der Show zu hören, und hätte am liebsten irgendwo auf die Band gewartet, um sie wenigstens zu sehen und zu grüßen." Als die späteren Düsseldorfer Punk-Superstars Die Toten Hosen als Touristen „getarnt" einreisten, um am 27. März 1983 illegalerweise gemeinsam mit der ostdeutschen Band Planlos in der Erlöserkirche im Stadtteil Rummelsburg aufzutreten, wusste Marth von der heimlichen Show, „aber nicht, wo genau sie stattfand. Auch wenn die uns nicht interessierten, dachten wir schon: ‚Boah, eine Westband!'"

Marth vermisst auch die Unbeschwertheit und Dankbarkeit von damals. „Bei Gigs mehrerer Bands hast du von der ersten an voll mitgemacht, und sobald der erste Ton aus den Boxen gekommen ist, sind die Stagediver von der Bühne geflogen. Postmortem selbst machten zu DDR-Zeiten streng genommen keine Musik, wir waren ein Joke, gründeten uns aus einer Bierlaune heraus und dürften eigentlich gar nicht hinzugerechnet werden. Richtig los ging's für uns erst 1991, als wir anfingen, an jeder Steckdose zu spielen, wobei wir dann auch erstmals persönlich auf die Jungs von Tankard oder Destruction trafen."

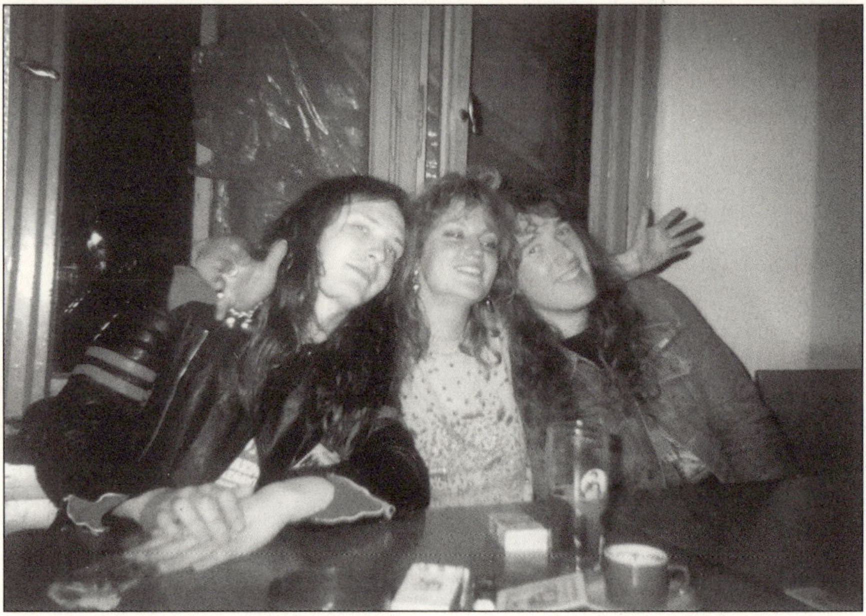

Kreator und Rage bei Noise Records in Berlin 1989 (Foto: Mona Schmidt)

### 5.3 Gastbeitrag von Ralf Schuler: Ost-Kumpels in Kutten

Meine „Hells Bells" hingen in der Ostberliner Erlöserkirche. Ich weiß nicht mehr genau, ob es Ende der 70er oder schon Anfang der 80er Jahre war, als wir mit ein paar Kumpels wild entschlossen waren, eine Band zu gründen. Und natürlich wollte ich trommeln. Die Beherrschung der Instrumente stand für uns jetzt nicht sooo im Vordergrund. Wir hatten aus unseren Initialen bereits den Bandnamen Ares abgeleitet (mein R für Ralf immerhin an zweiter Stelle!) und besaßen auch schon einen hässlichen Aktenkoffer für all die Verträge, die da sicher kommen würden.

Bei der Stilrichtung gab es noch Unstimmigkeiten, aber dass es härter zur Sache gehen musste, stand für mich zumindest fest. Denn neben einer kaum zu unterdrückenden Beat-Manie, derentwegen ich mehrfach als notorischer Takt-Treter sogar aus klassischen Konzerten geworfen werden sollte, war Metal die zweite ganz wesentliche Motivation: Ich bin bis heute gern ausgelastet am Schlagzeug und kann swingendes Gepinge mit wandernden Latino-Akzenten nach wie vor nur schwer ertragen.

Aber zurück zur Erlöserkirche, die auf den ersten Blick nicht so recht in schwermetallische Legenden mit Blut, Krieg, Hass und Abschaum zu passen scheint. Wer heute auf Metal im Osten zurückblickt, kann nicht einfach nur sonnige Fan-Erinnerungen aus der heavy-mental Konserve (Hammer-Wortspiel!) holen, sondern kommt um eine Sitten- und Zeitgeschichte kaum herum. Aus heutiger Sicht war im realsozialistischen Mangelstaat eigentlich nichts normal: Der Zugang zur Musik war kompliziert, Instrumente waren Mangelware, der Staat wollte Kultur und Inhalte kontrollieren, und zu allem Überfluss liegen auch noch technisch ganze Welten zwischen der Musik hinter der Mauer und heute.

Um also endlich die Höllenglocken im Gotteshaus aufzuklären: An Schlagzeuger hatten die weisen alten Herren vom Politbüro beim Zuschnitt ihres sozialistischen Wohnungsbauprogramms wieder mal nicht gedacht. Während meine Eltern froh waren, im fünften Stock eines zentralgeheizten Plattenbaus in Berlin-Köpenick eine Dreiraumbox bekommen zu haben, war allen Beteiligten klar, dass Drums dort weder hineinpassten, noch im Sinne friedlicher Nachbarschaft gar gespielt werden konnten.

Der Himmel schickte deshalb einen außerordentlich musikalischen (klassische Gitarre, Querflöte) Jugendfreund, der in der Erlöserkirche regelmäßig musizierte und wusste, dass im Glockenturm direkt unter dem Geläut zwei ganz ordentliche Schlagzeuge standen, die wir bei Gelegenheit bearbeiteten. Was Passanten vom höllischen Gedemmel aus dem Hause des Herren hielten, ist nicht überliefert. Ich weiß nur, dass es einen Heidenspaß machte, aber für regelmäßiges Üben nicht ausreichte.

Um sich in diese Zeit zurückzuversetzen, muss man sich klarmachen, dass die Instrumentenbeschaffung in der DDR genauso schwierig war wie der Zugang zur Musik selbst. Gitarren gab es so gut wie gar nicht. Sie wurden für den Export produziert, und so brachte denn die Oma vom wacker zusammengekratzten Westgeld meine erste Gitarre aus Westberlin mit: „Made in GDR“, stand auf dem Signet unter dem Schallloch. Sie kam aus Klingenthal im Erzgebirge, wäre bei uns aber nur mit direkten Beziehungen zu haben gewesen, die ich nicht hatte. Bei Schlagzeugen (Marke Tacton) war es etwas besser. Man bekam hin und wieder Teile eines Drum-Sets, weil die DDR die Produktionsstätten der deutschen Schlagzeug-Pioniere Sonor in Weißenfels bei Halle übernommen hatte. Ob es von der Marke aber etwa eine Doppelfußmaschine gab, weiß ich bis heute nicht. Musste man sich halt zwei Bassdrums hinstellen, was eh fetter aussieht.

Bei den öffentlichen Musikschulen herrschte ähnlich wie beim Sport eine Art Leistungsgedanke vor, der davon ausging, dass der triste Realsozialismus mit Virtuosen weltweit Renommee gewinnen müsse. Mit anderen Worten: Wer einfach nur spielen und rocken wollte, fiel bei den Aufnahmeprüfungen für die wenigen Plätze meist durch. Private Lehrer konnten sich des Andrangs auch nicht erwehren, und so zog ich denn irgendwann mit einer immerhin gestimmten Gitarre und der Standard-Gitarrenschule von Walter Götze (Sitzhaltung, Fingersatz, Tonleitern, Intervalle, Quinten-

zirkel, musizieren eher Nebensache) heimwärts und perkussionierte neben der täglichen Saitenqual (A-G-E Oi, Oi, Oi ...) als Selbstversorger vor mich hin. Die wirkliche Drum-Erlösung kam erst mit der Wende.
Auch die Musikbeschaffung hatte hinter der Mauer ihre Tücken. Da ja im Wesentlichen nur Rentner reisen konnten, kam es schon vor, dass Omma den Auftrag für Slayer bekam und mit Boney M. zurückkehrte, weil der Plattenverkäufer meinte, die würde jetzt richtig oft gekauft. Das staatliche Plattenlabel Amiga hatte Metal nicht im Sortiment, und in Ungarn kosteten die Scheiben ein Vermögen. Der gängige Trick: Man nahm sich so viele sogenannte „Zoll-Erklärungen“ wie möglich mit und konnte darauf 100 Ostmark zusätzlich in ungarische Forint zum Satz eins zu fünf umtauschen. West-Platten kosteten damals gern zwischen fünfhundert und mehreren tausend Forint, sodass man rasch ganze Ostmark-Vermögen für eine gute Scheibe los wurde.
Tonband-Kassetten waren billiger. Allerdings musste man sich auch nahezu blind darauf verlassen, dass die meist in Budapester Hinterhöfen oder Kellerläden hausierenden Händler das Band wirklich komplett mit der Original-Scheibe bespielt hatten, dass es nicht rauschte oder sich wegen mieser Tape-Spulen beim zweiten Hören in den Recorder fraß.
Da drückte man doch lieber gleich selbst auf die Kopiertaste (die Älteren erinnern sich: Rec und Play gleichzeitig drücken) und schnitt sich seine Lieblinge mit. Auch das war leichter gesagt als getan. Als Berliner hatte ich den Vorteil, sämtliche West-Sender in Topqualität empfangen zu können. Leider gehörte Metal nicht zum Massengeschmack, lief nicht bei „Schlager der Woche“ mit Lord Knut im Rias und war nur mit Glück ohne reingequatschte An- und Abmoderation zu bekommen.
Für jeden echten Freak war damals klar: Niemals ORWO! Die heimischen ORWO-Kassetten („ORiginal WOlfen“) waren der Tod für jeden Recorder. Wer etwas auf sich und seine Ohren hielt, besorgte sich aus dem Intershop oder wiederum via Omma „BASF Chrome 90“. TDK oder Sony gingen auch. Sie waren das Optimum an Rauscharmut, und der besorgte Fan hatte natürlich auch immer eine „Reinigungskassette“ zur Hand, um die Tonköpfe zu warten. Ob das was brachte, weiß ich nicht, aber als kultische Handlung unter Kennern war es ein Muss. Die später aufkommenden 120-Minüter waren anfällig, weil sie oft nicht präzise auf die Spulen gewickelt wurden und sich in der Kassette festklemmten.
Es ist bis heute faszinierend, wie Abschottung und Mangel sowohl den Dingen, als auch der erjagten Musik eine ganz andere, außerordentliche Wertigkeit verliehen. Ein in der Hektik falsch eingelegtes Band, eine ge-

löschte oder versehentlich überspielte geliebte Aufnahme ... all das stürzte uns damals in tiefe Verzweiflung.
Denn um an die raren Tracks heranzukommen, bedurfte es raffinierter und systematischer Pirsch. Um das Bedürfnis nach westlicher Musik ohne teure Lizenzverträge zu bedienen, gab es im DDR-Rundfunk etliche Sendungen direkt zum Mitschneiden. „Duett – Musik für den Recorder" (ein Name, der schon klang wie die langen Haare, die aber gepflegt sein müssen). Auch „Parocktikum" oder „Tendenz Hard bis Heavy" teilten in regelmäßiger Folge einige Originaltakte „Beatmusik" aus.
Und da tat sich für mich schon das nächste Problem auf: Ich wollte mit diesem Staat, der mich gängelte, überwachte und permanent zu Bekenntnissen zwingen wollte, nichts zu tun haben. Bei uns zu Hause hörte und sah man keine Ost-Sender, was schon früh in der Schule zu Problemen führte, wenn man etwa „Rote Khmer" zu den „Freiheitskämpfern in Kampuchea" sagte, wie es im offiziellen Staatsfunk hieß und sich damit unversehens als Konsument des „Klassenfeinds" zu erkennen gab. Um also an Slayer, Motörhead & Co. zu kommen, pilgerte ich mehrfach in der Woche in die „Kaufhalle" des Wohngebiets, wo auf dem meist leeren Zeitschriftenregal (gleich bei den meist faulig stinkenden Kartoffeln) das Rundfunkprogramm auf grauem Papier auslag. Statt es zu kaufen, schrieb ich mir gezielt die wenigen lohnenden Sendungen heraus, wo was zu holen sein könnte, und machte den „Stern Recorder" klar. Ich hatte noch die erste Version mit dem Sperrholzgehäuse und den sechs Monozellen (D) als Powerbank, die das Um-die-Häuser-Ziehen zu einer armverlängernden Kraftübung machten.
Wer bei den einschlägigen Sendungen gezielt lauerte, konnte gut und gern mal eine A-Seite von Helloween, Motörhead oder Guns N' Roses in die heimische Soundwelt runterladen, wobei meist das Problem entstand, was man mit den restlichen Leerminuten am Ende des Bandes anstellen sollte, auf die kein kompletter Titel mehr passte. Das lästige Vorspulen zum Umdrehen war aber auch nicht so toll. Und natürlich gab man die schwermetallische Jagdbeute auch an die Kumpels weiter, die dann gern mit Recorder und Überspielkabel (fünfpolig) vorbeikamen. Inhaber ordentlicher Anlagen wurden zum gemeinschaftsstiftenden Kopieren daheim besucht.
Gegen Mitte der achtziger Jahre kam Metal auch in der DDR mehr und mehr in Mode. Der realsozialistische Staat rutschte immer tiefer in die Pleite und versuchte die ohnehin schwindende Akzeptanz der Insassen durch Wohnungsbauprogramme, Import von Westprodukten (auch zum Abschöpfen reichlich vorhandener Ostmark-Kaufkraft) und eben auch durch maßvolles Zugehen auf die Rock- und Pop-kulturellen Vorlieben, die via Westradio und -TV über die Mauer kamen, aufzufangen.

Da ich wegen verschiedener politischer Fehltritte nach dem Abitur nicht studieren konnte und auch nicht den gewünschten verlängerten Wehrdienst leisten wollte, arbeitete ich zunächst in drei Schichten im Berliner Glühlampenwerk Narva (heute Osram) und machte eine Lehre als Mechaniker für (passenderweise) Metallverarbeitung (drehen, fräsen, hobeln). Ich erinnere mich gut, wie es in den Nachtschichten zur Essenspause um zwei Uhr immer mal wieder westliche Lizenzschallplatten gab, an die man sonst nie im offiziellen Handel herangekommen wäre. Das sollte die Stimmung genau jener Arbeiterklasse ein wenig aufhellen, die im Sozialismus angeblich die „herrschende" war und bei wachsendem Missmut gern mal die Kantine handgreiflich zerdrosch, wenn das Essen mies war oder irgendein Parteifuzzi dumm kam. Später wurden Tische und Stühle in der Kantine fest verschraubt.

Heavy war allerdings im nächtlichen Musik-Besänftigungsprogramm nicht enthalten. Es gab Kate Bush, wenn ich mich recht erinnere, oder etwa Barclay James Harvest, die in jener Zeit am Westberliner Reichstag spielten und zu argwöhnisch beäugten Pilgerströmen an die Ostberliner Seite der Mauer führten. Musik und Schall konnten die Bonzen glücklicherweise nicht wegsperren.

Interessant an dieser maßvoll von den DDR-Behörden zugelassenen Metal-Musik ist übrigens auch der kulturpolitische Hintergrund: Gemäß der staatlichen Ideologie des historischen Materialismus, wonach die Weltgeschichte gewissermaßen eigengesetzlich durch verschiedene Phasen der Revolution auf ein sozialistisches/kommunistisches Endstadium zuliefe, wurde Metal als Ausdruck des zu recht revoltierenden geknechteten Industrieproletariats in der Endphase des ausbeuterischen Kapitalismus gesehen. Eine mithin zulässige, progressive Äußerung der werktätigen Massen im Westen. Gleichwohl wollte man Kunst als Träger von Aggression und Aufruhr im eigenen Land, wo die Klassenwidersprüche ja angeblich gelöst waren, nicht haben. Argwohn und Zugeständnis gingen somit Hand in Hand.

Das betraf auch ostdeutsche Metal-Bands. Grundsätzlich pflegte die staatliche Kulturpolitik auch im Bereich der Rock- und Popkultur eine strenge Beaufsichtigung. Wer als Band öffentlich auftreten wollte, musste zuvor zur sogenannten Einstufung einer Kommission vorspielen, die darüber befand, ob das Gebotene der Erbauung „unserer Werktätigen" zuträglich oder vom westlich zersetzenden, destruktiven Zeitgeist geprägt und dementsprechend zu verbieten war. Aus diesem Zertifizierungswesen entsprang auch der eher chansonhaft brave Ost-Rock der bekannten Gruppen wie Puhdys, Karat und anderen.

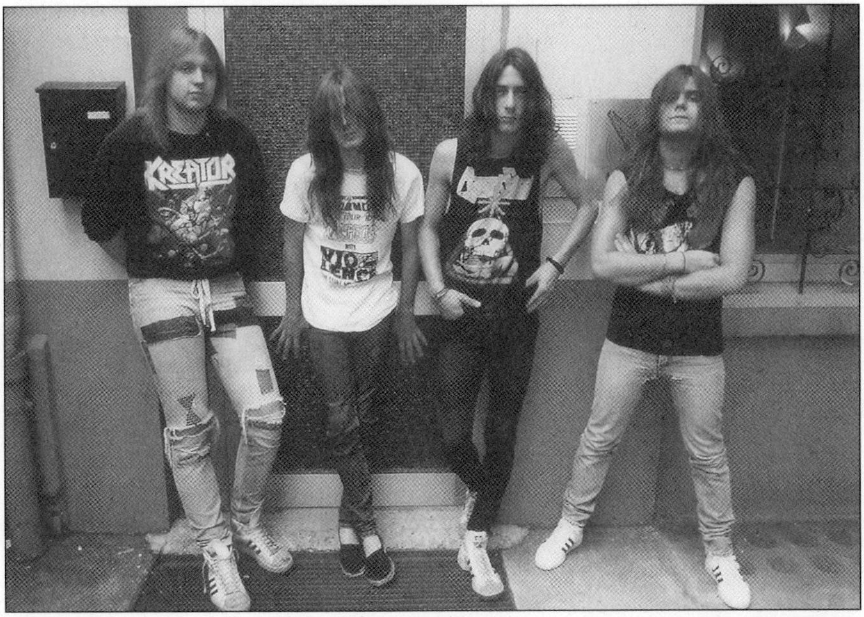


Kreator in Hannover im Horus Studio 1987 (Foto: Uwe „Buffo" Schnädelbach)

Mitte der 80er Jahre war das aber vielen Bands einfach zu wenig. Sie wollten Härteres. Bei manchen, die eben noch brav zur „Disco" im „Kultur Erich Weinert" aufgespielt hatten, rieb man sich die Ohren, wenn plötzlich ein heftiges Riff das frühere Dudel-Intro ersetzte. Es war die Zeit, in der Moderatoren noch nicht so ganz schlüssig waren, ob es nun „Trash" oder „Thrash" Metal heißen sollte und es erst nach etlichen Aufführungen im staatlichen Rundfunk einem der wenigen englischkundigen Zensoren auffiel, dass Sodom in ‚Bombenhagel' das Deutschlandlied eingebaut hatten. Da hatten wir es freilich längst im Kasten und genossen jedes Abspielen als Akt privaten Widerstands.

Eine ähnliche Debatte entspann sich um Slayers ‚Angel Of Death', weil die in „ideologischer Wetterfestigkeit" (TV-Einpeitscher Karl Eduard von Schnitzler) und klarem Klassenstandpunkt geübten Kulturaufseher nicht sicher waren, ob in dem Song Konzentrationslager und KZ-Arzt Josef Mengele nun angeprangert oder vielleicht doch verklärt wurden. Der Titel wurde meines Wissens irgendwann von der Playlist genommen.

Vielleicht war der Metal-Boom unter den Ost-Bands auch eine Art empfindsame Reaktion auf die immer heftigeren Spannungen im gesellschaftlichen Gefüge. Und der geforderten Ost-Quote im Rundfunk und bei öffentlichen Aufführungen (sechzig Prozent Ost- und vierzig Prozent West-

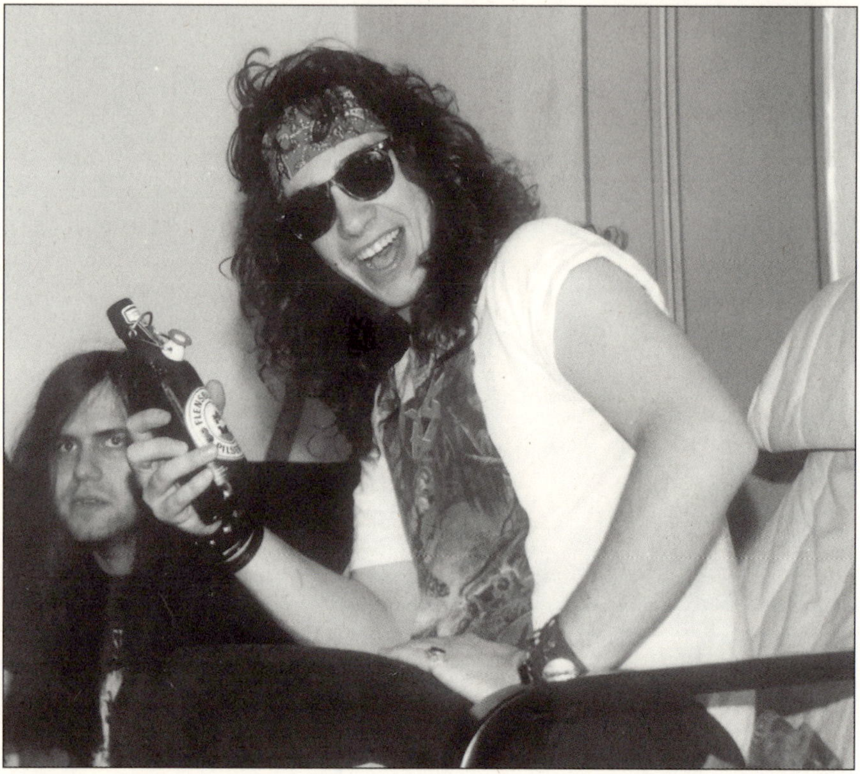

Mille (Kreator) und Manni Schmidt 1989 im Studio in Berlin (Foto: Mona Schmidt)

musik) kam es auch entgegen, wenn man Eigenmetall präsentieren konnte, statt in dieser Sparte immer nur Importe auflegen zu müssen.

Ich erinnere mich noch dunkel, auf irgendeiner matschigen Wiese in Mecklenburg-Vorpommern hingerissen namenlosem Gedröhn von der Bühne gelauscht zu haben. Bands wie Rochus, Biest oder Prinzz tauchten auf der Bildfläche auf. Die Auftritte raunte man sich im Buschfunk zu, mitunter gab es auch öffentliche Hinweise.

Allerdings stand mir auch hier meine tiefsitzende Aversion gegen alles im Wege, was mit diesem DDR-Staat zu tun hatte. Ich wollte keine Bands, die klangen WIE Motörhead oder Slayer, ich wollte Motörhead, Annihilator und Slayer. Punkt. Ich fand in diesem Land alles abgestanden, grau und eng. Die wahre Musik spielte im Westen, Krimis, Mode, Legenden, Kultprodukte und natürlich Musikinstrumente kamen nicht aus Warschau, Sofia oder Ostberlin, sondern aus New York, Paris oder Tokio. Dieses Land war eine nicht endende Erniedrigung, wenn man in jedem internationalen Hotel in Budapest schon anhand seiner Ostklamotten als arme Sau erkannt wurde und nicht selten wieder rausflog.

Ich weiß noch, wie ich mit einem Freund für umgerechnet hundert Ostmark ein Wasser mit Zitrone auf der Fischerbastei kaufte, um einmal wie ein freier Mensch über Stadt und Donau blicken zu können. Einige hundert Ostmark mehr gingen für einen Falk-Plan von New York drauf, das damals lebenslang unerreichbar schien. Und genau das wollte ich nicht akzeptieren. Ende der 80er Jahre schafften es Metal-Bands wie MCB sogar auf eine Vier-Titel-Platte (Kleeblatt) des staatlichen Labels Amiga. Songs wie ‚Mischmaschine' oder ‚Hexenjagd' folgten zwar im Text noch dem kulturpolitischen Anspruch, mehr zu bieten als westliche Dekadenz und „Ablenkung vom Klassenkampf", waren aber durchaus Heavy von Erwachsenen für Erwachsene. Insofern war meine vorgeprägte Verachtung natürlich zutiefst unfair gegenüber Leuten, die einfach ihre musikalische Mission ausleben wollten, auch wenn sich Mauern und das System (vorerst!) nicht einreißen ließen. Ich habe noch dunkel in Erinnerung, dass die Erfurter Thrash-Metal-Band Macbeth irgendwann kurz vor dem Ende der DDR wegen politischer Konflikte verboten wurde. Man raunte das damals. Details kannte ich auch nicht.
Als „Red Metal", wie es einige Musik-Spezis im Westen damals nannten, weil es aus dem vermeintlich roten Osten kam, haben sich weder Bands noch Fans je verstanden. Die wirklich „roten Metaller" lernte ich erst nach der Wende in Gestalt von Straight-Edge-Bands oder schwer linkslastigen Kollektiven wie etwa Heaven Shall Burn aus Saalfeld kennen. Bis dahin hätte ich Metal ohne Bier, Beef und Berserker für undenkbar gehalten.
Mauerfall und Wende waren auch musikalisch eine Befreiung, die man sich als frei Geborener vermutlich nie so ganz wird vorstellen können. Die freie Verfügbarkeit und vor allem die ungehinderte Konsumierbarkeit wollten einem im Frühjahr 1990 schier den Brustkorb sprengen. Vielleicht hat es andere ja nicht so mitgenommen, wenn all die Jahre vorher im RIAS die Konzerte im Westberliner Quasimodo oder im Quartier Latin angesagt wurden. Von Rock vor dem Reichstag oder im Olympiastadion ganz zu schweigen. Zu wissen, dass man in derselben Stadt wohnt und bei Todesstrafe seine Sehnsuchtsmusik nicht hören durfte, hatte mich ein ums andere Mal fast verzweifeln lassen.
Nun also alles offen. Von WestBam bis Leonard Cohen, Pink Floyds Groß-Rock bis Kreator in der Werner-Seelenbinder-Halle. In diesen Tagen sog ich alles auf. Ich arbeitete damals bei der Neuen Zeit, der Zeitung der Ost-CDU, die mich trotz politischer Sperenzchen und christlichen Hintergrunds auf meiner Flucht vor der quälenden Fabrikhalle in einer kleinen Nische als Lokalredakteur über Laubsäger und Taubenzüchter schreiben ließ.

Ich meine mich zu erinnern, dass ich Anfang März 1990 auch für Kreator eine Presskarte ergattert hatte, ganz hinten stand und die Riffs einfach so über mich hinwegplätten ließ. Und natürlich die Doublebass-Gewitter, die Jürgen Reil mit zwei Single-Pedalen spielte, wenn ich es recht in Erinnerung habe. Ich weiß noch, dass in der Redaktion niemand den Bericht über das Konzert haben wollte, weil das nun doch zu weit weg von unserem Leser sei. Dass „Kreator" Schöpfer heißt und durchaus zur christlichen Spezifik des Blattes passe, wie ich eindringlich anmerkte, vermochte nicht zu überzeugen.
Ich habe mir im Nachgang die DVD „At The Pulse Of Kapitulation" angesehen und feststellen müssen, dass der Surround-Sound um Größenordnungen besser ist als der Klangbrei damals im hinteren Hallenwinkel. Aber sei's drum. Das sind die geschmäcklerischen Mäkeleien, die man sich leisten kann, wenn die Mauern gefallen sind. Die Seelenbinder-Halle ist ebenfalls gefallen und hat dem schicken Tempodrom Platz gemacht. Macbeth haben sich zwischenzeitlich wiedervereinigt und ein passables Brett abgeliefert. Mille Petrozza lebt inzwischen vegan, schmiedet trotzdem noch immer schwere Eisen, und ich muss nicht mehr in den Glockenturm, sondern habe verschiedene Drumsets, Verstärker und anderes Krach-Spielzeug im eigenen Keller.
Metal gut, alles gut.

### 5.4 Interview mit Thorsten „Buddy" Kohlrausch: Das Rockharz Open Air

Das Rockharz Open Air hat sich Stück für Stück von dem improvisierten Kleinevent 1994 mit rund hundert Besuchern zu einer Großveranstaltung entwickelt. Für über zwanzigtausend Metalheads gehört das Event zum festen Bestandteil des jährlichen Festivalkalenders, nicht zuletzt aufgrund der breiten Mischung an Metal-Stilen. Rage waren inzwischen fünfmal vor Ort, Kreator hatten viermal einen Auftritt auf den Feldern im Harz. Veranstalter Thorsten (Jahrgang 1974) spricht über seine metallische Sozialisation, seine Band Dark At Dawn, in der er seit 1993 gesungen hat, und natürlich „sein" Festival.

Thorsten: „Ich glaube, so mit vierzehn hatte ich meine erste Berührung mit Metal. Meine erste Lieblingsband waren damals Manowar und mein erstes Vinyl die „Herz aus Stahl"-Maxi mit dem deutschen Text. Da ich schon damals ein Faible für Mythologie und Fantasy hatte, war Metal die einzige Musikrichtung, in der sich diese Themen irgendwie wiederfanden. Der kraftvolle Sound hat mich begeistert. Nach dem Kauf des gesamten

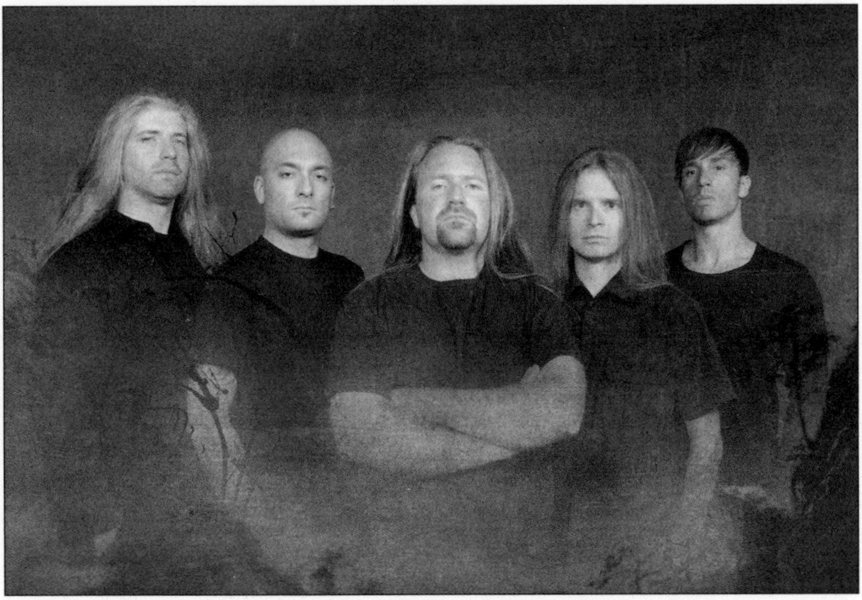

Thorsten „Buddy" Kohlrausch (Mitte) mit seiner Band Dark At Dawn

damals erhältlichen Backkatalogs von Manowar war ich dann drauf auf Metal und habe alle zugänglichen Spielarten meiner neuen Lieblingsmusik aufgesogen. Ich war einfach schwer beeindruckt von der Vielschichtigkeit dieser Musik, und bin es bis heute.

Da hat es auch nicht lange gedauert, bis sich Ambitionen einstellten, doch selbst etwas in dieser Richtung zu erschaffen. Meine Kumpels hatten damals eine Kellerband, aber noch keinen tauglichen Sänger. Das ‚Casting' verlief ganz passabel, und plötzlich war ich Metal-Musiker. Was dann musikalisch aus unserer Feder folgte, ist mittlerweile auf fünf Longplayern plus einer EP (bis dato letzte Veröfentlichung: „Noneternal", 2012) verewigt worden. Insgesamt war unsere musikalische Karriere jedoch viel von gewisser zeitlicher Zähigkeit, Rückschlägen und falschen Vorstellungen geprägt. Daher hat es mit dem großen Traum von der Rockstar-Karriere nicht geklappt … bisher! Denn offiziell haben wir uns nie aufgelöst. (lacht)

Der Fakt, in räumlicher Nähe zu den neuen Bundesländern zu wohnen, hat eigentlich wenig merklichen Einfluss auf mich genommen. Klar haben wir mit Dark At Dawn häufiger mal im Osten gespielt und hatten speziell im sächsischen Vogtland auch eine gute Fanbase. Aber für mich war die Himmelsrichtung eigentlich egal: Westen, Osten, Süden, Norden … alles einerlei. Ich habe nicht in diesen Kategorien gedacht. Für mich gab es in dem Zusammenhang nur zwei Kategorien: Leute, die Metal mögen, und

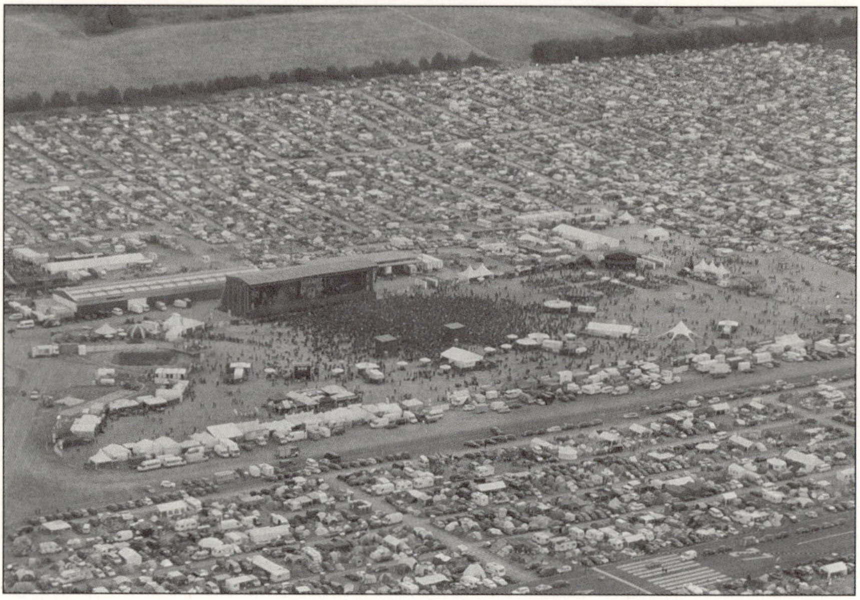

Rockharz 2019

Leute, die keinen Metal mögen. Letztere litten für mich an Geschmacksverirrung und waren daher nicht relevant. Meiner Jugend wohnte also eine gewisse Intoleranz inne."

Woher kamen deine Ambitionen, ein eigenes Festival auf die Beine zu stellen?
Thorsten: „Das Festival, welches ganz am Anfang ja noch gar nicht Rockharz hieß, sondern lediglich von dem Verein Rock und Kultur am Harz veranstaltet wurde, war zu Beginn keine wirkliche Metal-Veranstaltung. Das Programm war musikalisch sehr breit gefächert. Metallisch wurde es erst, als ich mehr zu sagen bekam (lacht). Das war ein langer Prozess."

Inzwischen habt ihr die 20.000er-Marke bei den Besuchszahlen deutlich überschritten und gehört damit zu den größeren Festivals. Den Zahlen nach zu urteilen, seid ihr sehr organisch gewachsen. Oder ist das eine falsche Wahrnehmung?
Thorsten: „Du siehst das komplett richtig. Das war so gut wie ausschließlich ein Wachstum aus sich heraus. Wir haben nie ein großes Werbebudget oder Ähnliches gehabt. Wir investieren lieber in Bands und Infrastruktur und organisieren das Festival immer hauptsächlich aus der Sicht des Fans. Das hat sich über die Jahre wohl rumgesprochen. Das brachte uns viele

Vorteile. Allerdings nicht nur. Die Wahrnehmung und Bekanntheit des Rockharz ist selbst in der Metal-Szene eher nicht so groß. Das bremst uns oft aus, da potenzielle Kooperationspartner nicht wissen und es erst einmal gar nicht glauben, dass wir so viele Besucherinnen und Besucher haben. Da steht unser Licht relativ weit unter dem Scheffel. Derzeit arbeiten wir aber daran, zumindest einen Bekanntheitsgrad zu erreichen, der der Bedeutung des Festivals angemessen ist. Ob das in einem weiteren Wachstum mündet, wissen wir nicht. Wir haben das Rockharz in den vergangenen Jahren immer so circa zehn Prozent wachsen lassen und waren durch diese Limitierung immer frühzeitig ausverkauft. Das hat sich als gute Größe erwiesen, und ich denke, wir werden das beibehalten.

Bis 2005 wurde das Festival ehrenamtlich organisiert; 2005 hast du dann die Veruga GmbH gegründet. War das sozusagen die Zäsur, um professioneller zu werden?
Thorsten: „Korrekt. Und ein ganz wichtiger Punkt: um aus der persönlichen Haftung rauszukommen. Wir waren finanziell immer Spitz auf Knopf gestrickt und jahrelang häufig in der Gefahr, nach dem Festival pleite zu sein. Das hat sich auch erst in den vergangenen Jahren geändert. Heute sind wir ein solides Unternehmen und haben selbst Corona gut überstehen können."

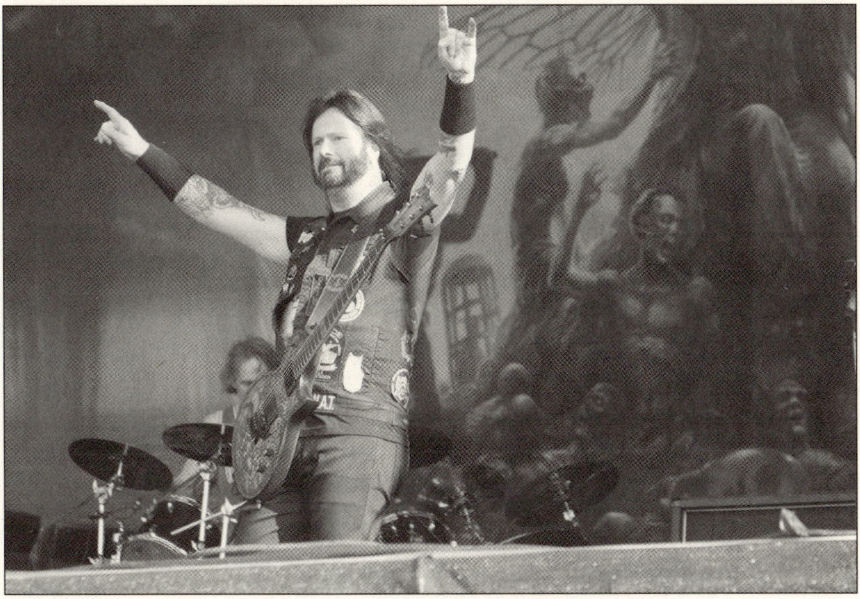

Gary Holt (Exodus) auf dem Rockharz Open Air 2022

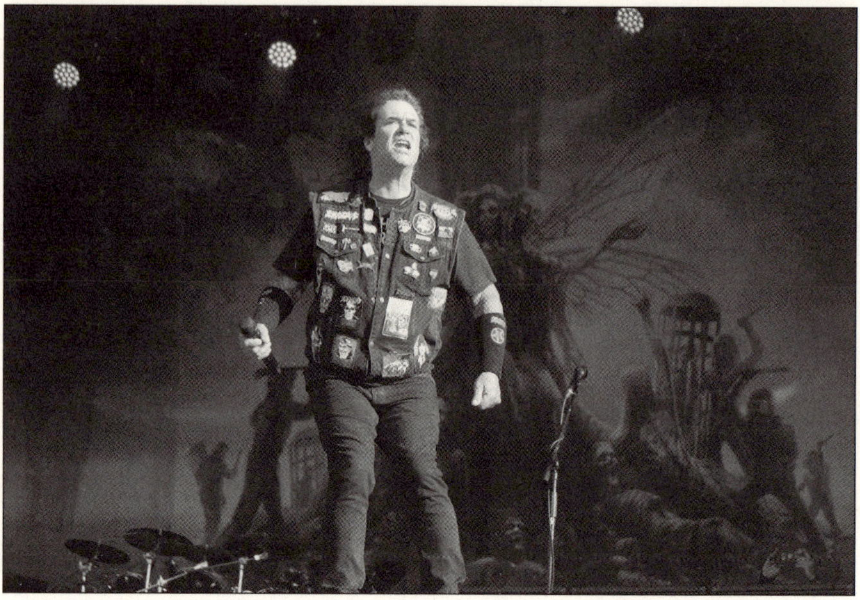

Steve „Zetro“ Souza auf dem Rockharz Open Air 2022

Durch die zahlreichen Bands, die bei euch spielen, ergeben sich bestimmt interessante Kontakte?
Thorsten: „Da ich von meiner Persönlichkeit her eher zurückhaltend bin, habe ich es eigentlich nie darauf angelegt, die Bandmitglieder persönlich kennenzulernen. Manchmal ergab es sich, dass man einander vorgestellt wurde, aber meistens zwischen Tür und Angel. Unsere Organisationsstruktur war auch viele Jahre so, dass ich während des Festivals schlicht und ergreifend kaum Zeit hatte, mich im Künstlerbereich aufzuhalten. Rückblickend verpasste ich dadurch wahrscheinlich viele interessante Begegnungen. Allerdings habe ich mir vorgenommen, da es unsere Struktur nun auch eher hergibt, zukünftig doch mal den Kontakt zu den Bands im Backstage zu suchen. Bevor ich in Rockrente gehe, muss ich doch zumindest noch mal ein paar Backstage-Storys zum Prahlen in der Hinterhand haben. (lacht)“

Ihr kooperiert mit dem Rotaract Club im Rahmen des Projekts „Glück in Dosen“, um die Pfandgelder für wohltätige Zwecke zu verwenden. Wie kam es zu dieser eher ungewöhnlichen Zusammenkunft?
Thorsten: „Meine Lebensgefährtin ist eigentlich Sozialarbeiterin und hat früher sehr viele Projekte für und mit Jugendlichen konzeptioniert und durchgeführt. Bevor sie bei uns den Posten der Produktionsleiterin einnahm, war sie bei der Stadtverwaltung beschäftigt. Sie entwickelte dieses Konzept und ging auf die Suche nach Kooperationspartnern. Wir kannten

Leute, die in Clausthal studierten und bei Rotaract engagiert waren. Die fanden das richtig gut, auch als Mitgliederwerbung und -bindung. Mittlerweile konnten wir aus dieser Kooperation über hunderttausend Euro an regionale Jugendarbeitsprojekte spenden."

Einige Bands gehören fast schon traditionell zum Billing, wie zum Beispiel die Apokalyptischen Reitern, die schon sechsmal bei euch gespielt haben. Woher kommt diese besondere Verbindung?
Thorsten: „Die Reiter sind bei unserem Publikum einfach eine Bank. Durch diese Band wird unsere Ost-West-Gemengelage dann vielleicht doch etwas präsenter. Wir haben die Reiter mit Dark At Dawn früher ein paar Mal supportet. Daher kam vielleicht schon eine gewisse Verbindung. Außerdem sind sie bei der Agentur, mit der wir mit am längsten zusammenarbeiten. Ich sehe die Band immer gern wieder bei uns. Und Dr. Pest alias Mark Szakul kommt seit Jahren auch gern als Gast. Es freut mich sehr, wenn unser Festival auch privat bei Musikern beliebt ist."

Aus welchen Grund haben denn in der Vergangenheit Bands aus dem Ruhrgebiet wie Grave Digger oder Sodom nicht mehr bei euch gespielt, um nur die bekannteren zu nennen? Rage und Kreator bilden da ja eine Ausnahme.
Thorsten: „Wie gesagt, das Rockharz war bis in die 2000er eher kein Metal-, sondern ein Rock-Festival. An Bands dieser Größenordnung war damals

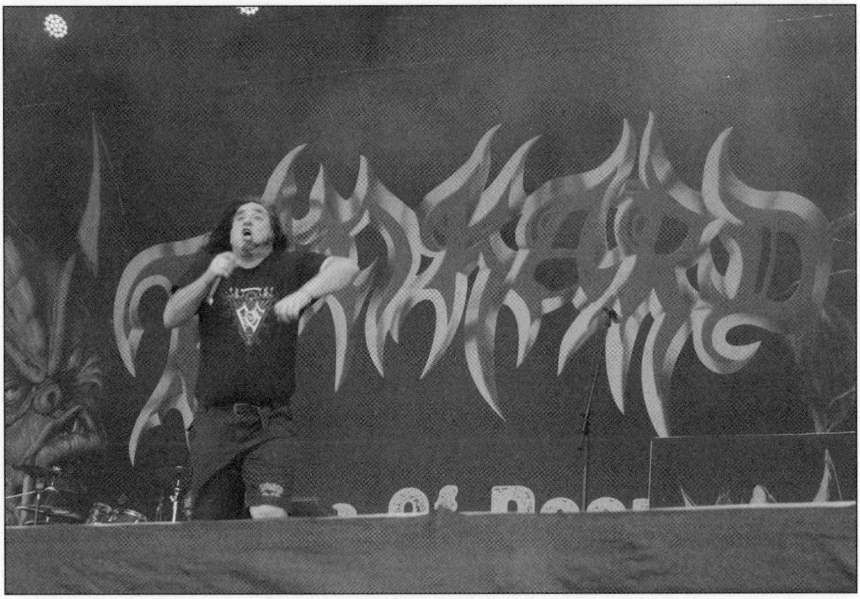

Tankard auf dem Rockharz Open Air 2022

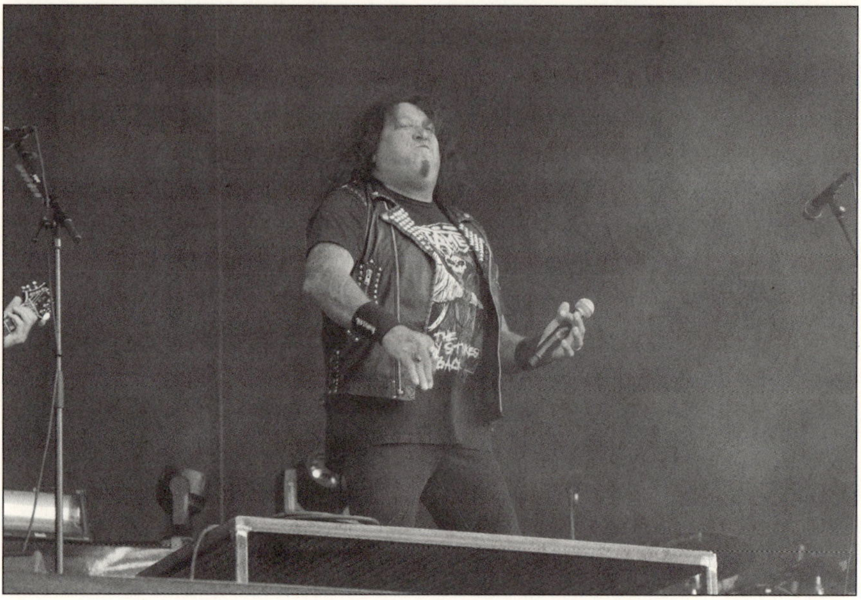

Testament auf dem Rockharz Open Air 2022

nicht zu denken. Ich glaube, von den drei Genannten waren Sodom 2008 das erste Mal bei uns. Da war das Wetter aber eine derartige Katastrophe, dass ich ungefähr tausend andere Sachen zu regeln hatte, als mit Tom mal ein Bierchen zu zischen. Zum Thrash kam ich im Zuge meiner Wanderung durch die Genres. Das Aufbranden der Thrash-Welle in den 80ern hatte ich ja quasi noch nicht erlebt. Da habe ich noch Grimms Märchen gehört. Kreator und Sodom sind nach meiner Erinnerung die Urgesteine. Das haben auch alle meine Kumpels gehört. „Extreme Aggression" und „Agent Orange" liefen hoch und runter. Wobei natürlich gerade zu der Zeit Slayer bei allen, die ich kannte, die Könige des Thrash waren. Ich selbst hielt es eher mit dem klassischen Metal. Ganz vorn bei mir waren da Blind Guardian! Wobei wir wieder am Rand des Ruhrpotts wären."

Gab bzw. gibt es denn ansonsten Verbindungen zum Beispiel zum Rock Hard Magazin, zu Century Media oder Continental Concerts?
Thorsten: „Oh Gott, ich glaube, ich bin minderwertig sozialisiert! Das Rock Hard kannte ich eigentlich nur als aufmerksamer Leser. Ich habe mich mal als Redakteur beim Rock Hard beworben … auf die Stelle, die dann Boris Kaiser bekommen hat. Aber mein kreatives Bewerbungsfoto – ich beim Bügeln – hat die Jungs wohl derart abgeschreckt, dass ich nicht mal eine Absage bekommen habe. Vielleicht kommt die ja noch (lacht). Als ich von 2001 bis 2004 meine Metal-Kneipe Black in Osterode betrieben habe, habe

ich öfters Buffo vom Rock Hard bzw. Tankard als DJ engagiert. Das war immer cool! Ich hatte öfter mal angefragt, wegen einer Festivalpräsentation des Rockharz, aber aufgrund der Namensähnlichkeit, konnte man sich wohl nicht dazu durchringen. Durch unsere guten Freunde von Metalflirt haben wir irgendwann Dani Lipka kennengelernt. Es macht immer Spaß, sie mal wiederzusehen. Leider kommt das viel zu selten vor.
Mit Century Media hatte ich außer in Form einer Absage auf einem Ankreuzzettel für unsere Dark-At-Dawn-Bewerbungen eigentlich nie Kontakt. Aber ich habe immer gern die Alben des Labels gekauft: Sentenceds „Amok“ und Tiamats „Wildhoney“ sind Alltime-Favourites von mir.
Gerald von Continental lernte ich tatsächlich mal auf den Metal Hammer Awards persönlich kennen. Geschäftlich haben wir natürlich schon sehr lange immer mal wieder etwas miteinander zu tun. Gerald ist ein sehr guter, sehr korrekter Agent. Es ist immer super, mit ihm zu arbeiten!“

Wir aus dem Ruhrgebiet sehen uns als Zentrum der deutschen Metal-Welt. Überbewertet oder nicht?
Thorsten: „Überbewertet finde ich es nicht. Es gibt ja schon Hotspots, wo sich die Metal-Szene ballt, und der Ruhrpott ist sicherlich der größte. Für mich als großer Anhänger des klassischen Metal – früher war das wohl auch mal Speed Metal – ist wahrscheinlich der Hamburger Raum die größte ‚Konkurrenz‘. Wobei mit Blind Guardian ein weiteres Schwergewicht auch dieser Spielart ja wiederum vom Rand des Ruhrpotts stammt. Von daher geht es für mich in Ordnung, wenn dem Pott ein herausragendes Attribut in Sachen Metal attestiert wird. Allerdings hat für mich persönlich fast jede Region der Bundesrepublik ihren Anteil am metallischen Schwergewicht Deutschlands. Ich bin jedenfalls froh, dass wir diese Vielfalt haben und sie uns auch bewahren. Ich versuche immer, das im Programm des Rockharz abzubilden. Das gelingt im einen Jahr besser als im anderen, aber: Er war stets bemüht.“

> **Rockharz Festival:**
> Aufgrund des kontinuierlichen Wachstums suchte man einen neuen Veranstaltungsort, der 2009 mit dem Verkehrslandeplatz Ballenstedt-Harz gefunden war, der genügend Platz für Bühnen, Technik und Camping bietet und gleichzeitig weitab vom Schuss ist, um Lärmbelästigung vorzubeugen. Die malerische Kulisse der Teufelsmauer – eine Felsformation, zu deren Füßen das Festivalgelände liegt – rundet ein nahezu perfektes Festival ab.

# KAPITEL 6: 'TIL DEATH DO US UNITE: EIN BLICK NACH SCHWEDEN UND IN DIE NIEDERLANDE

## 6.1 Schwedisch-niederländisch-deutsche Todesbleilegierungen

In Hinblick auf die Chronologie genereller musikalischer Entwicklungen im Metal-Bereich und aufgrund der geografischen Lage Schwedens braucht man sich eigentlich nicht darüber zu wundern, dass vor allem deutscher Thrash die dort Ende der 80er entstehende Death-Metal-Szene stark prägte. Er war das Extremste, was man damals hören konnte, und das Land lag zu einer Zeit, in der noch niemand an globale Vernetzung mit rasantem Güter- wie Informationsaustausch dachte, eben näher als Nordamerika.
Der Thrash-Boom erreichte bekanntermaßen spätestens Anfang der 90er das vorläufige Ende der Fahnenstange. Sowohl US-Stars wie Metallica („Metallica") oder Anthrax („Persistence Of Time") und selbst Slayer („Seasons In The Abyss") als auch die wesentlichen deutschen Vertreter nahmen den Fuß vom Gaspedal beziehungsweise erfreuten sich an rückblickend mal mehr und mal weniger gelungenen Experimenten. Kreator und Sodom reichten ihre bis dato melodischsten Alben „Coma Of Souls" und „Better Off Dead" ein, Tankards „The Meaning Of Life" war gleichsam abwechslungsreicher als von den Frankfurtern gewohnt, und Destruction verabschiedeten sich mit dem recht komplexen Brocken „Cracked Brain" ohne Aushängeschild Schmier (Poltergeists André Grieder übernahm das Mikro) in den vorläufigen Ruhestand.
In den Reihen dahinter verabschiedeten sich die ehemaligen Techno-Thrasher Sieges Even endgültig gen Artrock („Steps"), wohingegen die Veröffentlichungen von Holy Moses („World Chaos") oder Protector („Leviathan's Desire", EP) nicht als Schlüsselwerke in ihre Diskografien eingegangen sind und selbst Newcomer wie die Koblenzer Debütanten Pyracanda („Two Sides Of A Coin", mit dem späteren Rage-Gitarristen Sven Fischer) oder Depressive Age aus Berlin (Demo „Beyond Illusions") die Grenzen der geradlinig brutalen Thrash-Tradition vom Start weg sprengten.

Was hatte das nun mit gelangweilten Mittelstands-Kids zu tun, die sich im ländlichen wie urbanen Schweden (Göteborg, Stockholm) anschickten, eine Form von Death Metal zu spielen, die sich deutlich von den bereits existierenden amerikanischen Vorgaben (Possessed, Death/Mantas et cetera) abhob? Die Thrash-Klassiker blieben auch nach den goldenen Genre-Jahren unantastbar und gelangten teilweise mit einiger Verzögerung nach Skandinavien, derweil ihre Schöpfer sich auf Konzertabstecher dorthin wagten, und so entdeckte eine junge Generation etwas für sich, das andernorts quasi schon ein alter Hut war. „Ich würde sagen, das haben viele von uns Metalheads damals gehört", gibt Unleashed-Bassist und -Sänger Johnny Hedlund, der auch dem Entombed-Vorläufer Nihilist angehörte, zu Protokoll. „Ich weiß nicht genau, wie es angefangen hat, aber nach gewöhnlichem Heavy Metal war Thrash einfach der nächste logische Schritt. Ich meine, wir alle lieben die frühen klassischen Bands, aber je rauer und schneller die Musik wurde, desto spannender fanden wir sie. Wo ich aufwuchs, gab es in der Nähe einen Plattenladen, der Titel all dieser düsteren Thrash-Acts im Angebot hatte, und wenn dir etwas davon gefiel, hast du unweigerlich mehr im gleichen Stil gekauft."

„Die deutschen Bands hätten ihre ersten Alben kaum zu einem besseren Zeitpunkt veröffentlichen können", findet Fred Estby, seines Zeichens Schlagzeuger und Mitbegründer der 1988 gegründeten Swedish-Death-Metal-Titanen Dismember, die sich 2011 auflösten und 2019 wieder aktiv wurden. „Sie legten zusammen mit Metallica und Slayer den Grundstein für das, was wir dann musikalisch auf die Beine stellten." Hedlunds früherer Nihilist-Mitmusiker Alex Hellid, der schließlich als Entombed-Gitarrist Karriere machte, pflichtet bei: „Sodom, Kreator und Destruction, wir sind mit diesem Zeug aufgewachsen, das waren unsere absoluten Superstars, gleich nach Slayer und Metallica. Ich bewundere die Musiker immer noch, und ihre frühen Alben aufzulegen ist nach wie vor etwas Feierliches. Wenn ich „Pleasure To Kill" aus der Plattenhülle ziehe, bekomme ich manchmal eine Gänsehaut. Stücke wie ‚Flag Of Hate' oder ‚Mad Butcher' gehören zu unserer musikalischen DNA, die Artworks davon sind ikonische Motive, die du bis heute auf Shirts siehst. Ich liebe es generell, Bands zu sehen, die sich nach einer jahrzehntelangen Karriere weiterhin behaupten, und diese Jungs gehören zweifellos dazu."

Das Dismember-Sprachrohr findet, dass sich in den Phänomen German Thrash und Swedish Death Metal jeweils eine Entwicklung wiederholte, die sich zuvor im Punk vollzogen hatte, der übrigens beide Richtungen beeinflusst hat. „Das betrifft sowohl das generelle Do-it-yourself-Ethos der Bands als auch ihre ruppige Gangart, die von Außenstehenden meistens mit bloßem Lärm gleichgesetzt wurde. Wer sich allerdings darauf einließ und in das vermeintliche Chaos vertiefte, erkannte das Potenzial darin, und gerade Tontechniker oder Produzenten konnten noch etwas davon lernen. So kam es, dass das Morrisound in Florida oder Tomas Skogsberg im Stockholmer Sunlight Studio einen charakteristischen Sound prägten. Oder nimm die Arbeiten von Harris Johns, „Pleasure To Kill" klingt bis zum heutigen Tag atemberaubend.

Das Ureigene des schwedischen Todesstahls – die Melodien – führen viele einheimische Musiker auf den landestypischen Folk und Hit-Maschinen wie ABBA zurück, doch was sie dabei mit ihren deutschen Idolen eint, ist ein Faible für die New Wave Of British Heavy Metal, allen voran vertreten von Iron Maiden. „Das, womit du aufwächst, prägst du dir besonders nachdrücklich ein, und das gilt beileibe nicht nur für Musik", meint Estby. „Von Maiden haben uns die kompakten, griffigen Stücke gefallen, als wir mit Dismember anfingen. Wir hatten sogar Angst, deswegen zu soft zu werden, als wir an unserem ersten Album arbeiteten. Wir mochten unsere Songs, wussten aber nicht, ob sie überall gut ankommen würden, und schauten uns die simplen, schnell nachvollziehbaren Strukturen von Thrash-Bands ab, die den Beweis dafür lieferten, dass extremer Metal nicht sperrig zu sein braucht."

So wie sich Schwedens Szenevater Quorthon mit Bathory anfangs an Venom oder Hellhammer orientierte (er würde es nach wie vor abstreiten, wenn er noch am Leben wäre …), nahmen sich die neuen Wilden also ein Beispiel an der Kompromisslosigkeit und gotteslästerlichen Aura, die nicht nur dem Ruhr-Tandem aus Kreator und Sodom anhafteten. Letztere waren übrigens schon früh mit Bathory in Berührung gekommen, da Drummer Christian „Witchhunter" Dudek eine Zeit lang als Stockschwinger für Quorthon im Raum stand und ihn sogar in Stockholm besuchte. Im Booklet des 2006 erschienenen Boxsets „In Memory Of Quorthon" wird der zwei Jahre zuvor achtunddreißigjährig verstorbene Thomas Börje Forsberg folgendermaßen zitiert: „Wir probten bloß ein paar Tage und Nächte. Meistens sahen wir uns eine Menge Videofilme an und stopften uns mit Junkfood voll, und das war es. Damit kamen wir nicht weiter."

Apropos Witchhunter: Fred Estby bricht eine Lanze für den Schlagzeuger, der 2008 im Alter von zweiundvierzig Jahren starb. „Er war ein Guter, genauso wie Ventor von Kreator. Für mich ist das Gesamtbild ausschlaggebend, wenn es darum geht, ob ich einen Drummer mag oder nicht, und ich bin alles andere als ein Perfektionist. Das Spiel der beiden entspricht meiner eigenen Herangehensweise: Hier haben wir einen starken Song, was kann ich dazu beitragen, um ihn weiter zu verbessern? Für gewöhnlich nehme ich drei oder vier Takes auf, alle weiteren Versuche werden nur immer schwächer, und wenn ich alten deutschen Thrash höre, kommt es mir so vor, als hätten diese Leute meine Haltung in dieser Hinsicht geteilt – genauso wie Chris Reifert von Autopsy, so nach dem Motto: Mist, leicht danebengehauen, aber egal, die Energie stimmt, also gelangt die Aufnahme aufs Album. Von AC/DC willst du auch kein technisches Gewichse hören, sondern einen unwiderstehlichen Groove."

Beschaffungsmaßnahmen

In der Prä-Internet-Ära kamen Musikfans nicht umhin, Tonträger im Einzel- oder Versandhandel zu beziehen, und in Skandinavien ging die Jugend genauso wie andernorts auf der Welt Wagnisse ein, wenn sie ihr bisschen Erspartes in Vinyl investierte, das in der Regel bis zum Auflegen zu Hause ungehört blieb. „Platten in Schweden zu kaufen war damals manchmal schwierig", sagt Estby. „Wenn ein Label nämlich keinen Vertrieb im Land hatte, war man auf Importe angewiesen, und in Stockholm gab es zum Glück einen Laden, der sich darauf spezialisierte. Das Beste daran: Unter den eingeführten Scheiben fand sich eine Menge Stoff, der für jene Zeit extrem war. Natürlich hatten Importe einen hohen Preis, doch an Titel von Noise Records, wo ja unter anderem Kreator unter Vertrag standen, kam man günstig ran, weil sie in Nordeuropa vertrieben wurden."

Der erwähnte Plattenladen hieß Heavy Sound und war ein sehr kleines Lokal in der Regeringsgatan, die zu den ältesten Straßen im Herzen Stockholms gehört und trotz ihrer geringen Breite lange Zeit so stark befahren war, dass schließlich weite Teile für den Verkehr gesperrt wurden. Die Betreiber des Geschäfts verstanden sich Mitte bis Ende der Achtziger auf den Hardrock und Heavy Metal jener Zeit, hatten aber wie von Fred erwähnt auch eine Schwäche für das Krasseste, was der internationale Markt hergab. „Dummerweise musste man nicht nur viel Kohle für Importe hinlegen", so Estby weiter. „Von den richtig obskuren Sachen stand meistens nur ein Exemplar in den Regalen, also musste man sich im Freundeskreis untereinander absprechen, wer was kaufte und seinen Kumpels auf Kassette überspielte. Ansonsten musste man geduldig warten, bis eine neue Importlieferung kam, und falls niemand anders nach einer bestimmten LP fragte, wurde sie auch nicht mehr nachbestellt. Die Situation wurde erst Anfang der Neunziger besser, als mehr Leuten bewusst wurde, dass Bedarf an solchen Klängen bestand, und Vertriebe beziehungsweise Labels wie House Of Kicks aus der Taufe gehoben wurden. Dann wurde man auch in den

Filialen großer Musikhandelsketten fündig, weil du eben nicht mehr bloß von einer seltsamen Vorliebe einiger Kids sprechen konntest."

In Fanzines wie dem Megalomaniac von Martin Carlsson aus Ystad, der später auch das Heft Candour herausgab und schließlich zum einflussreichen Close-Up Magazine gelangte, standen Artikel über emporkommende einheimische Bands neben Features zu bereits etablierten mitteleuropäischen Knüppel-Combos. Diese ungefähr gleichwertige Berücksichtigung setzte sich (für die junge Szene günstigerweise) auch bei Heavy Sound fort. Der Laden nahm nämlich insofern eine Ausnahmestellung ein, als er die Demos aufstrebender einheimischer Bands Seite an Seite mit offiziellen Vinylveröffentlichungen führte. „Sie gingen mit gutem Beispiel voran", rekapituliert Estby, „und es war ja auch nicht zu viel verlangt. Wir gaben ihnen zehn Tapes oder so, die sich dann schneller oder langsamer verkauften, woraufhin wir für Nachschub sorgten. Von den Einnahmen behielten sie nur ein, zwei Kronen für sich."

Solche Hilfe war umso wichtiger, da die meisten künftigen Szenelegenden noch minderjährig waren und demzufolge in keinem Club auftreten durften, wo Alkohol ausgeschenkt wurde. Darum waren sie von Veranstaltern abhängig, die Konzerte an „kinderfreundlichen" Orten veranstalteten. Der gesamte organisatorische Apparat beruhte wie hierzulande auch auf Freiwilligenbasis, und Auftrittsmöglichkeiten waren Fred Estby zufolge selbst für berühmte ausländische Acts überschaubar. „Im Sommer 1988 hatten wir Dismember gegründet, und im Herbst kamen Slayer nach Stockholm. Natürlich hat man zu solchen Gelegenheiten auch versucht, eigene Tapes unters Volk zu bringen.

### Invasion der Teutonen

Stichwort Konzerte: Bei der Jugend im heute knapp zwölftausend Einwohner zählenden Fagersta (übrigens aus einer Siedlung rings um eine 1611 errichtete Metallgroßschmiede entstanden) nordwestlich von Stockholm stand Punkrock gegen Ende der Achtziger hoch im Kurs, was zur Folge hatte, dass man sich organisierte, um mit Livemusik Farbe in den tristen Provinzalltag zu bringen, falls man zu diesem Zweck nicht über Västerås in die etwa hundertfünfundsiebzig Kilometer entfernte Hauptstadt gelangte. Eine der stärksten Triebfedern der lokalen Szene war Peter „Babs" Ahlqvist, der sich für die Hardcore-Truppe Crude S.S. und die Crossover-Thrasher Kazjurol starkmachte, zunächst Uproar Tapes und 1993 schließlich das bedeutende Label Burning Heart Records gründete, wo unter anderem Refused und Turbonegro ihre Karrieren begannen. Er machte den Club Rockborgen zu einem Treffpunkt für Punks und Metaller gleichermaßen,

indem er dafür sorgte, dass internationale Acts dort haltmachten, wenn sie auf Tournee gingen.
So reiste man aus dem ganzen Land an, um sich beispielsweise von Napalm Death, Carcass, Atheist, Pestilence oder Death Angel einen Scheitel ziehen zu lassen. Zu den ersten Shows vor Ort gehörte jene von Sodom, die im Rahmen ihrer „Agent Orange"-Tour am 7. Oktober 1989 gemeinsam mit Sepultura und den einheimischen Anheizern Merciless auftraten. Estby: „Die Veranstalter zogen schon früh große Bands an Land. Wir mussten von Stockholm aus mit dem Zug nach Norden fahren, was immer cool war. Dort wurde wichtige Arbeit für den Erhalt des kulturellen Lebens außerhalb der Großstädte geleistet, denn dort lebte man nicht nur geografisch, sondern auch gesellschaftlich abgeschieden. Darum zog es Heranwachsende nach Stockholm oder auch Malmö, doch engagierte Leute wie Babs setzten sich für die Gemeinde ein, indem sie für Unterhaltung sorgten und Events organisierten."
Der Sodom-Gig – Tom Angelripper mit kultiger Jogginghose am Mikro – erwies sich jedenfalls als denkwürdig, und der Publikumszuspruch zu solchen Gelegenheiten bestärkte Ahlqvist darin, das Festival Bergslagsrocken aus der Taufe zu heben, das noch im selben Jahr seine Premiere feierte – unter anderem mit Kreator, die dann auf ihrer „Torture Over Europe"-Tour am 24. November 1990 auch das Rockborgen zum Beben brachten. Die exponierte Stellung der Gruppe wurde direkt vor Ort spürbar, als Suffer noch vor Ende der Achtziger ihr erstes Demo „Cemetery Inhabitants" herausbrachten, das im Grunde brutal hibbeligen Thrash Metal mit starkem Einschlag von Mille Petrozza und Co. bot. Doch auch bei den erwähnten Merciless war die Inspiration augenfällig. In der 1986 gegründeten Band traf der vom Punk kommende Bassist Fredrik Karlén auf die beiden Metalheads Stefan „Stipen" Karlsson (Schlagzeug) und Erik Wallin (Gitarre). Ihr erstes Album „The Awakening" erschien 1990 nach zwei Tapes bei Deathlike Silence Productions, dem Label von Mayhem-Gitarrist Øystein „Euronymous" Aarseth. Vielleicht blieb das Quartett auch deshalb immer nur ein Geheimtipp, doch fest steht, dass es sich großzügig bei Kreator und anderen deutschen Kapellen bediente.
Dies galt ebenfalls für Obscurity („Damnations Pride", 1987), deren Hauptimpulsgeber indes Destruction gewesen sein dürften, weil Frontmann Daniel Vala glatt als stimmlicher Doppelgänger von Schmier hätte durchgehen können, wohingegen bei den Stockholmern Mefisto vor allem Sodom durchschimmerten. Die heute wieder aktive Gruppe nahm mit nur zwei Demos im Jahr 1986 eine Vorreiterrolle ein, ehe sie zerbrach, und Sänger Sandro Cajander wies sozusagen allen weiteren schwedischen Shoutern

den Weg, indem er halbwegs gut verständlich bellte wie Venoms Conrad „Cronos" Lant oder eben Tom Angelripper.
Auch die nach zwischenzeitlicher Auflösung heute wieder Krach schlagenden Sarcasm aus Uppsala huldigten auf einer Reihe von frühen Demos insbesondere Sodom, und bei den kurzlebigen Celestial Pain aus dem Dunstkreis des Black/Death-Geschwaders Unanimated trafen sich auf zwei Kassetten gewissermaßen Kreator mit Tankard. Die seit 1989 existierenden Vomitory aus Karlstad klangen in ihrer Demophase (das Debütalbum „Raped In Their Own Blood" erschien erst 1996) gleichfalls Sodom-ähnlich, ehe sich ihr Sound phasenweise gen Grindcore zuspitzte. Zur Kultband avancierten wiederum Satanic Slaughter aus Linköping, wo sich spätere Musiker von Opeth, Witchery und The Haunted erste Sporen verdienten, indem sie die deutschen Vorgaben mit rasendem Black-Metal-Tempo aufwerteten.
Die „schwarze" Verbindung lag an und für sich schon immer nahe – speziell bei Sodom und Destruction, aber beispielsweise auch den Bayern Vectom (zwei Alben 1985 und '86) oder den Ulmern Poison (Alex Hellid: „Ich stand auch total auf diese Band, die ich während meiner Tapetrading-Zeit kennenlernte, als mir unser Schlagzeuger Nicke Andersson ihre Demos auf eine Kassette überspielte.") , die mit ‚Sphinx', dem Opener ihres 1987er-Demos „Into The Abyss", im selben Jahr neben unter anderem Paradox und Violent Force aus Velbert auf dem wegweisenden „Teutonic Invasion Part One"-Sampler von Roadrunner Records vertreten waren.
Demzufolge wundert es nicht, dass viele schwedische Death-Metaller bis heute, abgesehen von der in der gesamten Szene gängigen schwarzen Kleidung aus Jeans oder Leder, mit Nietenarmbändern und Patronengürteln auflaufen, während sie sich der plakativ blasphemischen Bildersprache von Alben wie „In The Sign Of Evil" oder „Infernal Overkill" bedienen. Jemand wie Kristian „Necrolord" Wåhlin, den man heute vornehmlich als Maler unvergessener Plattencover für unter anderem Dissection und Dark Funeral kennt, beruft sich bezüglich seiner alten Bands Grotesque und Liers In Wait ausdrücklich auf Speed- und Thrash-Stoff aus Deutschland.

## Schnittstellen

Fred Estby bestätigt, wie fließend die Übergänge zwischen den Subgenres eigentlich waren und wohl immer noch sind: „Sie hatten einen sehr eigenen Sound. Kreator, Sodom und mit Abstrichen auch Destruction schrammten mit ihren frühen Sachen hart an der Grenze zum Death Metal vorbei, genauso wie Slayer mit „Reign In Blood". Die Songs waren eingängig und dennoch verdammt brutal, was auch mit den Produktionen zusammenhing, die alles andere als glattgebügelt klangen. Man muss sich vor Augen halten, dass das Personal in den Tonstudios seinerzeit keine Orientierungspunkte für den Umgang mit so extremer Musik hatte, falls man sie nicht sowieso von vornherein als bloßen Krach abstempelte. Dementsprechend lange dauerte es auch, bis die Instrumentalisten als solche ernst genommen wurden."

Längst über Zweifel an ihren Fertigkeiten erhaben sind die langlebigen Dark Tranquillity, deren Debüt-Kassette „Trail Of Life Decayed" (1991) starke „Pleasure To Kill"-Vibes aufwies, und auch die späteren Afflicted machten noch unter ihrem ursprünglichen Namen Afflicted Convulsion auf drei Demos Kreator-mäßigen Krach, bloß dass die Gitarren tiefer gestimmt sägten, was im Übrigen auch für die deutlich bekannteren Grave galt, wie ihre von 1988 bis '91 veröffentlichten Demos zeigen. Decortication aus Luleå (zwei Demos 1993 und '94) verschmolzen jene Kreator-Geschmacksnoten zusehends mit Florida-Death à la Deicide und Morbid Angel.

Ebenso sehr nach Ruhr-Radau klingen sowohl Guillotine aus Umeå, eine Zusammenrottung um die beiden Nocturnal-Rites-Musiker Nils „Snake" Eriksson (Bass) und Fredrik „Spider" Mannberg (Gitarre, Gesang) als auch Inverted aus Alingsås (gegründet 1991) und Incinerator aus Jönköping (1995), wohingegen Talion aus Växjö erst 1998 an den Start gingen – dafür aber mit jemandem an der Spitze, der sich eingehend mit der Materie auskennt, nämlich Shouter Martin Missy. Für den Exil-Deutschen bereitete diese Gruppe neben Phidion, den Doomern Obrero sowie schließlich Martin Missy And The Protectors die Neuformierung seiner alten Band Protector mit schwedischen Musikern vor, die jetzt schon wieder seit zwölf Jahren in bester Teutonen-Manier thrasht. Außer den Überschallkommandos The Crown und Defleshed, deren Musik mitunter den Eindruck zu schnell abgespielter Kreator-LPs vermittelt, wären vielleicht noch Hyste'riah aus Landskrona zu nennen, deren noch heute sehr intensiv wirkendes 1987er-Demo „Attempt The Life" US-Thrash mit frühem Destruction-Chaos kombinierte. Und sind Titel wie ‚When In Sodom' von der gleichnamigen Entombed-EP (2006) oder „Disciples Of Sodom" – so hieß ein Demo von Incinerator aus Jönköping aus dem Jahr 2003 – reiner Zufall?

Des Weiteren wirkten mehrere schwedische Acts auf diversen Tribut-Compilations von amerikanischen Underground-Plattenfirmen mit. So brachte das auf solche Zusammenstellungen abonnierte Label Dwell Records 2001 „Under The Guillotine (Tribute To Kreator)" heraus, worauf Mörk Gryning ‚Storming With Menace' nachspielten. Über Full Moon Productions erschien hingegen zur Jahrtausendwende die schlicht betitelte CD „Tribute To Kreator" mit den Veteranen Centinex, die sich ‚Ripping Corpse' vornahmen, und auf „In The Sign Of Sodom – Sodomaniac Tribute" (2008

über Hells Headbangers) gaben sich sowohl Suicidal Winds mit ‚Witching Metal‘ als auch Bestial Mockery mit ‚Blasphemer‘ die Ehre.
Als Sodom selbst 1999 ihr neuntes Studioalbum „Code Red“ über Drakkar Entertainment veröffentlichten, enthielt die limitierte Auflage als Bonus „Homage to The Gods (A Tribute To Sodom)“ mit unter anderem ‚Remember The Fallen‘ von Dark Funeral und ‚Blasphemer‘ von Luciferion. Alex Hellid würde in diesem Zusammenhang sogar noch einen Schritt weiter gehen, beziehungsweise den Spieß umdrehen: „Wir planen einen Tribut an unseren verstorbenen Sänger LG Petrov, bei dem ich gern Leute wie Tom Angelripper auf der Bühne hätte, um die Vocals zu übernehmen. Gefragt haben wir noch nicht, aber LG wäre sicherlich begeistert, weil er besessen von Sodom war.“

Begegnungen

Aufgrund des Altersunterschieds – wenn teilweise auch nur gering – zwischen den deutschen Vorbildern und ihren schwedischen Bewunderern ergaben sich erst später richtige Treffen, durch den internationalen Tausch von Kassetten kam man miteinander in der Regel nicht in Berührung. Dass es dem ewigen Geheimtipp Nirvana 2002 (anfangs nur Nirvana) aus der Provinz Gävleborg gelang, schon früh durch die seinerzeit neuen Bundesländer in Ostdeutschland zu touren, stellt eher eine glückliche Ausnahme von der Regel dar.
„Ich habe Kreator mit zwölf, dreizehn Jahren innig geliebt und ungefähr zur gleichen Zeit auch meine Band gegründet“, erzählt wiederum Eucharist-Mastermind Markus Johnsson. „Ansonsten wüsste ich nicht, dass ich noch andere deutsche Metal-Combos gehört hätte, und Tapetrading war auch nie mein Ding, weshalb meine ersten persönlichen Kontakte zu Gleichgesinnten bei euch tatsächlich die Jungs von Dew-Scented waren, also eine spätere Generation. Wir lernten die Band im Oktober 1997 während einer kurzen Tour in den Niederlanden kennen, die nur wenige Tage dauerte, aber fantastisch war. Mit ihrem Shouter Leif Jensen bin ich bis heute befreundet.“
Auch Johnny Hedlund begegnete deutschen Musikerkollegen vorerst nicht, weil man eben nicht vergessen darf, dass sowohl er als auch andere spätere Pioniere des Schweden-Sounds praktisch noch Kinder waren, als sie sich zu Bands zusammentaten. „Unleashed begannen erst in den frühen Neunzigern ernsthaft mit dem Touren, und als wir ins Ruhrgebiet kamen, spürte man gleich eine einzigartige Atmosphäre, die wir von zu Hause her so nicht kannten und die sehr intensiv war. Es gab ohne Zweifel einen gemeinsamen Spirit, den die Clubs und die Metalheads teilten, wobei ich davon ausgehe,

dass sie das heute immer noch tun. Es gibt andernorts auf der Welt ähnliche Regionen wie diese; vielleicht waren es die relativ rauen Lebensumstände, die eine entsprechende Mentalität hervorgebracht haben, aber das wisst ihr vor Ort vermutlich besser als ich."

Alex Hellid hat auch außerhalb des Potts schöne Erinnerungen an gemeinsame Erlebnisse mit hiesigen Musikern: „Natürlich ist man sich im Lauf der Zeit immer mal wieder auf Festivals begegnet und kennt einander, aber für mich werden Mille oder Tom Angelripper in gewisser Weise immer Idole bleiben, zu denen ich aufschaue. Nie vergessen werde ich die Christmas Metal Meetings '93, das waren eine Handvoll Hallenkonzerte mit Motörhead, Kreator, Sodom, Entombed, Skew Siskin und jeweils einem lokalen Support. Wir fühlten uns wie im siebten Himmel an der Seite unserer Götter. Die Stimmung im Publikum, das Licht, der Geruch des Bühnennebels – die ganze Atmosphäre war etwas, das mir für immer im Gedächtnis bleiben wird." Darüber hinaus nahm man es mit der Herkunft der Kollegen aber nie so genau, auch wenn sie letztlich augenfällig wurde, wenn man Rückschlüsse von der Musik an sich auf ihre Macher zog.

„Für ein paar Jahre hat man auf Partys nichts anderes gehört als Kreator und dergleichen", resümiert Johnny Hedlund: „Deutscher Thrash fühlte sich zwanglos frei an, gespielt von Fans für Fans. Das war die Richtung, in die meine Freunde und ich als Musiker selbst gern gingen. Ich würde sogar Accept oder die Scorpions mit einbeziehen, obwohl sie einen eher gemäßigten Sound hatten, denn auch sie kamen uns sehr authentisch vor. Ihre Songs trafen direkt ins Herz und blieben hängen." Fred Estby zeichnet ein ähnliches Bild und verdeutlicht, dass es im Metal so etwas wie Lokalkolorit gab respektive gibt. „Ich bin nie Fan von Gruppen wie Helloween oder Gamma Ray gewesen, dann eher schon Accept und Scorpions. Mit neun, zehn Jahren, als ich anfing, harte Musik zu hören, machte ich mir keine Gedanken darüber, woher die Bands kamen, die ich mochte, zumal man sich in den Achtzigern auch schwertat, an Interviews zu gelangen, ganz zu schweigen von Sendungen über harte Musik im Fernsehen. Erst als sich eine richtige Metal-Presse entwickelte, sensibilisierte das die Fans für die Frage, aus welchem Land oder Gebiet Gruppen kamen. Bei Deutschen fiel einem dann etwa der Akzent der Sänger auf, und man hörte, dass sie die Dinge irgendwie anders angingen als zum Beispiel amerikanische Bands."

Mit dem Pott als einem in sich geschlossenen, kulturell und gesellschaftlich relativ homogenen Gebiet ist Dismembers Taktgeber tatsächlich durchaus vertraut. „Ich weiß über das soziale Milieu und die wirtschaftliche Situation Bescheid, kann aber nicht im Detail sagen, aus welcher Stadt die einzelnen Bands im Ruhrgebiet stammen. Jedenfalls liebe ich vor allem Essen und die

Zeche Carl, denn man kann sich immer gewiss sein, dass Konzerte dort der Renner sind, und witzigerweise dachte ich eine ganze Weile, Kreator seien eine Berliner Band, weil Mille ja dort wohnt. Wir haben die Jungs von Destruction und Sodom im Lauf der Jahre mehrmals getroffen, wenn wir gemeinsam bei Festivals aufgetreten sind, und mit ihnen abzuhängen ist sehr angenehm. Mille kenne ich durch meinen Job als Live-Mischer, doch persönlich nahegekommen sind wir einander nicht, da spreche ich auch für die anderen Dismember-Mitglieder. Über ein Hallo geht es selten hinaus."
Hedlund hat eher einen Hang zu Frankfurt, was sich auch in dem Umstand widerspiegelt, dass er Tankards „Chemical Invasion" als eine seiner fünf liebsten deutschen Thrash-Platten nennt, wohl weil sich diese Vorliebe aus seiner Fußballleidenschaft ergeben hat. „Ich verfolge Eintracht Frankfurt schon seit einiger Zeit", sagt der Fan des Hammarby IF Stockholm, der seinerseits die Jugendmannschaft des lokalen Clubs Kilafors IF und seinen Sohn Vidar trainiert. „Ein paar Spiele der Eintracht habe ich auch gesehen, aber das ist viele Jahre her. Einmal auf Tour haben wir uns auch eine Partie des BVB Dortmund angeschaut, das war ein denkwürdiges Erlebnis. Für mich ist der deutsche Fußball generell der beste der Welt. Mein Sohn hat sich dafür entschieden, Deutsch in der Schule zu lernen, um später mal Torwart in einem eurer Vereine zu werden. Das ist ein ungewöhnlicher Karrieretraum, doch ihn zu kritisieren steht mir als Metal-Musiker ganz bestimmt nicht zu."

Und Restskandinavien?

Während der Wahl-New-Yorker Fred Estby selbst im Metal-Underground von Brooklyn Bands mit deutschen Spurenelementen sieht, drängt sich die Frage auf, inwiefern sich die Inspirationen schwedischer Extrem-Metaller mit jenen in ihren Nachbarländern decken. Finnland hatte abgesehen von wenigen, noch dazu viel virtuoser aufspielenden Ausnahmen wie Stone aus Kerava um den späteren Children-Of-Bodom- und Waltari-Gitarristen Roope Latvala nie eine bemerkenswerte Thrash-Tradition, auch wenn man beispielsweise Deathchain (höre etwa ihr erstes Album „Deadmeat Disciples" von 2003) einen gewissen Kreator-Einschlag bescheinigen könnte.
In Norwegen wird man eher fündig, obgleich die Einflüsse der Teutonic Three bis Four dort tendenziell anscheinend mit leiser Ironie verarbeitet werden. Zumindest suggerieren dies Sturmgeist (Projekt von Cornelius Jakhelln, dem Kopf der avantgardistischen Blackies Solefald), die trinkfesten Infernö (die quasi als Abbild der Schweden Gehennah durchgehen) und Desekrator um den ehemaligen Enslaved-Gitarristen Roy Kronheim, die auf ihrem einzigen Album „Metal For Demons" (1998) sowohl Sodom („Se-

pulchral Voice') als auch Kreator (‚Tormentor') covern. Denkt man dann noch an die unkaputtbaren Nocturnal Breed, Aura Noir (unter anderem von Gorgoroth, Dødheimsgard und Ved Buens Ende bekannte Musiker) oder Blood Tsunami um Ex-Emperor-Schlagzeuger Bård „Faust" Eithun, hat man triftige Gründe für eine tiefere Studie der „deutschen" Aspekte des norwegischen Black Metal, die ein umfangreiches Kapitel für sich einnehmen würde.

## 6.2 Interview mit Markus Wosgien (Atomic Fire Records)

Als Nuclear Blast an Believe Digital verkauft wurden, war das erst mal ein Schock für alle Fans, die die Blast-Bands über Jahrzehnte geliebt haben. 2018 dann die Label-Neugründung von Markus Staiger, drei Jahre später folgte der heutige Name Atomic Fire Records.

Zusammen mit ihm, Markus Wosgien, Florian Milz und weiteren ehemaligen NB-Mitarbeitern kam eine schlagkräftige Truppe zusammen. Atomic Fire haben schon jetzt über sechzig Bands unter Vertrag – inklusive Büros u. a. in den USA und eigenem Shop mit Tonträgern und Merchandise. Bekannte Acts wandern scharenweise von der Konkurrenz in Richtung Donzdorf ab.

Die Entwicklung von Atomic Fire läuft in einer atemberaubenden Geschwindigkeit! Wie habt ihr das geschafft?

Markus Wosgien: „Die Geschwindigkeit war tatsächlich rasant und hat uns zum offiziellen Labelstart hin im November 2021 dann auch überrollt, umso stolzer sind wir auf das gesamte Team, dass wir alles in Rekordzeit gemeistert haben. Dabei ging es einmal um den physischen und digitalen Umzug des Backkatalogs von neun Bands, die Markus Staiger beim Verkauf von Nuclear Blast behalten hat, und hunderten von Videoclips sowie den Aufbau unseres Mailordershops, das Signing neuer Bands und die Vorbereitung der ersten Veröffentlichungen ab Januar. Das war definitiv ein Kraftakt, aber es ist umso schöner zu sehen, wie alles gesund wächst. Markus Staiger verwaltet auf seinem Part des Labels neun Bands (darunter Helloween, Primal Fear, Opeth, Meshuggah u. a.), die wiederum von uns, der Atomic Fire Records GmbH, mit einem kompletten Label-Service (Promo, Marketing, Vertrieb …) bearbeitet werden. Alle neuen Signings finden dann bei uns statt."

Euer Konzept sieht vor, einerseits physische Produkte zu stärken und andererseits den Digitalbereich mit innovativen Ideen voranzutreiben. Wie stellt ihr euch denn im Digitalbereich auf?

Markus Wosgien: „Wir haben digital mit Warner Music (in Deutschland, Österreich und der Schweiz) sowie deren Tochtergesellschaft ADA (Rest der Welt) einen Major-Partner an der Seite, der uns physisch sowie digital unterstützt. Digital haben wir intern ein Team, das sich ums Pitching auf die verschiedenen Playlisten kümmert, den Social-Media-Bereich beackert, aber auch die Internet-Auftritte unserer Künstler optimiert. Inzwischen läuft das alles Hand in Hand. Wir verbessern unsere Ausgaben im digitalen Marketing ständig und lernen mit jeder neuen Kampagne auch wieder ein wenig dazu. Jeder Künstler hat seine Zielgruppen woanders sitzen, weshalb du nie nach einem festen Schema vorgehen kannst."

Ralf Scheepers wurde für „Kumpels in Kutten 3" ebenfalls interviewt, seine Aussage könnte man auf viele Bands übertragen, die lange bei Nuclear Blast unter Vertrag waren. Er meinte: „Ich muss dir ehrlich sagen, bei Nuclear Blast hat mir das schon Sorgen gemacht – plötzlich wird es einfach irgendeine Marketing-Firma. Da man sich seit Jahren kannte, war für uns klar, dass wir loyal zu Markus Staiger sind und zu Atomic Fire Records wechseln." Es scheint einen richtigen Anfrageboom von größeren bzw. bekannteren Acts zu geben. Oder ist diese Einschätzung falsch?
Markus Wosgien: „Wir haben uns beim Start von Atomic Fire unser Dreamteam zusammengestellt, ein Team aus Freunden und ehemaligen Kollegen die sich schätzen, alle den Heavy Metal im Blut haben und für die das Label mehr als nur ein Job ist. Wir hatten ja das große Glück, dass wir gleich zu Beginn bereits Größen wie Primal Fear, Helloween, Opeth oder Amorphis auf dem Label hatten, da Markus Staiger diese beim damaligen Verkauf behalten konnte, weil sie ihm persönlich einfach auch zu wichtig waren und langjährige Freundschaften dranhängen. Andere Künstler wie zum Beispiel The 69 Eyes waren wieder vertragsfrei und gaben glücklicherweise ebenfalls uns den Zuschlag. Es gibt zahlreiche Bands, die bereits das Gespräch suchen und nach ihrer Vertragserfüllung zu uns kommen möchten, eben weil sie sich mit unserer Philosophie identifizieren können, sich Freundschaften gebildet haben und man auf einer Wellenlänge ist. Primal Fear sind ein gutes Beispiel – mit ihnen sind wir seit den Neunzigern befreundet und es auch während ihrer Zeit bei Frontiers geblieben. Ralf, Mat und Tom treffen wir regelmäßig auf Konzerten, und es fühlt sich einfach richtig an."

Zur Metal-Szene selbst: Du bist Jahrgang 1976 und hast die 80er-Szene entsprechend als Kind miterlebt. Welche Bedeutung hatten aus deiner Sicht die Ruhrgebiet-Bands aus dem Bereich des Thrash wie Kreator, Sodom,

Darkness, Living Death, Despair usw., aber auch im traditionelleren Bereich wie Axel Rudi Pell, Scanner oder Grave Digger?
Markus Wosgien: „Die glorreichen Achtziger habe ich noch als Pimpf erlebt und begann mein Metal-Dasein mit dem „Live In Japan"-Album von Accept, das mich als Neunjährigen zum Metal brachte. Noch heute sind Accept und vor allem die Stimme von Udo Dirkschneider die Definition von Heavy Metal. Von Beginn an hatte ich ein Faible für deutsche Bands, so folgten auf Accept die damals aktuellen LPs von Sinner, Stormwitch, Gravestone, Helloween, Stranger, Running Wild, Scanner, Steeler, Mania, Bonfire, Craaft, Zed Yago, Rage und vielen mehr. Wir hatten im Süden zum Glück eine sehr lebendige lokale Szene, so spielten speziell Stormwitch sehr oft im Umkreis und hatten tolle Supportbands im Gepäck, wie Brainstorm, Mon Amour, Caress oder Twisted Minds. Das brachte mich dazu, mit fünfzehn mein erstes Fanzine (Troubadix) zu veröffentlichen, weil ich der Meinung war, dass in den wenigen Magazinen, die es damals gab, die deutschen Bands viel zu kurz kamen.
Zum Thrash kam ich parallel dazu durch die „Mad Butcher" von Destruction sowie die „Out Of The Dark..."-EP von Kreator, worauf dann Sodom, Holy Moses, Tankard, Exumer, Living Death, Protector und Co. folgten. Mich hat es immer tierisch interessiert, wo die Bands denn herkommen, auch die Labels dahinter usw. Wir hatten bei uns Nuclear Blast in der Nähe, wo ich nach meinem Schulabschluss mit achtzehn einige Monate im Mailorder jobbte, ehe ich eine Ausbildung bei einer Krankenkasse begann (die ich zwei Jahre später jedoch schmiss und dann bei Last Episode/B.O. Records als Promoter einstieg, mit Bands wie Mystic Circle, Brainstorm, Paragon, Haggard, Centaur, Custard u.v.m.), ehe ich 2002 dann wieder bei Nuclear Blast landete und rund achtzehn Jahre blieb.
Das Ruhrgebiet hatte damals gefühlt die raueren Bands als wir. Baden-Württemberg und Bayern waren immer Hochburgen für melodischen Hardrock und Metal, dagegen war alles, was aus dem Pott kam, um Längen härter, und mit Kreator und Sodom hattet ihr die beiden größten Bands aus dem Metier. Auch die Medien waren ja – wie das Rock Hard, der Metal Hammer (damals noch) sowie Fanzines à la Live Wire – alle im Ruhrgebiet angesiedelt, weshalb viele Bands aus NRW und Norddeutschland in den Medien einen etwas einfacheren Stand hatten als süddeutsche Acts auf vergleichbar kleineren Labels wie Gama Records, die dafür eher in einem Breakout stattfanden. Der Ruhrpott war aber auch experimenteller, gerade Acts wie Living Death, Despair, Holy Moses oder Mekong Delta waren anders und entwickelten den Metal immer weiter. In NRW angesiedelte Labels wie Century Media, aber auch No Remorse oder Aaarg waren für

die gesamte Szene wichtig, man denke nur an Kult-Bands aus der zweiten und dritten Reihe wie Pyracanda, Grinder, Wardance, Lawdy oder Heaven's Gate. Es war wichtig, dass es eine Menge Vordenker und Szene-Veteranen gab, ganz gleich ob labelseitig wie Robert Kampf oder Schreiber wie Götz Kühnemund. NRW war und ist eine Metal-Hochburg.

Wo siehst du weitere Hochburgen oder Zentren?
Markus Wosgien: „Im Grunde gab es drei Zentren, das Ruhrgebiet war jedoch definitiv das größte davon, allein schon wegen der Vielzahl an Großstädten und der entsprechenden Masse an Bands, Labels, Clubs. Daneben würde ich jedoch noch den Norden mit Hamburg (Helloween, Running Wild, Mania, Zed Yago …) sowie Süddeutschland mit verschiedenen Zentren wie dem Großraum Ulm/Stuttgart (Stormwitch, Gravestone, Tyrant, Vampyr, Sinner, Tyran Pace …) nennen."

In der aktuellen Szene kann man kaum mehr Regionalität feststellen – die meisten Bands heuern Musiker aus allen möglichen Ländern an. Wie schätzt du diese Entwicklung ein?
Markus Wosgien: „Inzwischen ist alles und jeder vernetzt, die Szene kennt sich. Früher traf man sich auf der Popkomm, den ersten Festivals wie dem Wacken oder Bang Your Head!!!, dem ja wenig später dann das Summer Breeze, Rockharz, Rock Hard usw. folgten. Damals, in Zeiten vor dem Internet, war es auch noch eine Schlagzeile, wenn ein Musiker aus dem Süden bei einer Band im Norden anheuerte, wie zum Beispiel Ralf Scheepers bei Gamma Ray. Heute ist alles global, und die Grenzen sind verschwunden, der Kommunikation sind ja keine Limits mehr gesetzt. Dadurch kann man zahlreichen international besetzten deutschen Acts wie Doro, Kreator oder Helloween kaum mehr einen Herkunftsort zuordnen."

Erlebt man nach so vielen Jahren in der Szene eigentlich noch Besonderes, oder ist alles Routine geworden?
Markus Wosgien: „Die schönste Anekdote erlebte ich im April 2022, als uns Udo Dirkschneider zu seinem siebzigsten Geburtstag nach Pulheim einlud. Durch Udo und Accept wurde ich zum Metal-Fan, und fünfunddreißig Jahre später sitze ich zwischen seinen Angehörigen und Bandkollegen auf seiner Geburtstagsfeier, ein unvergesslicher Moment. Ähnliche tolle Momente waren das Doro-Jubiläum in Düsseldorf oder Studiobesuche bei Bands wie Rage in Burscheid, Blind Guardian in Krefeld oder bei Michael Schenker in Greven/Münster.

Inzwischen habe ich neben Atomic Fire Records dann noch mein ureigenes kleines Label namens Fireflash Records ins Leben gerufen, das ich vor allem für Holy Moses gegründet habe. Mit Sabina bin ich seit Jahrzehnten befreundet und „The New Machine Of Liechtenstein" war schließlich auch eines der ersten Extrem-Metal-Alben, die mich in den Bann gezogen haben. Als die Möglichkeit bestand, mit Holy Moses deren neues Abschiedsalbum „Invisible Queen" zu veröffentlichen, spielte ich gedanklich sämtliche Optionen durch, und so kam ich quasi über Nacht noch zu meiner komplett eigenen Firma. Neben dem Holy-Moses-Album veröffentliche ich diverse Backkatalog-Titel verschiedener Bands. Auch hiermit bestätigt sich, dass die Metal-Szene etwas Besonderes ist und Freundschaften, Vertrauen und Loyalität wichtig sind.

### 6.3 Interview mit Frank „Blackfire" Gosdzik (Sodom/Assassin): Vom Ruhrpott nach Brasilien und zurück

Seit 2018 bist du nun zurück bei Sodom, der Auftritt auf dem Rock Hard Festival im selben Jahr war sicherlich so etwas wie ein Neuanfang mit der aktuellen Besetzung. Mit „Genesis XIX" habt ihr 2020 ein starkes Album veröffentlicht. Live lief durch Corona eine ganze Zeit praktisch nichts mehr, aber vermutlich schaut ihr nun wieder nach vorn?

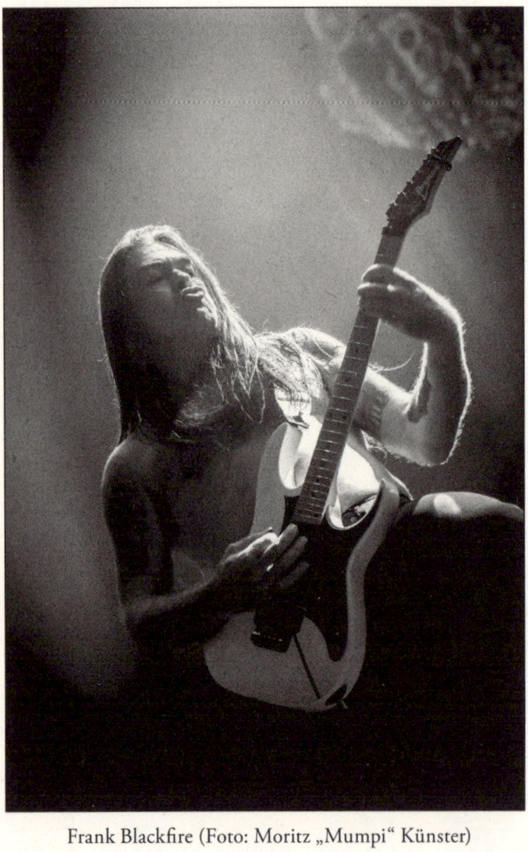

Frank Blackfire (Foto: Moritz „Mumpi" Künster)

Frank: „Ja, auf jeden Fall. Kurz bevor wir die ersten Shows 2020 spielen konnten, kam der Lockdown. 2021 habe ich nur fünf Shows gespielt, drei mit Sodom und zwei mit Assassin. Endlich ging es dann wieder los, wir haben zwei Sodom-Shows in Griechenland gespielt, die echt super waren, mit zweistündigen Sets mit alten Stücken bis zu den neueren von „Genesis XIX“. Weitere Festivals und Shows sind gebucht, und wir freuen uns natürlich, nach der ganzen Studioarbeit live wieder präsent zu sein.“

Du hast einige Jahre im Ausland in Brasilien verbracht: Wie hat sich das Ruhrgebiet in deinen Augen verändert?
Frank: „Natürlich verändert sich alles in Deutschland, das System und unsere Regierung zerstören unser Land. Gerade in den letzten zwei Jahren ist dies so deutlich sichtbar geworden wie nie zuvor. Das Volk wird belogen und betrogen, wo es nur geht. Man sollte die Augen öffnen und alles hinterfragen. Es ist eine Schande, wie unsere unfähigen Politiker unsere Wirtschaft an die Wand fahren. Außerdem entsteht immer mehr Armut in Deutschland, Rentner müssen Flaschen sammeln, um sich etwas dazu zu verdienen. Aber Milliarden Euro werden für Unsinniges ausgegeben.“

Die erste Band, in der du gespielt hast, war Widia: Hast du eigentlich noch Kontakt zu den Musikern?
Frank: „Ich habe noch Kontakt zu Georg Zierdt, dem Bassisten, mein langjähriger Freund, mit dem ich auch viel in meiner Jugend gemacht habe: Metal, Motorradfahren, Bierchen trinken et cetera.“

Wie schätzt du das heutige Szeneleben im Vergleich zu den 80ern ein?
Frank: „Nehmen wir mal die Kneipenszene: Früher gab es hier an jeder Ecke eine Kneipe oder Bar, heute muss man sehr danach suchen. Das System zwingt kleinere Läden, Bars, Kneipen in den Ruin, und sie sterben aus. Wir werden immer mehr geteilt in Grüppchen, die sich dann am besten gegenseitig bekämpfen sollen, auch besonders auf Social Media. Das ist so gewollt. Denn wenn wir alle zusammenhalten würden, wären wir ja stark. Zum Glück gibt es noch einige übrig gebliebene Kneipen, Bars oder Clubs und Auftrittsorte, wo Bands spielen können.“

Fehlt dir ein besonderes „Feeling“, wie es in den 80ern vorherrschte, oder wird jene Zeit bloß nostalgisch verklärt?
Frank: „Jede Zeit hat ihr eigenes Feeling. Ich hatte das Glück, meine Kindheit und Jugend in den 70er/80er Jahren erleben zu dürfen. Das war für mich eine Superzeit, die Musik war toll, und man war jung. Aber ich genieße heutzutage genauso das jeweilige Feeling. Man sollte immer die guten Momente im Leben schätzen.“

Tom von Sodom gab sich ein Stelldichein auf deiner Solo-Platte „Back On Fire“ (2015), nachdem es lange so ausgesehen hatte, als sei der damalige Bruch in der Band nicht verheilt. War das die erste Annäherung zwischen euch?
Frank: „Nein, wir hatten schon seit Anfang 1990 wieder Kontakt, als wir mit Sodom und Kreator Shows zusammen gespielt haben, ich habe auch ab und zu bei Sodom das eine oder andere Stück live mitgespielt. Also hat man sich immer mal wieder irgendwo getroffen, und das ging die ganze Zeit so weiter.“

Wie bewertest du die Sachen, die Tom zwischenzeitlich mit Sodom und anderweitig gemacht hat?
Frank: „Ich weiß, dass Tom immer sein Bestes gibt, wie ich auch, und finde, dass er mit Sodom so einige gute Sachen gemacht hat, die wir auch live spielen. Die anderweitigen kenne ich nicht so.“

Du hast bei Black Messiah und Erazor ausgeholfen und warst ab 2016 bei Assassin, deren Sänger nun bei Bonded singt. Würdest du gern auch mal mehr mit Musikern von anderswo her, wie beispielsweise Whiplash, arbeiten?
Frank: „Ich habe bei Black Messiah beim ersten Album ein paar Sachen eingespielt und bei einem Festival live ausgeholfen. Bei Erazor war es nur ein Gast-Solo. Für Whiplash habe ich auch ein paar Leadgitarren eingespielt sowie 2009 auf dem Wacken live sowie 2016 im japanischen Osaka, wo ich mit meiner Band Frank Blackfire spielte. Mittlerweile habe ich schon viele Gitarren für Bands und Projekte weltweit eingespielt.“

Als du bei Sodom 1986 einstiegst, klang der Sound der Gelsenkirchener noch recht „rumpelig“. In der Nachfolge von Gitarrist Michael Wulf hast du die Maxi-Single „Expurse Of Sodomy“ sowie die Alben „Persecution Mania“, „Mortal Way Of Live“ und vor allem „Agent Orange“ federführend komponiert und damit das spielerische Niveau auf ein neues Level gehoben. Witzigerweise stehst du nun mit deiner Rückkehr zu Sodom 2018 für die Rückkehr zum „alten“ Sodom-Sound – also weg von dem melodiöseren Spiel von Bernemann. Wie erklärst du dir das?
Frank: „Da jeder songschreibende Gitarrist bei Sodom irgendwie die Musik auf seine Art beeinflusst, hört man bei den verschiedenen Alben von Sodom sicherlich die Unterschiede heraus. Ich habe halt ab 1986 bei Sodom meinen Stil eingebracht und das Hauptsongwriting übernommen. Außerdem hatten wir mit Harris Johns einen guten Soundmann und Produzenten.

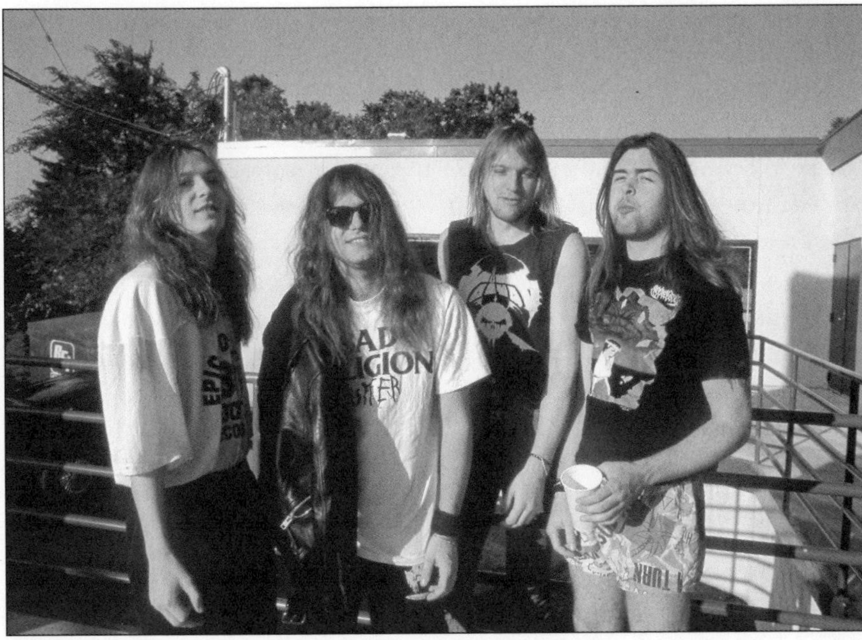

Kreator USA mit Frank Blackfire 1989 (Foto: Uwe „Buffo“ Schnädelbach)

Seit ich wieder bei Sodom bin, gebe ich natürlich meine Einflüsse dazu, wir alle wollten aber auch zu den Back-to-the-80s-Roots.“

Was macht das Ruhrgebiet im Zusammenhang mit Metal deiner Meinung nach heute noch aus?
Frank: „Das Ruhrgebiet ist nun mal eine Riesenmetropole und bringt viele Bands und Künstler hervor, gerade die Industrie ist auch bei Metal-Bands prägend. Sodom und Kreator haben sich da sicherlich weltweit im Metal-Bereich am meisten durchgesetzt. Assassin und Darkness vielleicht noch ein bisschen, aber sonst wüsste ich jetzt auch nicht, wer noch.“

Konkret: Da du ja in Brasilien gelebt und dort als Gitarrenlehrer unterrichtet hast, wäre es spannend, von dir zu hören, inwieweit Kreator/Sodom bzw. Metal aus dem Ruhrpott eine Marke dort sind?
Frank: „Ja ich habe von 2000 bis 2006 in Brasilien gelebt und kann sagen, dass ich Land und Leute dort kennengelernt habe. Kreator und Sodom sind auf jeden Fall eine Marke dort und sehr gefragt. Sogar Assassin haben in Brasilien getourt, und die Brasilianer mögen deutsche Metal-Bands.“

## 6.4 „Einen ganzen Haufen cooler, lauter und aggressiver Bands hattet ihr damals!"

### Thrash-Talk mit Maurice Swinkels (Legion Of The Damned) und Robbie Woning (Dead Head)

Maurice Swinkels ist Jahrgang 1973 und stand unter anderem bei Bestial Summoning, Bethlehem und Occult am Mikro, ehe Letztere in Legion Of The Damned aufgingen und mit ihrem tödlichen Thrash einige Achtungserfolge feierten. Sein Landsmann Robbie Woning wildert schon viel länger in stilistisch ähnlichen Gefilden, denn der Gitarrist gründete die überdeutlich von den frühen Kreator beeinflussten Dead Head 1989 gemeinsam mit Schlagzeuger Hans Spijker und verfeinerte den Sound der Gruppe im Lauf der Zeit weiter.

Wie habt ihr die deutsche Szene und insbesondere Acts wie Sodom oder Kreator kennengelernt?

Robbie: „Wer in den Achtzigern in den Niederlanden aufwuchs und Metal mochte, nutzte Zeitschriften als Hauptquelle für Informationen über neue Bands und den Underground, sowohl weitverbreitete Hefte wie Aardschok und Metal Hammer als auch einige Fanzines. Die großen Zeitschriften hatten viele farbige Seiten über etablierte Bands, aber als Jugendlicher, der sich nach Extremen sehnte, fühlte ich mich stärker zu den Schwarzweißseiten hingezogen, die normalerweise weiter hinten in den Magazinen kamen und Speed-, Thrash- oder frühem Death Metal gewidmet waren. Ich las zuerst von diesen Gruppen und checkte dann ihre Sachen aus. Einige meiner älteren Freunde waren bereits Tapetrader, und ich habe einfach mitgemacht. Ich hatte schon das „Bestial Invasion Of Hell"-Demo, „Sentence

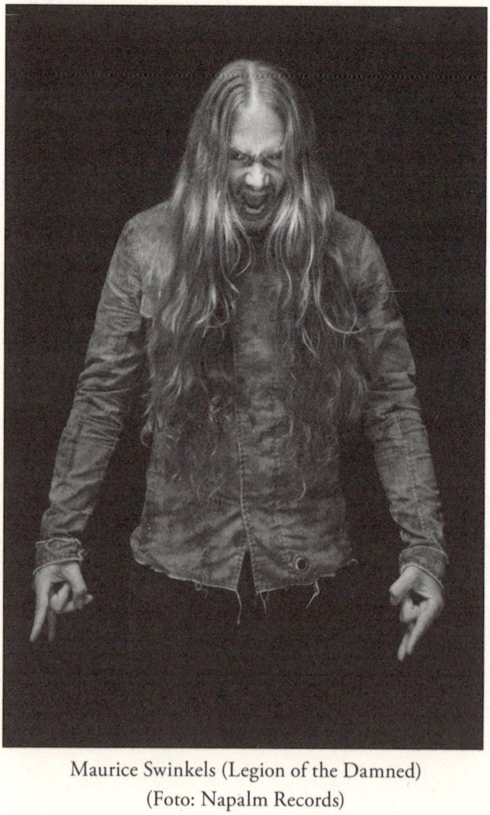

Maurice Swinkels (Legion of the Damned)
(Foto: Napalm Records)

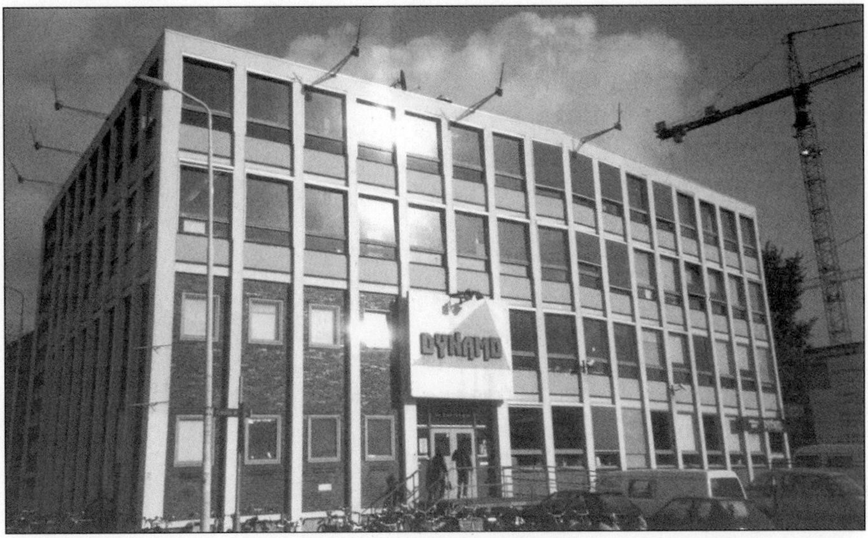


Dynamo Club Eindhoven

Of Death" und „Infernal Overkill" von Destruction gehört, aber die Band packte mich erst so richtig mit „Eternal Devastation". Das Intro und danach dieses eiskalte Gitarrenriff ... Das war total beeindruckend und wild. „Release From Agony" hat mir auch sehr gut gefallen. Ich habe diese Alben so mit fünfzehn, sechzehn unzählige Male gehört, während ich meine Hausaufgaben machte. Ich denke, Mike Sifringer ist ein unterschätzter Gitarrist, er hat ein wirklich sehr originelles Riffing kultiviert."
Maurice: „Ich habe einzelne Songs von den ersten Kreator-Alben von meinem Cousin bekommen, der damals siebzehn oder achtzehn war, ich bin zu der Zeit dreizehn, vierzehn gewesen, und er überspielte mir einige dieser Sachen. Die Tracks von Kreators „Pleasure To Kill" haben mich umgehauen, so etwas kannte ich bis dato nicht – der Hammer! Destruction entdeckte ich hingegen im deutschen Fernsehen ... ich glaube, es war bei Sat.1, jedenfalls performten sie ‚Reject Emotions'. Sodom habe ich schon 1988 in einem Dorf außerhalb meiner Heimatstadt live gesehen, und die Doku „Thrash Altenessen" über die Metal-Szene im Ruhrgebiet hatte es mir ebenfalls angetan."
Robbie: „So richtig zündeten Kreator bei mir mit „Pleasure To Kill" und der „Flag Of Hate"-EP. Zusammen mit Possessed war das so ziemlich die extremste, gewalttätigste Musik, die man sich damals vorstellen konnte. Ich habe später versucht, mich in „Endless Pain" einzufinden, bin aber nie richtig warm mit dieser Platte geworden. Genial ist definitiv auch ihre Phase zwischen „Terrible Certainty" und „Extreme Aggression". Sodom wurden

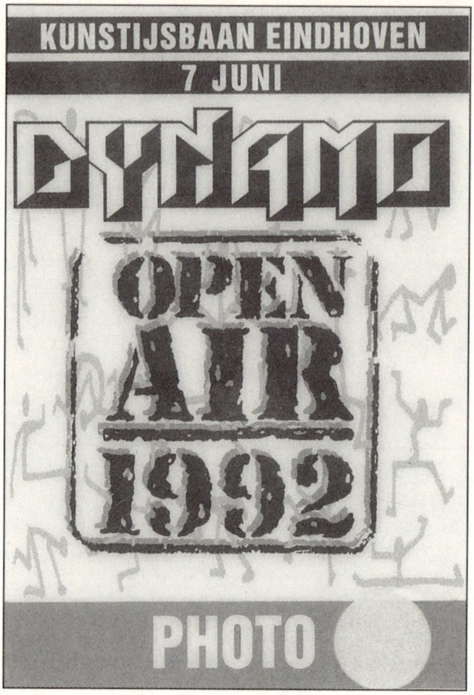

Dynamo Open Air 1992

im Vergleich zu Destruction und Kreator in den Niederlanden etwas vernachlässigt, wenn du mich fragst. Sie waren wirklich nur eine Band für die eingefleischten Thrasher. Ihre frühen Alben bekamen bei uns ziemlich schlechte Kritiken, von wegen sie seien schlimmer als Venom und so weiter. Ich hatte Freunde, die auf den ganzen Proto-Black-Metal standen, auf solche Außenseiter setzten und nichts anderes hörten als „Obsessed By Cruelty" beziehungsweise „In The Sign Of Evil". Später haben Sodom dann bekanntermaßen viel mehr Anerkennung und Respekt erhalten. Sie traten häufiger bei uns im Land auf, und ihre späteren Alben eigneten sich dann auch für ein breiteres Publikum. Abgesehen von den großen Namen mochte ich übrigens auch die frühen Accu§er, Exumer, Living Death, Iron Angel und Deathrow nennen – einen ganzen Haufen cooler, lauter und aggressiver Bands hattet ihr damals!"

Abgesehen davon, dass sie euch beeinflusst haben: Denkt ihr, dass diese Bands generell einen bleibenden Eindruck in der niederländischen Szene hinterlassen konnten?
Robbie: „Ich sage es nur ungern, aber nein, ich denke nicht. Einige der frühen Death- und Black-Metal-Bands in den Niederlanden liebten Destruction und Sodom, aber die Szene bei uns orientierte sich in den Achtzigern doch sehr stark an Thrash-Combos aus den Vereinigten Staaten. Das lag auch daran, dass viele Gruppen aus Übersee regelmäßig in hiesigen Clubs oder beim Dynamo Open Air auftraten. Nicht nur die Fans, sondern auch die Musiker schienen also mehr auf Death Angel, Testament, Lääz Rockit, Flotsam And Jetsam und so weiter abzufahren. Da Destruction von allen deutschen Bands am häufigsten bei uns auftraten, waren sie wohl auch die bekannteste."

Maurice: „Na ja, ich finde schon, dass es kaum jemanden gibt, der nicht von Kreator oder auch Destruction inspiriert wurde, jedenfalls im Thrash-Bereich, und selbst auf Death Metal bezogen sollte man diese Bands als Pioniere bewerten."

Was sind in euren Ohren besondere Markenzeichen, die den deutschen Metal der frühen Achtziger einzigartig gemacht haben?
Robbie: „Hauptsächlich seine Aggression und Rohheit, außerdem die teilweise etwas schrägen Arrangements und die Wortwahl in den Texten. Es ist nicht immer logisches oder absolut korrektes Englisch, dafür aber unmissverständlich, wiedererkennbar und einzigartig. Genau genommen zeigten die frühen deutschen Thrash-Alben, dass da wirklich junge Bands unterwegs waren, die noch lernten, wie man schnell spielt, während sie bereits Alben aufnahmen. Aus musikalischer Sicht war es also meistens alles andere als perfekt, doch man erkannte deutlich, dass da jemand war, der es ernst meinte und wissen wollte. Ich mochte diesen Charme sehr. Die US-Variante von Thrash- und Speed Metal war normalerweise besser strukturiert und eher gezügelt. Bei den Bandmitgliedern handelte es sich wahrscheinlich auch um bessere Musiker, aber die deutsche Herangehensweise hatte immer etwas sehr Aufrichtiges und Anziehendes. Ich meine, manche Leute tun sich auch schwer mit Venom, doch die haben meiner Meinung nach aus den gleichen Gründen geniale Momente."
Maurice: „Ich würde das Tempo und auch die Rohheit als hervorstechende Markenzeichen nennen. Darüber hinaus hat Harris Johns viele der klassischen Alben produziert, also könnte man bis zu einem gewissen Grad sagen, dass er den deutschen Thrash-Sound erfunden hat."

Ihr kennt das Ruhrgebiet ja selbst, wie nehmt ihr es von außen wahr, also die alten Industriestandorte, die dichte Besiedlung und Mentalität der Menschen?
Robbie: „Ich war zwar schon mehrmals in Essen, Dortmund, Gelsenkirchen, Bochum und Duisburg, doch das reicht nicht, um etwas Genaueres über die Mentalität der Menschen dort zu sagen. Meistens traf ich nur nette und freundliche Leute an. In meinen Zwanzigern bin ich noch viel mit der Bahn gefahren, wobei ich weite Teile des Ruhrgebiets aus Zugfenstern gesehen habe, also auch die nicht so schönen Rückseiten von Häusern, Industrieanlagen und so weiter. Das waren alles perfekte Orte, um ein Video für einen Song wie ‚Toxic Trace' von Kreator zu drehen. Ich fand es schwer beeindruckend und anders als die kleine niederländische Stadt, in der ich aufgewachsen bin. Zumindest gab es hier keine Bahnhöfe, die wie Bochum

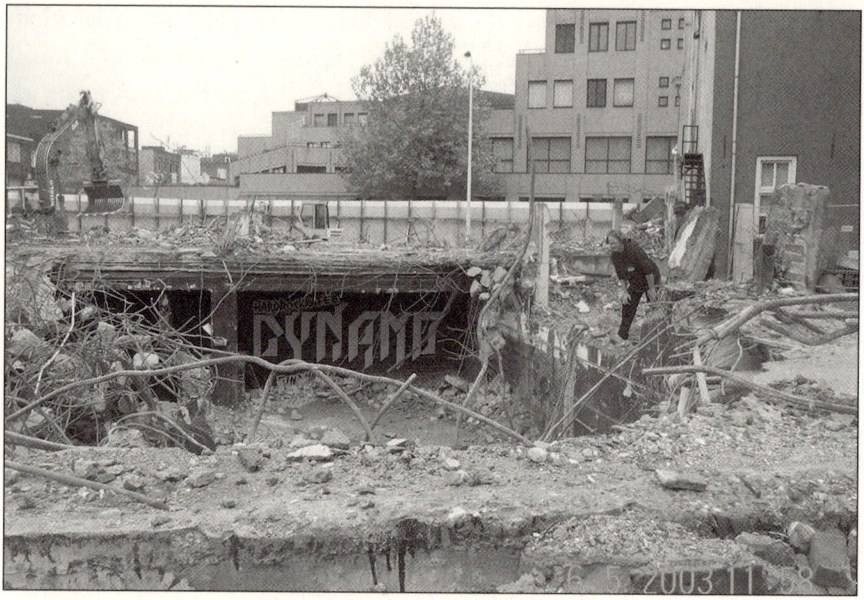


Abriss des Dynamo Club Eindhovens

Opel Werk II nach einer Autofabrik benannt sind. Eine andere Sache, die mich während meiner Reisen in Deutschland fasziniert hat, war euer großes Engagement für Fußballmannschaften. Das scheint bei euch tiefer in der Kultur verwurzelt zu sein als hierzulande."

Maurice: „Ich kenne das Ruhrgebiet heute gut, doch während ich mit der Musik von Kreator & Co. groß wurde, war mir nicht bewusst, was es mit der Region auf sich hatte. Aus „Thrash Altenessen" schloss ich wenigstens, dass die Bevölkerung dort größtenteils ärmer und in der Industrie tätig war."

Robbie: „Einen Zusammenhang zwischen der Musik und den Industriestandorten zu erkennen fällt mir schwer. Dass es dadurch aber Orte wie die Zeche Carl gibt, ist umso schöner und wichtiger, denn eine lebendige Musikszene dreht sich üblicherweise um solche Clubs, wo dann all die guten Bands auftreten können."

Habt ihr Mitglieder von Bands aus dem Ruhrpott persönlich kennengelernt, und falls ja, gibt es davon denkwürdige Anekdoten zu erzählen?

Robbie: „Da ich seit 1994 für das Magazin Aardschok arbeite, habe ich im Lauf der Jahre einige Male sowohl Mille als auch Schmier interviewt. Das war immer sehr interessant und unterhaltsam. Natürlich redest du während solcher Gespräche normalerweise mehr über das jeweils neue Album der Bands als über „Eternal Devastation" beziehungsweise „Pleasure To Kill", aber mit den beiden zu quatschen bleibt eine coole Sache. Ventor habe ich

übrigens auch einmal befragt, das geschah im Rahmen einer Rubrik, in der ansonsten nie interviewte Mitglieder von Bands beleuchtet wurden. Er ist ein unheimlich kluger und freundlicher Typ!“
Maurice: „Ich bin mittlerweile allen von ihnen auf diese oder jene Weise begegnet. Mit Mille war ich sogar mal auf der Titelseite des Metal Hammer, Tom von Sodom und Gerre von Tankard, die schon einige Male gemeinsam mit uns live gespielt haben, posierten mit mir fürs Cover eines anderen Magazins. Schmier lernte ich persönlich auf einer gemeinsamen Tour von Legion Of The Damned und Destruction kennen, Kreator waren auch schon mit uns unterwegs, und als wir Sodom auf Tour supportet haben, fuhren auch Finntroll mit.“
Robbie: „Lustig finde ich, dass Dead Head aufgrund des Gesangsstils unseres alten Sängers oft mit Kreator verglichen wurden. Einmal brachte ich Mille dazu, sich unsere Musik anzuhören. Nachdem er das getan hatte, sagte er: ‚Euer Sänger klingt überhaupt nicht nach mir!‘ Ich fand das komisch. Wir traten 1993 zusammen mit Kreator auf und haben auch ein paar Shows mit Destruction gespielt. Vor ein paar Jahren gab es auch gemeinsame Konzerte von Dead Head und Exumer, die ebenfalls supernett sind. Eine andere Sache, an die ich mich erinnere, sind die Aufnahmen zu einem Album meiner alten Doom-Band Beyond Belief in Gelsenkirchen in den Neunzigern. Abends nach der Arbeit im Studio sind wir in eine örtliche Kneipe gegangen, wo Tom Angelripper Stammgast war. Wir haben ihn dort getroffen und ein bisschen mit ihm geredet. Wenn er ‚Der schönste Platz ist immer an der Theke‘ singt, meint er das ernst.“

Nennt bitte fünf Veröffentlichungen des frühen deutschen Thrash, die jeder hören muss!
Robbie: „Destruction „Eternal Devastation“, die EP „Flag Of Hate“ von Kreator, Exumer „Possessed By Fire“, „Protected From Reality“ von Living Death und „Finished With The Dogs“ von Holy Moses.“
Maurice: „Kreator „Pleasure To Kill“, Sodom „Persecution Mania“, „Raging Steel“ von Deathrow, ebenfalls „Possessed By Fire“, dazu Tankard „Chemical Invasion“ und selbstverständlich „Sentenced To Death“ von Destruction.“

# KAPITEL 7: "HATE/LOVE": METAL DURCH DEN FLEISCHWOLF

## 7.1 Electric Callboy als Vorreiter des Modern Metal

Castrop-Rauxel: Die Stadt im Kreis Recklinghausen mit ihren über siebzigtausend Einwohnern steht im Schatten der Ruhr-Metropolen Dortmund und Essen. Ein paar alte Zechen, einige durchaus spannende Denkmäler der industriellen Vergangenheit, schöne Jugendstilbauten, eine Wasserburg. Die englische Königin schenkte der Stadt 1952 sogar ein Schwanenpaar als Anerkennung für ihr Engagement für die deutsch-englische Freundschaft. Im Sport läuft es gemischt: Beim „Korfball" sind die „Rauxler" sogar führend. Rudern können sie auch – sogar bis zur Weltmeisterschaft. Nur mit Fußball haben sie's im westfälischen Städtchen nicht so, der SV Wacker Obercastrop spielt gerade mal in der Westfalenliga. In der Metal-Szene ist

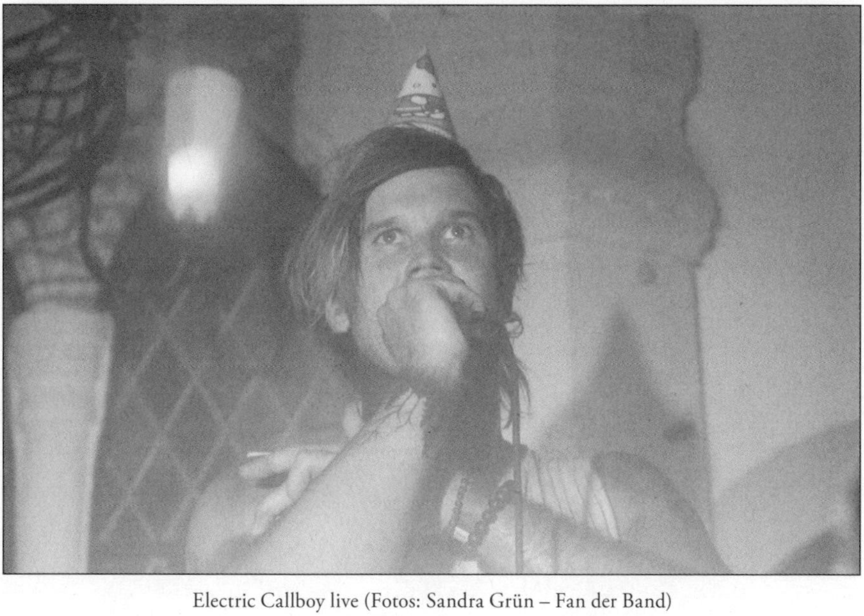

Electric Callboy live (Fotos: Sandra Grün – Fan der Band)

der Ort dafür erfolgreicher: Das kleine, aber kultige Steel-Meets-Steel ist traditioneller Bestandteil im Underground-Festivalkatalog der Region. Die große Kleinstadt hat ganz sicher ihre netten Ecken, über das Ruhrgebiet hinaus kennt sie aber eigentlich kaum jemand – wären da nicht Eskimo Callboy, die sich 2022 in Electric Callboy (EC) umbenannt haben.

„Wir waren immer eine sehr lokalpatriotische Band. Damals, als wir angefangen haben, da hieß es nicht: irgendwie aus der Nähe von Dortmund. Sondern: Castrop-Rauxel, ne! Da wusste keiner, wo dat überhaupt liegt", erklärt Sänger Kevin Ratajczak in einem Videointerview schmunzelnd. Los geht es im Sommer 2007 noch ohne ihn: Daniel Hanß, Pascal Schillo und Michael Malitzki finden sich zusammen, ein Jahr später schließt sich Kevin der spätpubertären Truppe an: Aus der Band Beautiful Broken wird Her Smile In Grief. Ein durchaus origineller Mix aus Metalcore, Frauengesang und ein bisschen Keyboard bringt Aufmerksamkeit, u. a. beim Emergenza Westdeutschlandfinale. Das Debüt „Emotions May Vary" (2009) erscheint noch unter altem Namen. 2010 ist Schicht im Schacht mit Her Smile In Grief: Eskimo Callboy werden aus der Taufe gehoben, eine unvergleichliche Erfolgsstory beginnt.

EC finden ihren Sound nach wenigen Jahren in einem Mix aus Metalcore und Trancecore: ein moderner Metal-/Hardcore-Sound wird mit Techno-Elementen und melodiösen Parts verschmolzen. Wird „Bury Me In Vegas" 2010 zunächst noch in Eigenregie veröffentlicht und erst später von Redfield Records neu aufgelegt, erreicht „We Are The Mess" 2014 bereits Platz acht (!) der deutschen Albumcharts. Ebenso wie die beiden folgenden Alben. Der Stadt Castrop-Rauxel sind die Erfolge des Sextetts den „Ehren-

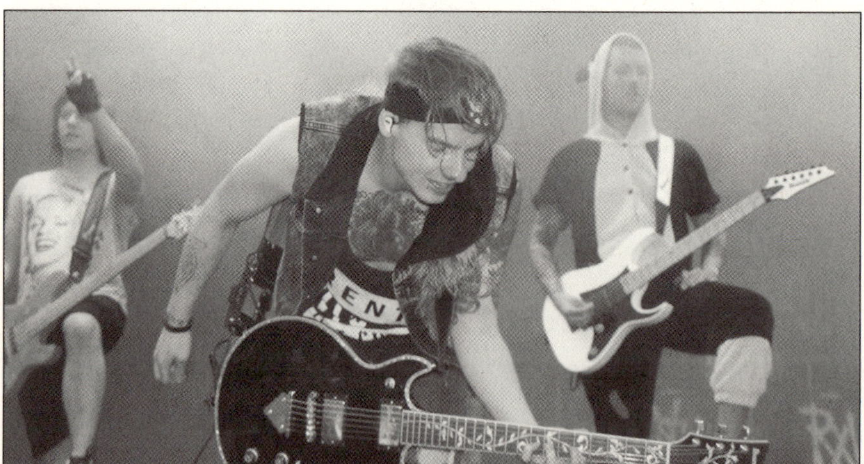

(Foto: Sandra Grün)

preis Gesellschaft und Kultur" 2017 wert, der Metal Hammer verleiht unter der Rubrik „Up And Coming" schon vier Jahre zuvor einen Preis.

> **Schillo Brothers**
> Pascal Schillo kann nicht nur Gitarre: Der studierte Mediendesigner betreibt mit seinem Bruder die Filmproduktionsfirma Schillo Brothers, die sich auf Musikvideos spezialisiert hat und für Electric Callboy zum Beispiel die Clips ‚Pump It', ‚We Got The Moves' oder ‚Hypa Hypa' produzierte. Auch andere Rock-/Metal-Truppen gehören zum Kundenkreis: darunter Hämatom, We Butter The Bread With Butter oder Kärbholz.

Schon früh gelingen Support-Touren mit etablierten Acts wie Papa Roach, Five Finger Death Punch, We Butter The Bread With Butter oder Neaera; ein erster Flug über den Teich folgt schon drei Jahre nach Bandgründung, 2013 geht's auf Tour nach Japan. Geschickt bringen die Ruhrpottler auch durch zahlreiche Gäste und Kooperationen frischen Wind in ihren Sound: Der Ost-Berliner Rapper Paul Hartmut „Siggi" Würdig – besser bekannt unter dem Künstlernamen Sido – prägt die Metalcore-Rap-Fusion ‚Best Day', die zum ersten großen Erfolg von Electric Callboy wird. Scheinbar Unpassendes wird passend gemacht: The BossHoss werden ebenso angefragt wie die Mittelalter-Recken Saltatio Mortis, und heraus kommt meist etwas Originelles.
Die im September 2020 bei Century Media erschienene EP „MMXX" löst sogar im traditionsorientierten Rock Hard Magazin Begeisterung aus. Marcus Schleutermann vergibt acht von zehn Punkten und trifft in seinem Review den Nagel auf den Kopf: „Natürlich polarisieren die Eskimösen mit ihrem schrillen Elektro-Core nach wie vor (unvergessen die Arschbombe mit der VÖ-Angabe „am besten gar nicht"), aber gerade dieses spitz zugeschnittene Party-Profil ist eine ihrer größten Stärke, denn angepasste Konsensmucker gibt es ja schließlich schon genug."

> **David Friedrich:**
> Neben dem Schlagzeugspiel widmet sich David Friedrich seiner Fernsehkarriere: Der gebürtige Duisburger gewinnt 2017 die RTL-Trash-Show „Die Bachelorette", nimmt aber auch (freiwillig!) an Formaten wie dem „Dschungelcamp" teil. Ein sicherlich nicht vorhersehbarer Berufsweg für den gelernten Stahlkocher von Thyssen-Krupp …

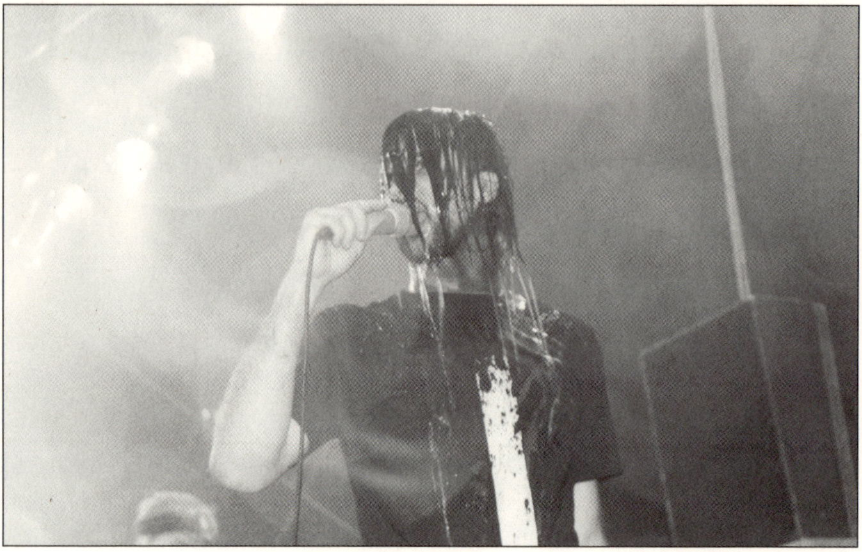

(Foto: Sandra Grün)

Das Line-up bleibt überraschend konstant: 2012 gibt Schlagzeuger Michael Malitzki seinen Posten an David Friedrich ab. Erst acht Jahre später steigt Sänger Sebastian „Sushi“ Biesler aufgrund musikalischer Differenzen aus und beschäftigt sich fortan mit seinem Solo-Projekt Ghøstkid. Kurz darauf vervollständigen sich Electric Callboy wieder: Nico Sallach (To The Rats And Wolves) übernimmt den vakanten Posten und ist mit trendigem Proleten-Vokuhila erstmals auf der im Juni 2020 erschienenen Single ‚Hypa Hypa‘ zu hören, die der bis dato erfolgreichste Output der Bandgeschichte wird – trotz Lockdown und nicht stattfindender Live-Promotion.
Doch erst 2022 schien das Erfolgsjahr in der zwölfjährigen Geschichte von EC zu werden: Nachdem sie im Dezember 2021 bekannt gaben, sich für die deutsche Vorentscheidung zum Eurovision Song Contest zu bewerben, geht das Interesse an den Musikvideos durch die Decke, so erreicht allein ‚Hypa Hypa‘ innerhalb eines Jahres rund 30 Millionen Aufrufe bei YouTube.
Beworben hat man sich mit dem prolligen Dance-Hit ‚Pump It‘, der innerhalb der ersten zweiundsiebzig Stunden mehr als eineinhalb Millionen Aufrufe bei YouTube generiert und bestens funktioniert. Die Welt blickt plötzlich auf Castrop-Rauxel und das Sextett mit dem verstörenden Namen. Der Impuls zur Bewerbung ergibt sich übrigens durch einen Kommentar eines Fans auf YouTube. Doch die deutsche Vorauswahl-Kommission des Eurovision Songcontest entscheidet sich lieber für seichtes Pop-Gedudel: EC werden nicht einmal zum Vorentscheid zugelassen, eine von fast hundertfünfzigtausend Unterstützern unterzeichnete Petition für die Teilnah-

me von Electric Callboy wird mehr oder minder ignoriert. Begründung: Die Radiotauglichkeit fehle.

> **Ghøstkid**
> Unmittelbar nach seinem Ausstieg 2020 gründet Sebastian „Sushi" Biesler das düstere Metalcore-Projekt Ghøstkid. Illustrierte Gäste finden sich auf dem gleichnamigen Debüt wieder, das Platz 23 der Charts erobert: Neben Gastsänger Marcus Bischoff (Heaven Shall Burn) ist Mille Petrozza (Kreator) ist auf dem Track ‚Crøwn' verewigt.

Für die nächste Europatour verkauft man weit über fünfzigtausend Tickets, viele Locations sind restlos ausverkauft. Von solchen Erfolgen sind selbst die Essener Kreator weit entfernt. Die erste große US-Headlinertour folgt Ende 2022 mit über zwanzig Konzerten quer durch die Staaten; Attack Attack! reisen als Co-Headliner mit. Aber mit der Internationalität kommen die Probleme mit dem Bandnamen, denn „Eskimo" gilt vor allem in Teilen Nordamerikas als rassistisch geprägtes Schimpfwort. Auch ältere Songs mit „sexistischen" Textinhalten stehen nun offen in der Kritik. Die Band sieht sich Ende 2021 bemüßigt, ein Statement auf Instagram zu veröffentlichen, um sich bei allen zu entschuldigen, die sich diskriminiert oder verletzt fühlen, da man eine „tolerante und weltoffene Band" sei und sich „gegen jegliche Form von Rassismus und Ausgrenzung" ausspreche. In der Folge kommt der Namenswechsel von Eskimo Callboy zu Electric Callboy.

Doch all diese Diskussionen tun dem Erfolg keinen Abbruch: Nebenbei startet das erste eigene Festival im August 2022 in der Oberhausener Arena mit den Special Guests 257ers, Annisokay, Samurai Pizza Cats und anderen und wird ein voller Erfolg in der restlos ausverkauften Arena vor dreizehntausend Fans. 2023 geht das Festival in die zweite Runde.

Noch während der „Hypa Hypa European Tour" 2022 kündigen die Mannen um Sänger Kevin Ratajczak für September 2022 das neue Album „Tekkno" an. Es erscheint via Century Media Records und chartet auf Platz eins. Bei der folgenden Europatour erhält das Sextett während des ersten großen Hallenkonzerts vor neuntausend Zuschauern in der Kölner Lanxess-Arena eine goldene Schallplatte für zweihunderttausend verkaufte Exemplare ihrer Single ‚Hypa Hypa'.

EC aus dem beschaulichen Castrop-Rauxel sind hinsichtlich des Erfolgslevels an der Weltspitze angekommen: Für die Touren bucht man die ganz großen europäischen Venues wie die Münchner Olympiahalle, die Frankfurter Festhalle und verkauft auch das L'Olympia in Paris aus …

**Samurai Pizza Cats**
Die nach der japanischen Anime-Fernsehserie „Samurai Pizza Cats“ benannte Band besteht aus Electric-Callboy-Gitarrist Daniel Hanìß, Sebastian Fischer und Stefan Buchwald (beide Ex-Fall-Of-Gaia) sowie Stefan Reufer (Ex-Eleven-Years) und verspricht „CatCore aus Castrop“. Hanìß und Fischer kennen sich bereits aus ihrer gemeinsamen Zeit bei Her Smile In Grief. Der ultraharte Mix aus Metal- und Deathcore erinnert an amerikanische Vorbilder wie Suicide Silence, setzt aber mithilfe elektronischer Elemente eigene Akzente. Für die erste Single verpflichtete man Sängerin Alma Alizadeh (For I Am King).

Ist das alles eigentlich noch Metal? Nein, definitiv nicht der, der Anfang der 80er Jahre seinen Durchbruch erlebte: Aber Metal bildet die Basis für eine krude Mischung unterschiedlichster Stile. Sie seien nicht die „typische Metal-Band“ betont auch Sänger Kevin Ratajczak in einem Interview, und damit hat er mehr als recht: Von der traditionellen Szene vom Power-Metal- bis zum Death-/Thrash-Metal-Fan werden sie auch weiterhin verschämt. Aber die Chancen, ein noch breites Publikum zu erreichen, stehen extrem gut. Ob Electric Calllboy der heilige Gral für die Zukunft der Metal-Szene sind, sei dahingestellt. Fakt ist: Es braucht mehr solch innovativer Musiker, die weniger die tief ausgelatschten musikalischen und optischen Pfade nutzen und neue Impulse setzen! Und mit einem haben sie definitiv recht: Metal darf auch lustig sein.

## 7.2 Bandporträt Scanner: Die Pioniere des Sci-Fi-Metal

Scanner aus Gelsenkirchen entsprangen der frühen Ruhrpott-Metal-Musikschmiede und sind musikalisch und erfolgstechnisch das absolute Gegenteil von Electric Callboy, wenn man vom thematisch ähnlich gelagerten EC-Song ‚Spaceman‘ einmal absieht. Mittlerweile blicken Scanner auf eine mehr als dreißigjährige Bandhistorie, sieben Studioalben und eine weltweite, beachtliche Fanschar zurück. Die Band um Mastermind Axel Julius erfreut sich im klassischen bzw. Power-/Speed-Metal-Bereich national wie international nach wie vor recht großer Beliebtheit.
Angefangen hatte alles mit dem Earthshaker-Label, auf dem 1985 das Album „Damn The Night“ der Gelsenkirchener Band Lions Breed erschien. In der deutschen Metal-Szene hatten sich die Jungs zuvor einen Namen erspielt. Sie enterten seinerzeit unter anderem zusammen mit Bands wie Grave Digger, Living Death, Axe Victims, Brainstorm und Steeler die Büh-

nen der Republik. Ein Jahr nach dem Debüt und einem Besetzungswechsel formierte sich aus Lions Breed die Band Scanner. Zu einer Zeit, als noch nicht jeder mit dem Begriff „Scanner“ ein Gerät auf seinem Schreibtisch assoziierte, passte der Name gut zu dem Space- und Science-Fiction Konzept der Band.

Scanner überzeugten Label-Chef Karl-Ulrich Walterbach, und so erhielten sie einen Vertrag bei Noise Records. Noch vor dem ersten Album debütierte die Band mit dem Opener-Song ‚Galactos‘ auf dem „Doomsday News“-Sampler von Noise Records und einer Flexi-Split-Single, die dem Rock Hard beigelegt war. Der Song ‚Across The Universe‘ war darauf vertreten, zusammen mit Rage, die ihren Song ‚Round Trip‘ beisteuerten.

1988 erschien Scanners Debütalbum „Hypertrace“, das seinerzeit international teils überschwängliche Kritiken erhielt und noch heute Kultstatus genießt. Voraussetzungen, die eine vielversprechende Perspektive boten. Auf dem Album steuerte Ralf Scheepers (u.a. Primal Fear) die Backing-Vocals bei. Auf dem Konzeptalbum wurde die Kunstfigur des Scanners – eine Art humanoide Kampffigur der Zukunft – geschaffen und dessen Geschichte erzählt.

Noch vor dem Nachfolge-Album „Terminal Earth“ verließ Sänger Michael Knoblich die Band und nahm mit Jester’s March ein Demo auf. Er konnte durch S. L. Coe, der gerade bei Angel Dust seinen Dienst quittiert hatte, ersetzt werden. Mit ihm wurde das zweite Album „Terminal Earth“ (1989)

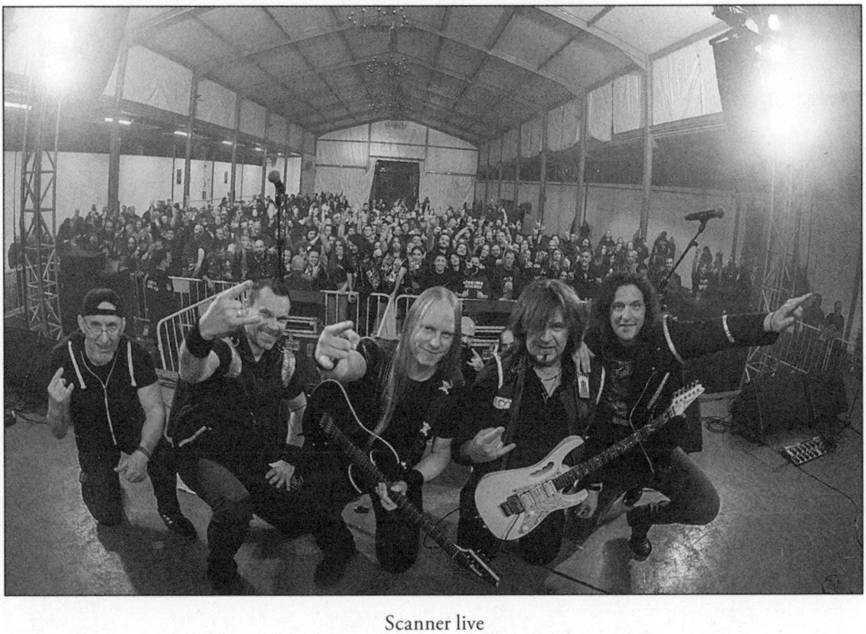

Scanner live

aufgenommen. Doch auch hier gab es – wie zuvor schon bei Angel Dust - Herausforderungen der besonderen Art. Sänger S.L. Coe wurde von Noise Records wegen eines vermeintlich ungebührlichen Benehmens gegenüber der Firma geschasst und ließ sich auf Dauer auch nicht mehr ins Bandgefüge integrieren, sodass man sich von ihm trennte. Zudem stritt man mit Noise, die Scanner „weder im zugesicherten Umfang unterstützten, noch zuließen, dass die Band vorzeitig aus dem Vertrag kam", resümiert Axel Julius.

Die Vertragsprobleme und der daraus resultierende Besetzungswechsel, explizit die Sängersuche, hinderten die Band an einem adäquaten Vorankommen, bis sich schließlich 1994 ein neuer Sänger fand. Nachdem man Ralf Scheepers angefragt hatte, der aber kurz zuvor gerade von Kai Hansen für Gamma Ray verpflichtet worden war, übernahm Haridon Lee alias Leszek Szpigiel (Crows, Duke, Mekong Delta) den Posten des Sängers.

Mit dem Demo „Conception Of A Cure" (1994) im Gepäck unterzeichneten die Gelsenkirchener einen Vertrag bei Massacre Records. Es folgte das Konzeptwerk „Mental Reservation" (1995), das positives Medienecho erhielt. Scanner mussten jedoch bis zu ihrer vierten Platte „Ball Of The Damned" (1996) warten, bis sie auf ihre eigene Headliner-Tour mit Unrest als Support gehen konnten. Auf dem Album kam wiederum Ralf Scheepers zu einem Gastauftritt bei dem Opener ‚Puppet On A String'. Von dieser Ausnahme abgesehen, übernahm Haridon Lee den Gesang. Zusammen mit Fates Warning und Omen wurde durch Europa getourt und erstmals auch auf dem Wacken Open Air gespielt.

Nachdem Haridon Lee auf Solopfaden wandeln wollte, musste in der Folgezeit eine neue Stimme gefunden werden. Konzeptionell entschied man sich für eine Kooperation mit Sängerin Lisa Croft und experimentierte zusätzlich mit Keyboards. 2002 wurde als Ergebnis das fünfte Album „Scantropolis" präsentiert. Das Album bedient nicht die härtere Schiene und darf daher als Ausnahme-Album der Band gelten.

Mit dem bereits 2003 zur Band gestoßenen Sänger Efthimios Ioannidis bestritt man fortan sämtliche Live-Aktivitäten, und mit dem sechsten Album „The Judgement" (2015) debütierte Efthi auch auf CD als der Neue. Dabei besann man sich auf die eigenen Wurzeln zurück und lieferte ein von Spielfreude getriebenes Power-Metal-Album ab, das von Presse und Fans entsprechend honoriert wurde. 2017 folgte die Best-of-Compilation „The Galactos Tapes" mit originalen und neu aufgenommenen Songs aus der bisherigen Schaffenszeit.

Neben den Live-Aktivitäten begann die Band 2022 mit Arbeiten an einem neuen Album. Mit dem aktuellen Line-up blickt die Band nach der langen Corona-Auszeit optimistisch nach vorn.

### 7.3 Andy Brings (Gastbeitrag): Der Kreis schließt sich immer

Wenn man mit sich im Einklang und das eigene Gefühl echt ist, dann erkennt das Universum dieses Wesen, und man treibt automatisch auf das zu, was richtig für einen ist. Immer. Das ist einfach so. In meinem Fall bedeutete das Anfang 1984, im Alter von dreizehn Jahren, mit meiner Mutter am Zeitschriftenregal des Kaufhofs in Mülheim a.d. Ruhr vorbeizugehen und das Musikmagazin Desaster zu entdecken.

Ich war schon seit 1980 KISS- und Iron-Maiden-Fan, liebte die Ramones und Mötley Crüe, hing aber noch an der Nabelschnur von Bravo, Pop/Rocky und Popcorn. Was für eine Welt sich plötzlich dadurch auftat, ausschließlich Berichte und Interviews von Rock- und Metal-Bands lesen zu können. Der Kern selektiver Wahrnehmung ist es, dass man plötzlich nur noch 3er-BMWs im Straßenverkehr sieht, wenn man sich mit dem Gedanken trägt, einen solchen zu kaufen, und so sah ich plötzlich auch andere Metal-Magazine, wie den Metal Hammer, das Rock Hard im lokalen Elpi-Plattenladen und erste Fanzines wie Battlefield und Rocks Off. Ich sagte meinem Taschengeld also leise adieu und freute mich, dass ich meiner

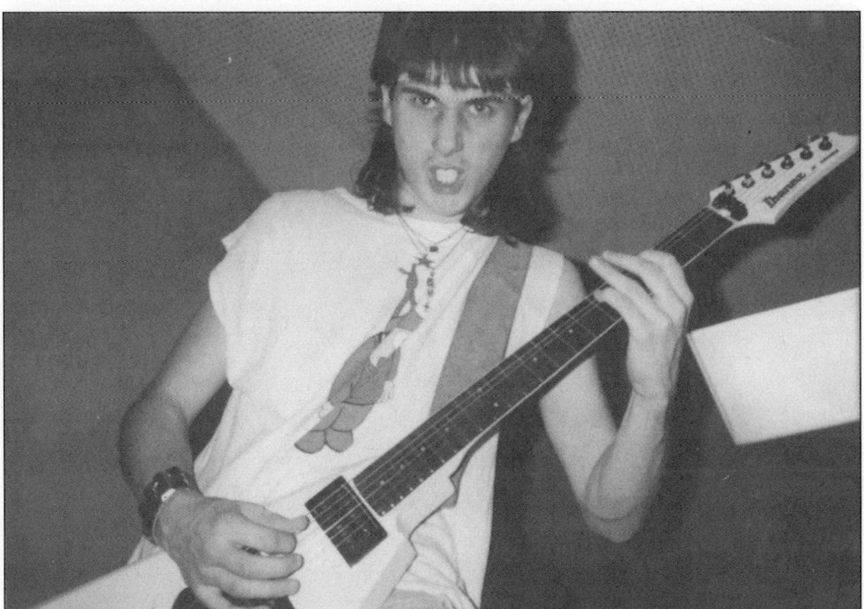

Andy Brings 1986

Liebe zur Popmusik bei Bedarf weiterhin gratis nachgehen konnte, indem ich Bravo und Co. bei meinen Mitschülerinnen las. Aber der Weg war klar, und ein Blick zurück nicht möglich.

Das Desaster hatte einen besonderen Platz in meinem Herzen, wie es erste Lieben so an sich haben. Es kam aus Essen, mein Gitarrenlehrer Klaus Enkmann arbeitete nebenbei in dem Verlag, der es herausbrachte, und es hatte einen großen Kleinanzeigenteil. Ich kann es nicht erklären, aber Mülheim und mein Umfeld waren mir stets zu klein, zu piefig und zu muffig, da musste noch mehr gehen. Also schaltete ich Kleinanzeigen im Desaster, die findige Nerds und Sammler sicherlich schon einmal entdeckt haben. Darin suchte ich Brieffreunde und bot illegalerweise Aufnahmen meiner Plattensammlung zum Tausch an. Das war damals normal, es gab kein Unrechtsbewusstsein, nur uninformierte Naivität und Begeisterung. Sorry dafür, liebe Rechteinhaber. Natürlich machten andere das auch, und so entstanden erste Kontakte in die Tapetrading-Szene. Ich kaufte Livetapes und Demos von Uwe Lerch (Rock Hard), mit dem ich heute noch befreundet bin, oder von C-D Hartdegen, der später zu meinen Sodom-Zeiten bei unserem Management arbeitete.

Am Ende meines Taschengeldes war allerdings immer noch sehr viel Musik übrig, woher sollte ich aber etwas Interessantes zum Tauschen nehmen? Die Lösung hielt der legendäre Konzertherbst von 1984 bereit, der im Ruhr-

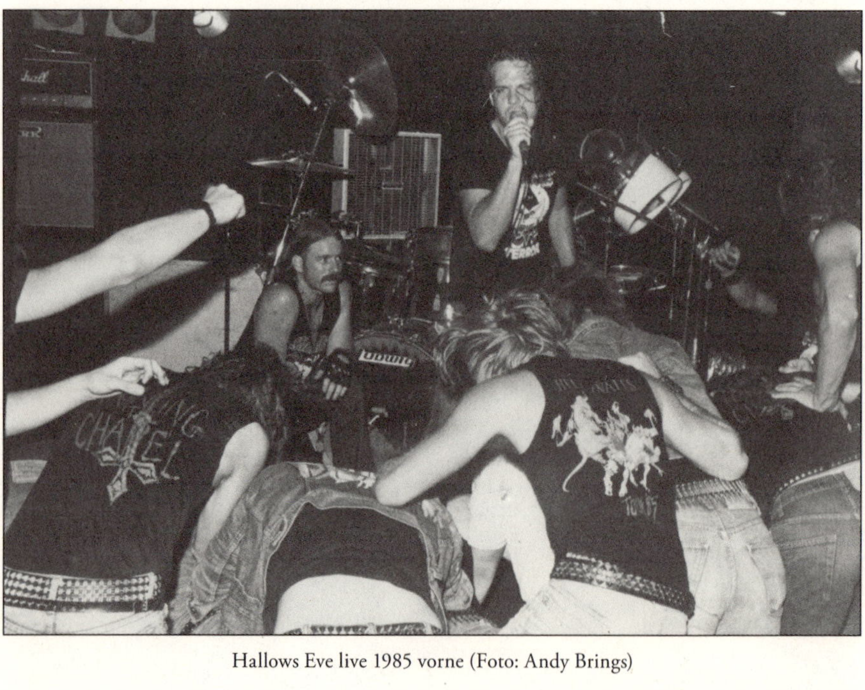

Hallows Eve live 1985 vorne (Foto: Andy Brings)

gebiet binnen weniger Tage folgende Headliner-/Support-Konstellationen parat hielt: Kiss mit Bon Jovi, Iron Maiden mit Mötley Crüe, Dio mit Queensrÿche und Scorpions mit Joan Jett.
Schweren Herzens, aber mit Bestimmtheit, entschied ich mich für die ersten beiden Shows, da diese Packages nicht zu schlagen waren. Ja, das galt auch für Bon Jovi, deren erstes Album ich bereits kannte und liebte. Kiss, Maiden und Crüe waren ohnehin komplett alternativlos, und so reifte in mir der Plan, diese Shows irgendwie aufzunehmen. Ich war dreizehn, entsprechend klein und milchgesichtig, und es war kalt, so war es mir möglich, einen Kassettenrekorder mit Gürteln unter meiner dicken Jacke zu verstecken, um ihn irgendwie in die Halle zu schmuggeln.
Wer bei Maiden/Crüe im Oktober 1984 in der Essener Grugahalle war, wird sich erinnern, was dort los war: totales Chaos, berittene Polizei, Hells Angels als Security, und tausende Wilde, die durch ein Nadelöhr ins Innere des heiligen Tempels drängten. Mein Vater, der mich und drei Kumpels begleitete, schrie die Hells-Angels-Typen an: „Lasst mich durch, ich habe Kinder dabei!", und zack waren wir drin. Wir = ich und mein Kassettenrekorder. Ich muss an dieser Stelle erwähnen, wie rotzcool mein Vater einfach war. Die Dinge, die familiär nicht gut gelaufen waren, machte er wett, indem er mir solche Dinge ohne zu murren ermöglichte.
Von 1980 bis 1981 habe ich den Kiss-Kinofilm „Attack Of The Phantoms" zwölf Mal sonntags im Kino gesehen, weil ich per Telefon und Zeitung stets wusste, wo er im Ruhrgebiet lief, und weil Sonntag immer Papa- und mein Bestimmertag war, hat er mich überall hingefahren, auch wenn es für ihn bestimmt nicht immer spannend war. Long story short: Es lief alles wunderbar, die Aufnahmen waren zwar qualitativ eher medium, aber ich konnte a) die Konzerte immer wieder erleben und hatte b) endlich etwas Interessantes zum Anbieten.
Ein paar Tage später bei Kiss und Bon Jovi in der Düsseldorfer Philipshalle unterlief mir allerdings ein folgenschwerer Fehler. Ich nahm Bon Jovi auf Tape auf, drehte die Kassette um, um die erste Hälfte von Kiss aufzunehmen, drehte in meiner Aufregung dieselbe Kassette erneut um und überspielte Bon Jovi mit der zweiten Hälfte von Kiss. Nachdem ich das zu Hause bemerkt hatte, war ich zwei Wochen lang am Boden zerstört. Eine unverzeihliche Eselei. Da offensichtlich sonst niemand die Shows aufgenommen hatte, waren meine Recordings die einzigen auf dem Markt, und so konnte ich sie gegen neuen Stoff tauschen. Wer auch immer damals oder heute Aufnahmen von Kiss Düsseldorf ´84 und Maiden/Crüe Essen ´84 gehört und/oder gekauft hat: Das sind meine.

Ich war fasziniert von dieser Welt aus alten und neuen Bands, Konzerten, Gedankenfreiheit und dem Gefühl, etwas entdeckt zu haben, das mir und meinen Wünschen und Gedanken komplett entsprach. Fußball war da schon wieder vorbei für mich und kam auch nie wieder, lediglich die Gitarre war gekommen, um zu bleiben. Aber ich wollte mehr. Mehr Musik, mehr Information, mehr Kontakt nach draußen, mehr Aufregung. Eigene Musik zu machen war noch ein Traum, aber stets das Fernziel, was konnte ich der Szene also sonst geben? Antwort: ein eigenes Fanzine. Ich nannte es Rock Shock.

Ab 1985 schrieb ich Bands und Plattenfirmen an, die Adressen standen ja auf den Platten oder in den Magazinen, und bombardierte sie mit Interviewfragen und der Bitte um Material. Und so dauerte es nicht lange, bis ich der Einzige in meiner Klasse war, der Schallplatten und Demotapes aus der ganzen Welt nach Hause geschickt bekam und mit seinen Helden in Briefkontakt stand, wie Peter Burtz von Steeler, Peavy von Avenger (später Rage), Shok Paris, Knightmare II, Elixir, Siren, Atomic Steif von Violent Force, Razor, Attacker und vielen mehr. Black Dragon Records, Wishbone Records, New Renaissance Records, Noise Records … Alles, was heute selten und teuer ist, kam ins Haus geflattert, und ich verbrachte meine komplette Freizeit damit, auf der elektrischen Schreibmaschine meiner Mutter Briefe, Berichte und Artikel zu schreiben.

Was mein Vater mir mit Konzerten et cetera ermöglicht hatte, fand in meiner Mutter die häusliche Entsprechung. Nichts war ihr zu viel, keiner meiner Wünsche zu absurd. Sie hat es nicht unbedingt alles verstanden und fand auch sicher nicht alles gut, aber meine Leidenschaft zweifelte sie nie an, und so hat sie mein Fanzine unter Einsatz ihres Jobs heimlich auf der Arbeit fotokopiert, damit ich es in den Plattenläden der Umgebung und per Post verkaufen konnte. Ich kann ihr nicht genug für alles danken, sie muss Blut und Wasser dabei geschwitzt haben, denn um das Heft drucken zu lassen, war, wie für so vieles, kein Geld da, aber sie hat es irgendwie möglich gemacht.

Aus dieser Zeit habe ich bis heute noch Kontakte. Tommy Stewart von Hallows Eve, Ronnie Galetti von Nasty Savage, Juan Garcia von Agent Steel … Wenn die gewusst hätten, dass sie einem vierzehn Jahre alten Metal-Kid endlos lange Briefe schrieben, hätten sie bestimmt gelacht. Mir war das alles aber sehr ernst, ich konnte nicht genug von dieser Welt kriegen, musste alles hautnah erleben. So fuhr mein Vater mich im Sommer 1985 für ein Interview nach Düsseldorf, in den Proberaum von Stormwind, der ersten Band von Niko Arvanitis, der noch im selben Jahr zu Warlock wechselte. Nach einigem Briefkontakt staunten die Stormwind-Jungs nicht schlecht, als da

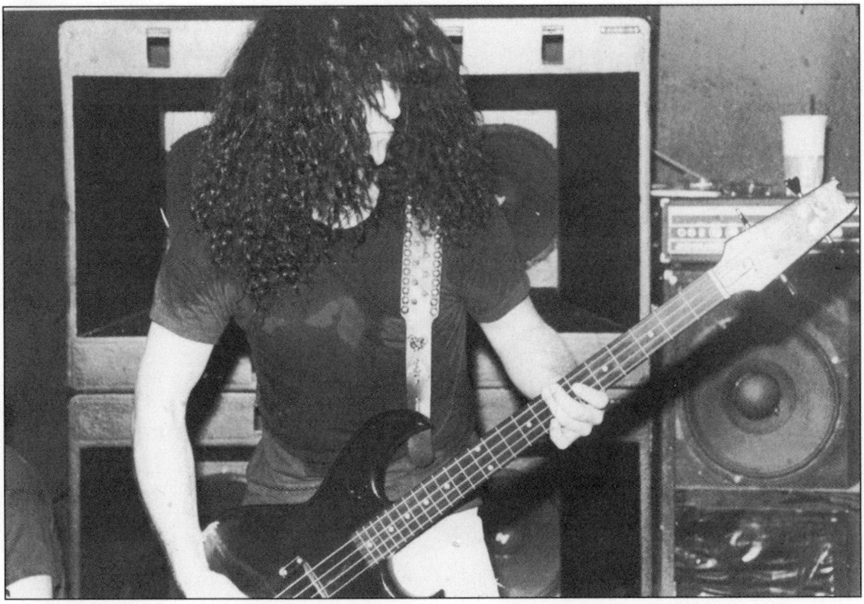

Tommy Stewart (Hallows Eve) 1985 (Foto: Andy Brings)

ein Kind mit seinem Vater aufschlug, aber sie waren irgendwie beeindruckt, sehr nett zu mir und nahmen sich stundenlang Zeit für mich. Sie luden mich sogr zu ihren Konzerten mit Darxon oder backstage zu Warlock ein. Die Tonaufnahmen von damals habe ich natürlich noch, aber zu gern würde ich mal Videoaufnahmen von meinem damaligen Ich sehen. In meiner Erinnerung war ich ein schüchternes Kind, chancenlos in der Schule, aber mein unbändiger Wille ließ mich das alles überwinden.

Durch meine gute Vernetzung erfuhr ich auch von dem Konzert, von dem einige behaupten, dass es nicht stattgefunden habe: Slayer in Oberhausen im Zentrum Altenberg am 20. Juni 1985, die „Hell Awaits"-Tour. Die Show taucht in keinem Tourplan auf, wurde kurzfristig angesetzt, als Ersatz für ein ursprünglich geplantes Konzert von Metallica in Duisburg, und fand nahezu unter Ausschluss der Öffentlichkeit vor vielleicht hundert Zuschauern statt. Immerhin hatte ich meine kleine Pocketkamera dabei und konnte ziemlich gute Fotos machen. Dort fand auch meine erste Begegnung mit Schmier von der Vorgruppe Destruction statt, eine weitere Freundschaft, die bis heute hält. Als kleines Zeugnis meiner damaligen Tätigkeit tauche ich in den Special Thanx des '86er-Albums „Screams In The Night" von Hellion auf. Deren Sängerin Ann Boleyn betrieb auch damals ihr eigenes Label und versorgte mich mit viel Musik und Infos.

Ein weiterer Bogen, den ich von meiner Kindheit in die heutige Zeit schlagen kann, ist mein Kontakt zu Heir Apparent. Deren Debütalbum „Gra-

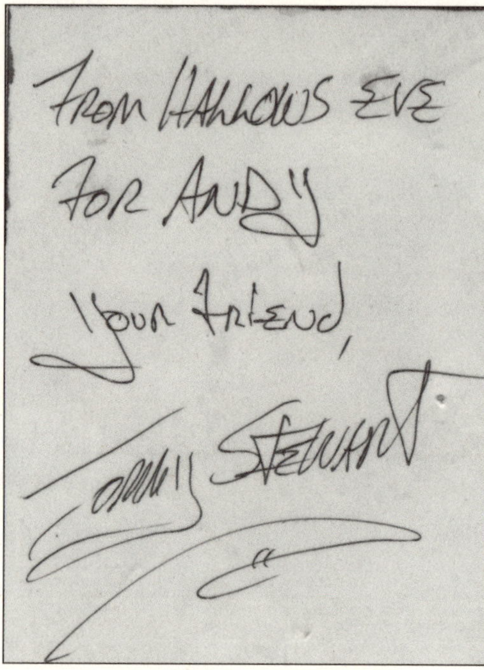


Brief an Andy Brings von Tommy Stewar (Hallows Eve) 1985

ceful Inheritance“ (1986) war, ist und bleibt für immer ein unfassbares Stück Musikgeschichte, dessen magische Kraft sich von Jahr zu Jahr mehr entfaltet, daher war mein Besuch bei deren Show im Juni 1986, zusammen mit Savage Grace und Steeler als Local Support, ein absolutes Muss. Ich traf die Band nach dem Konzert erstmals und ließ mir mein Cover signieren, was ich dreißig Jahre später beim Keep It True Festival noch mal tat, also doppelte Unterschriften auf derselben Plattenhülle. 2019 durfte ich die Band beim Rock Hard Festival ansagen, was mein fünfzehnjähriges Ich 1986 wohl niemals hätte mental erfassen können. Für solche Geschichten lebe ich, und Bandkopf Terry Gorle ist ein guter Freund geworden.

So einfach, wie es heutzutage ist, Kontakte zu pflegen, so umständlich und Geduld fordernd war es damals. Geldscheine in Briefumschläge stecken, noch mal viel Geld für Luftpostporto ausgeben, hoffen und bangen, dass alles beim Empfänger ankommt – und dann warten. Wochenlang, monatelang warten. Aber es hat sich gelohnt. Das Gefühl, wenn Post aus Amerika kam und ein verehrter Musiker handschriftlich und ausführlich geantwortet hatte, habe ich bis heute im Herzen abgespeichert. Die Welt war so riesengroß, und die USA so unfassbar weit weg, es war, als hätte man Raum und Zeit überwunden und eine Verbindung nach ganz oben hergestellt. Netzwerken war nie mühseliger, aber auch nie wertvoller als damals.

Fünfzehn Jahre später, zur Jahrtausendwende, sollten mir meine früh geknüpften Kontakte eine große Hilfe sein. Mit meiner Power-Metal-Band Powergod, die ich unter dem Pseudonym Riff Randall betrieb, machten wir uns an unser erstes Tribute-to-80s-Metal-Album: „Bleed For The Gods – That’s Metal Lesson I“.

Noch vor Social Media, aber schon mit E-Mail, war es mir möglich, neben meiner lieben Freundin Doro Pesch Kontakt zu David T. Chastain, Rob

Rock, Q5, Tommy Stewart von Hallows Eve und vielen mehr aufzunehmen, um Teil unseres Tributs zu sein. Manche haben Liner-Notes geschrieben, aber Juan Garcia und Bernie Versailles von Agent Steel ließen es sich zum Beispiel nicht nehmen, für unsere Version von ‚Bleed For The Gods' die Leadgitarren zu einzuspielen, was damals von Kontinent zu Kontinent noch nicht so leicht war. Da mussten noch DAT-Tapes mit Fedex geschickt werden, während heute in Sekundenschnelle Files den Besitzer wechseln.
Als wir vier Jahre später den zweiten Teil namens „Long Live The Loud" veröffentlichten, war es schon etwas einfacher, so konnten wir zum Beispiel Minoru Niihara von Loudness, Lips von Anvil und John Gallagher von Raven als musikalische Gäste begrüßen und spielten zusammen mit Letzterem beim KIT den Klassiker ‚Mind Over Metal'. Das macht mich wohl zum einzigen deutschen Musiker, der sowohl beim Keep It True Festival als auch im ZDF Fernsehgarten aufgetreten ist.
Man muss Kontakte pflegen, und das tue ich seit fast vierzig Jahren. Neben den bereits erwähnten Weggefährten ist mir der Kontakt zu Alex Gernandt unbedingt eine Erwähnung wert. Alex war mit seinem Fanzine Shock Power, noch vor Holger Stratmann und dem Rock Hard, der erste Underground-Magazinmacher Deutschlands. Seinetwegen bekamen Hellhammer einen Plattenvertrag, er hat als Erster über Sodom (und viele andere) berichtet und taucht als einziger deutscher Journalist in den Credits von Exodus' „Bonded By Blood" auf. Sein Weg führte ihn später über den Metal Hammer und Crash zur Bravo, die er lange leitete. Heute schreibt er für Spiegel Online, und ich genieße es sehr, mit Alex über gestern, heute, morgen, Al Pacino, „Derrick" und „Kir Royal" zu sprechen.
Ein gesamtheitlicher Blick auf das eigene Tun und die eigene Vergangenheit ist unerlässlich, wenn man Gegenwart und Zukunft meistern will, und den gegangenen Weg versteht man

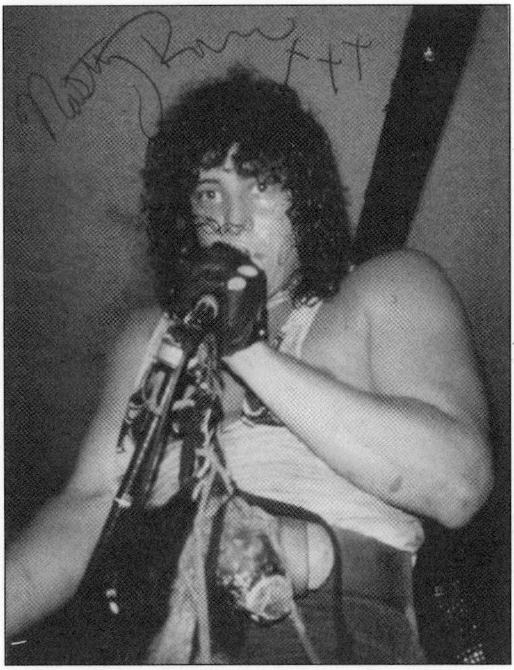
Ronnie Galletti (Nasty Savage) 1985 signiert

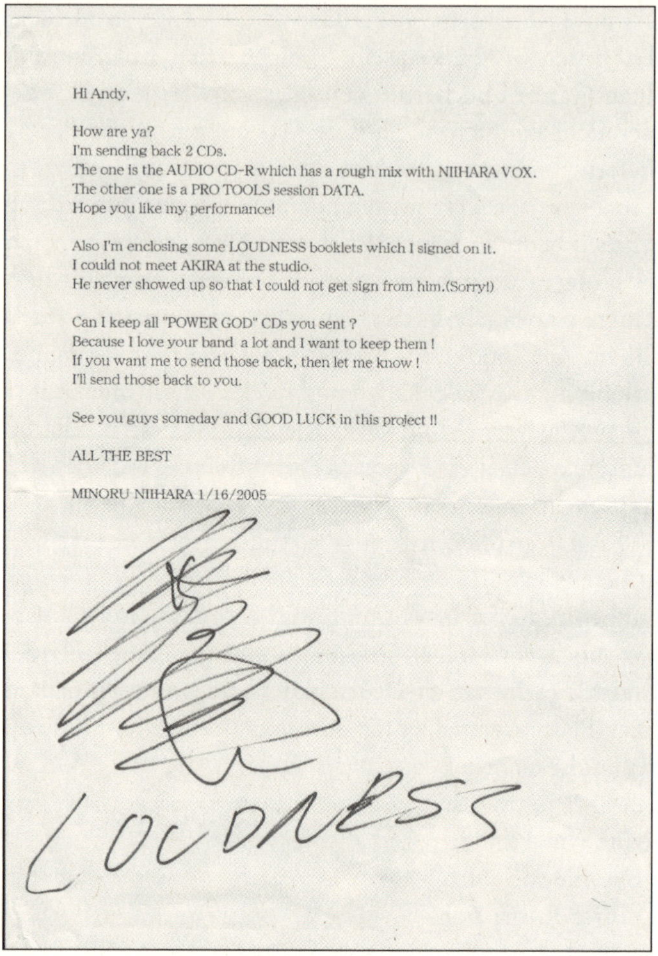

Hi Andy,

How are ya?
I'm sending back 2 CDs.
The one is the AUDIO CD-R which has a rough mix with NIIHARA VOX.
The other one is a PRO TOOLS session DATA.
Hope you like my performance!

Also I'm enclosing some LOUDNESS booklets which I signed on it.
I could not meet AKIRA at the studio.
He never showed up so that I could not get sign from him.(Sorry!)

Can I keep all "POWER GOD" CDs you sent ?
Because I love your band a lot and I want to keep them !
If you want me to send those back, then let me know !
I'll send those back to you.

See you guys someday and GOOD LUCK in this project !!

ALL THE BEST

MINORU NIIHARA 1/16/2005

LOUDNESS

Brief von Loudness an Andy Brings 2005

eh erst in der Retrospektive. Wie ist es möglich, dass Dinge, die man als Kind intuitiv gemacht hat, ohne jegliche Vorstellung von größeren Zusammenhängen und ihrer Bedeutung für das große Ganze, vierzig Jahre später noch nachhallen? Ich stelle mir oft die Frage, was mich geleitet hat, woher diese Eindeutigkeit kam, und auch dieser unstillbare Hunger nach Musik, der bis heute nicht abgeklungen ist.

Ich bin niemand, der gern romantischer Verklärung anheimfällt, getreu dem Motto „Früher war alles besser, und ganz früher war alles noch besser", denn das atmet für mich den spießigen Charakter von elterlichem Partykeller, Kegelclub, Vereinsmeierei und Mettigel, den es früher unter allen Umständen abzuwählen galt. Ich kann das zum einen nur mit der heiligen Liebe zur Musik erklären, die mich allerdings weder blind noch taub wer-

den ließ, sodass es mir oft möglich war, zu sagen: Okay, ab hier macht ihr mal schön ohne mich weiter, diese Parade lasse ich gern als Unbeteiligter durchs Dorf ziehen, aber euch wünsche ich ganz viel Spaß dabei.
Zum anderen ist da diese Haltung, meine Attitüde, die es mir seit einundfünfzig Jahren bewusst und unbewusst ermöglicht, zum Beat meiner eigenen Trommel durchs Leben zu marschieren, und den Wunsch nach Freiheit und Abenteuer Wirklichkeit werden ließ. Keine Uniformen, keine Regeln. Wenn man mit sich im Einklang und das eigene Gefühl echt ist, dann erkennt das Universum dieses Wesen, und man treibt automatisch auf das zu, was richtig für einen ist. Immer. Und nur so halten Netzwerke, Freundschaften und Ideen über Jahrzehnte.

## 7.4 Interview mit Gerald Wilkes (Continental Concerts): Raus aus dem Pott

Der Name Wilkes fällt im Kontext nicht nur der regionalen Szene seit Jahrzehnten: Als ehemaliger Mitarbeiter von Boggi Kopec betreute er Bands wie Kreator auf ihrer ersten US-Tour und gehört mit seiner eigenen Company Continental Concerts längst zum Inventar der Veranstalterszene. Neben großen Acts wie Accept ist auch die Essener Thrash-Institution Darkness bei ihm unter Vertrag.

Mittlerweile habt ihr das Ruhrgebiet verlassen und seid nicht mehr im selben Gebäude wie Century Media Records in Dortmund untergebracht. Wodurch kam der Umzug in die westfälische Provinz nach Reken zustande?
Gerald: „Das liegt vor allem an meinem Wohnort – ich wohne seit 2003 im Emsland, und Reken liegt da natürlich wesentlich näher als Dortmund. Dazu kam, dass sich das Bürogebäude in Dortmund nach dem Verkauf von Century Media Records doch stark verändert hatte. War aber eine coole Zeit in der Schäferstraße 33a."

Für den zweiten Band von „Kumpels in Kutten" wurdest du bereits interviewt, und wir haben unter anderem über die Tour mit Kreator und D.R.I 1988 in den USA gesprochen. Mit Kreator sowie Rage hast du danach noch bei Drakkar zusammengearbeitet. Gab es nach der Gründung von Continental Concerts weitere Berührungspunkte mit eben jenen Ruhrgebiet-Bands?
Gerald: „Ja, wir haben beide Bands des Öfteren für unsere Festivals gebucht, und ich habe auch mit großer Freude den Werdegang von Kreator verfolgt. Ich gönne ihnen diesen Erfolg von ganzem Herzen!"

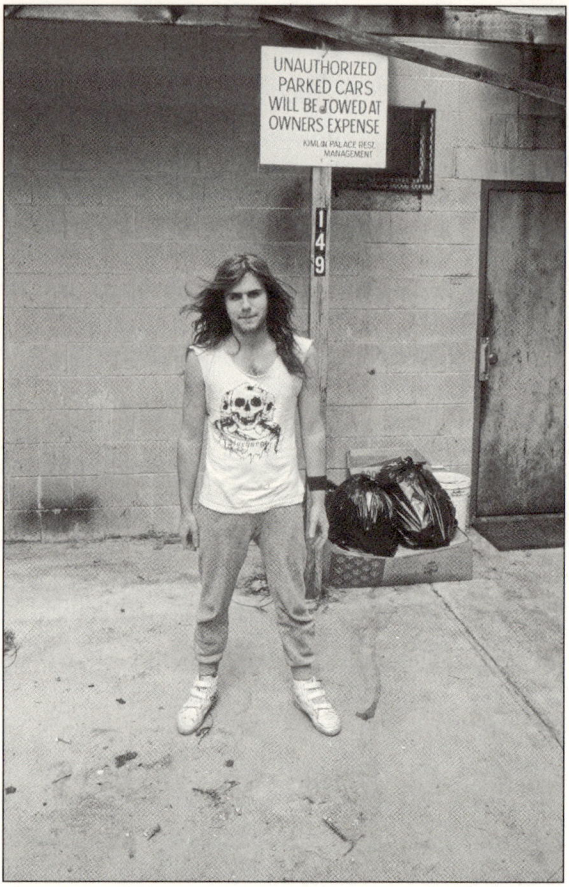


Kreator auf US-Tour 1989 (Foto: Uwe „Buffo" Schnädelbach)

Erlebst du im Ausland, dass Fans dem Ruhrgebiet eine besondere Bedeutung zuschreiben?
Gerald: „Ja, das bekommen wir durch unser Ruhrpott Metal Meeting schon mit."

Wie muss man sich denn die Arbeit einer Konzertagentur in etwa vorstellen: Sitzt man zusammen mit der Band an einem Tisch und überlegt sich einen Masterplan, wie man im Live-Sektor auf ein ähnliches Level wie Sodom & Co. kommt?
Gerald: „Man sitzt zusammen und überlegt mögliche Aktionen, um die Band auf ein höheres Level zu bringen, vor allem durch Tourneen und Festivals."

Mit den Solingern Accept habt ihr eine der großen deutschen Bands auch im Management unter Vertrag. Accept sind trotz Hin und Her zwischen Auflösung und neuen Sängern eine Legende und zu alter Stärke zurückgekehrt. Die letzten Alben waren ebenfalls sehr stark. Wie erklärst du dir, dass Accept schon Anfang der 80er Jahre derart international vernetzt waren und schon früh unter anderem mit Iron Maiden auf Tour gingen?
Gerald: „Die Band hatte bereits Anfang der 80er Jahre ein internationales Niveau – und war neben den Scorpions die beste deutsche Hardrock- und Metal-Band. Dazu hatten sie eine gute Managerin, die international gut vernetzt war. Ich buche Accept seit über zwanzig Jahren und denke, wir haben eine ähnliche Vision. Antje Lange ist nun zum Team dazugestoßen, da sie eine langjährige Expertise als CEO sowohl von ihrer Arbeit bei Century Media als auch Nuclear Blast hat."

Als Konzertveranstalter und Manager beobachtet du sicherlich auch die Konzentration der Plattenlabels: Century Media ist verkauft, ebenso Nuclear Blast ... Die Entwicklung bleibt spannend, wenn zum Beispiel ein Digitalriese wie Believe den Markt aufmischt, wodurch die Metal-Kultur zum Spielball großer Konzerne wird. Inwieweit hat diese Konzentration Auswirkungen auf eure Arbeit?
Gerald: „Als Konzert-Agentur interessiert uns das eher zweitrangig. Als Management müssen wir da natürlich genau beobachten, wie die Labels sich aufstellen."

Zwei Jahre Pandemie haben in der Kulturbranche heftige Spuren hinterlassen. Auch wenn im Live-Sektor zumindest in Deutschland so gut wie nichts lief, gab es im Ausland immerhin einige Konzerte. Wie muss man sich euren Job in dieser Zeit vorstellen: Lief im Hintergrund viel an Planungen, oder war tatsächlich mehr oder weniger Stillstand?
Gerald. „Es wurde tatsächlich im Hintergrund viel gearbeitet, aber leider nicht konstruktiv, sondern es wurde abgesagt, umgebucht und versucht zu überleben."

## 7.5 Gastbeitrag Michael Kling: Bernemann (Bonded) und Klingerich über alte und neue Zeiten im Metal

Freitag, der 27. Mai. 2022, Dortmunder Norden, Fredenbaumpark. Zwei Männer mittleren Alters sitzen auf einer Parkbank vor einem Teich und unterhalten sich. Bernd „Bernemann" Kost (59), Gitarrist der Dortmunder Metal-Band Bonded, und Michael „Klingerich" Kling (50), Jurist und Metal-Fan, sprechen über Bernemanns Erfahrungen in der Welt des Metal.

Wie alles seinen Anfang nahm in Dortmund, über den Charakter der Szene(n) dort und in Essen, über das Auf und Ab des Genres in den vergangenen vierzig Jahren und den Stand des Metal heute. Einige Ausschnitte aus dem Dialog:

Früheste musikalische Erfahrungen Bernemanns
Michael: „Du bist 1963 geboren. Ich will von dir gern wissen, was deine frühesten musikalischen Erfahrungen waren. Es wird ja dann schon in den Siebzigern gewesen sein."
Bernemann: „Ja, richtig. Also das, woran ich mich jetzt bewusst erinnere: Ich habe damals, das war 1972, im Radio eine Band gehört und war total begeistert. The Sweet sind das gewesen, und die hatten damals den Song gehabt ‚Wig Wam Bang' (Die 7"-Single wurde am 1. September 1972 veröffentlicht). Ich habe mir das dann auch aufgeschrieben, aber ich hatte ja noch keinen Englischunterricht, wusste also nicht, wie es geschrieben wird. Daher habe ich das so aufgeschrieben, wie man es sprichst."
Michael: „Kenne ich, habe ich auch so gemacht. (lacht)"
Bernemann: „Mit dem Zettel bewaffnet bin ich dann losgegangen. Wir hatten bei uns in Dortmund eine Woolworth-Filiale, und da bin ich mit dem Zettel rein und habe nach dieser Platte gefragt. Und die Frau konnte mir tatsächlich helfen und hat mir die Single verkauft. So bin ich an mein erstes Vinyl gekommen. Das war der erste Eindruck."
Michael: „Das ist sehr früh."
Bernemann: „Durch meinen Cousin, der ein paar Jahre älter ist als ich, habe ich damals auch viel Slade gehört. Zu T. Rex kam ich später, und das waren so meine ersten Berührungen mit Musik, wofür ich mein Taschengeld rausgeworfen habe. Du hast alles aufgesaugt, was kam. Ich habe eine Zeit lang ganz viel Beatles gehört, die es damals schon nicht mehr gab. Meine Eltern haben ganz andere Sachen gehört, die waren wirklich stecken geblieben in ihrer Jugendzeit."
Michael: „In den 50ern?"
Bernemann: „Ach, davor noch wahrscheinlich. Da kamen westfälische Nachtigallen und mein Vater, der stand auf Ernst Mosch und die original Oberkrainer ... Egerländer Musikanten und ähnlicher Kram."
Michael: „Du, die sind wieder in. Freunde bei mir aus dem Lahn-Dill-Kreis hören das."
Bernemann: „Oh Gott (lacht)."

## Frühe Konzertbesuche

Michael: „Hast du damals auch schon Konzerte besucht? Gab es eine Szene, von der man irgendwie sprechen kann, Ende der 70er?"

Bernemann: „Nein. Ich war damals fünfzehn Jahre alt. Ich stand auch sehr auf Queen zu der Zeit. Und 1979 waren Queen hier in Dortmund in der Westfalenhalle auf der „Live Killers"-Tour. Da bin ich dann gewesen. Das war mein erstes großes Konzert 1979. Von einer Szene kann man nicht reden, das ging alles erst ein bisschen später los, mit Beginn der 80er, da sind wir dann zusammen zu Konzerten gegangen usw. Als wir selbst auch angefangen haben, Musik zu machen."

Michael: „Mit Freunden aus der Schule?"

Bernemann: „Ich habe einen Schulkollegen gehabt, wir waren wahrscheinlich zwölf oder dreizehn Jahre alt. Wir gingen in den Gitarrenunterricht in irgend so einer Kirchengemeinde, und da wurden uns die ersten grundlegenden Sachen beigebracht. Also Fingerpicking mit einer Konzertgitarre. Das waren ganz einfache Sachen. Wir haben tatsächlich Noten gelernt. Damals konnte ich das. Ich bin dann mit etwa achtzehn hier in Dortmund bei einer Tour zu einer Band dazugekommen – Freunde, die ich von früher kannte. AB Negative hießen die. Dort habe ich einen Gitarren-Crashkurs bekommen. Das, was ich in den Jahren vorher im Unterricht gelernt hatte, war irgendwie vergessen. Und dann habe ich zum ersten Mal gesehen, was ein Powerchord ist. Das kannte ich gar nicht. Wir hatten kein YouTube oder so, wo du irgendwas gelernt hast, aber ich hatte einen Freund, der schon ein bisschen mehr Erfahrung hatte, was Hardrock und Metal angeht. Ein Jahr lang haben wir uns immer wieder im Keller eingeschlossen, über einen Zeitraum von mehreren Wochen. Wir wollten zusammen was machen, und er hat mir sehr viel beigebracht auf der Gitarre. Zu der Zeit hatten wir auch die ersten Auftritte. Ja, und so ging das Ganze dann los, und gleichzeitig kam natürlich auch Neues auf Vinyl: Venom, Metallica, Saxon waren ja schon früher da."

Michael: „Vorher schon Maiden. Die ersten beiden. Oder die ersten drei eigentlich schon."

Bernemann: „Maiden kamen auch, genau, und dann ging es richtig los, eine Lawine."

## Die Szenen in Dortmund und Essen

Michael: „Und wo seid ihr dann hin? Seid ihr auch nach Essen in die Zeche Carl zu Konzerten gefahren?"

Bernemann: „In Dortmund sind wir eigentlich mehr unter uns geblieben. Das hat sich parallel entwickelt. Essen war sicherlich ebenso eine Hochburg zu der Zeit. In Dortmund haben wir viel mit anderen Bands gemacht, vor allem im CEAG viele Partys. Wir hatten ein paar Kneipen in Dortmund: Jolly Jumper oder die Pedale. Das waren Läden, wo wir uns getroffen haben. Oder später, ein paar Kilometer entfernt in Schwerte, im Black Bottom. Man ist zusammen auf Konzerte gefahren, oder im Proberaum selbst ist viel abgegangen, mal hier eine Party, mal da."

Michael: „Die Proberäume waren quasi zentralisiert, und du hast vorhin schon im Auto gesagt, das CEAG-Gebäude war der Knotenpunkt aller Dortmunder Bands, die auf einmal versammelt waren."

Bernemann: „Genau. Es war ein Verwaltungsgebäude, das sich CEAG nannte (Concordia Electrizitäts-AG, gegründet 1906 in Köln, eine Holding der Familie Quandt). Es stand leer und wurde an Bands vermietet. Zu Hochzeiten in den Achtzigern waren da sicherlich auf dem Gelände mindestens hundert Bands drin. Die ganze Dortmunder Szene, mit wenigen Ausnahmen, hat sich komplett dort getroffen. So hatte man auch sehr viel Kontakt zu den anderen Musikern. Auf die Toiletten konntest du beim besten Willen nicht draufgehen, das ging gar nicht. Niemand hat sich darum gekümmert, man hatte da wohl vor jedem Proberaum einen extra Stromzähler angebracht, aber schon um die Türen musste man sich selbst kümmern und irgendwelche Gitter, Beschläge oder Stahltüren mit einem Vorhängeschloss anbringen."

Michael: „Weil viel geklaut worden ist?"

Bernemann: „Es wurde viel geklaut und viel kaputt gemacht. Das war schon sehr abgerockt, wirklich ghettomäßig. Aber es hielt sich tatsächlich bis Anfang der 90er. Dass muss so 1993/'94 gewesen sein, glaube ich. Da haben wir das CEAG-Gebäude verlassen, weil es veräußert wurde. Dann sind wir halt umgezogen." (Und zwar in das Musik- und Kulturzentrum MUK in der Güntherstraße 65, in dem heute knapp siebzig Bands ihren Proberaum haben. Das CEAG-Gelände wurde im Rahmen der Internationalen Bauausstellung Emscher Park 1989-1999 in Wohnbebauung umgewandelt).

Michael: „Ventor von Kreator erzählte mal im Interview, dass man sich in Essen auch in einer Location traf. Wenn ich mich recht erinnere, war das die Zeche Carl, und er sagte, all diejenigen, die heute noch aktiv sind, kennt man quasi aus seiner frühen Jugend. Vielleicht sogar schon aus der Schulzeit."

Bernemann: „In der Zeit war es natürlich so. Dadurch dass du die anderen Bands permanent gehört hast, hat man sich gegenseitig einen Konkurrenzkampf geliefert und sich sehr beeinflusst. Einerseits war das gut, das hat natürlich dafür gesorgt, dass die Leute technisch gesehen den anderen in nichts nachstehen wollten. Man war sehr motiviert, die Nachbarband wollte man gleich noch mal toppen. Andererseits hat es uns im Nachhinein zum Teil ein bisschen auf den falschen Weg gebracht. Zum Beispiel in Essen waren zu der Zeit, zumindest habe ich den Eindruck, die Bands technisch noch gar nicht so weit. Aber Angel Dust (Bandgründung 1984 in Dortmund) sind nie so weit gekommen wie Kreator oder Sodom, das ist recht offensichtlich. Die Jungs in Essen haben das aus dem Bauch heraus gemacht und ihr Ding durchgezogen. In Dortmund war man vielleicht ein bisschen zu verspielt oder vielleicht auch ein bisschen technischer."

Michael: „Offensichtlich hatte Ventor auch nie richtigen Unterricht, sondern sich alles rein autodidaktisch draufgeschafft. Denkt man heute nicht, wenn man die Band hört."

Bernemann: „Ja klar. Das hat dann halt lange gedauert. Das war so. Das meint man gar nicht."

Michael: „Lombardo ist ja auch Autodidakt, hat irgendwie vier Wochen Unterricht gehabt und dann gesagt: ‚Nee, tut mir leid. So nicht.' Diese Naturtalente bewundere ich. Im Grunde ist es richtig, erst einmal Noten und die ganzen Tricks und Kniffe an der Gitarre zu lernen, statt sich das abzugucken."

Bernemann: „Ja, klar. Wenn ich heute junge Musiker höre, dann bin ich manchmal echt erstaunt, wie schnell die technisch auf einem unglaublichen Level sind. Da gibt es wirklich sehr, sehr gute Musiker. Ich habe das oft erlebt, wenn wir mit Sodom unterwegs waren, dass da irgendeine lokale Support-Band vor uns spielte. Dann machten die Soundcheck, und du warst schon beeindruckt. Und wenn du die Jungs hast spielen hören, dann war es vorbei. Dann hast du gesagt: Komm, ist gut, hört auf jetzt. Du kannst im Internet die ganzen Tabulaturen runterladen oder die Videos ansehen. Andererseits leidet deine eigene songtechnische Entwicklung darunter, die eigenen Gedanken bleiben auf der Strecke. Ich habe insgesamt ein bisschen den Eindruck, dass dabei die Originalität und die Individualität oder die Experimentierfreude verloren gehen. Aber an ihren Instrumenten sind die Jungs heute wirklich fit."

Michael: „Ich habe, was die Technizität angeht, ein schönes Lob für die Crows gefunden. Götz Kühnemund vom Rock Hard Magazin hat damals für die Crows-Platte „The Dying Race" (1991) acht von zehn Punkten gegeben. Er schrieb eine sehr schöne Rezension. Die passt auch so ein bisschen zu deiner jetzigen Band Bonded, wenn man das so liest: ‚Nicht deutsch, eingängige Melodien, kräftige Instrumentierung.' Ist das so? So würde ich eigentlich eine progressive Band beschreiben, nicht unbedingt eine Thrash Band."

Bernemann: „Ja, schon."

Michael: „Wenn ich nicht wüsste, wie Crows klingen, hätte ich gesagt: Vielleicht klingen die so wie Dream Theater oder Queensrÿche, und dabei war es ja ganz anders. Aber es ist letztlich doch passend, ich habe mir das Album ein paarmal angehört. Sehr eingängig, aber überhaupt nicht kitschig. Melodie und Härte in einer glücklichen Weise vereint."

Bernemann: „Ich bin heute noch mit der Platte zufrieden, mit den Aufnahmen vom Sound her leider nicht. Wir haben unter extremem Zeitdruck aufgenommen. Das hört man der Sache auch an, unsere Demo-Aufnahmen klingen tatsächlich besser. Wir haben wirklich tolle Songs gehabt. Ich war damals sehr stolz, dass ich in dieser Band gespielt habe."

Michael: „Zu Recht."

Bernemann: „Es war ein unheimlicher Wechsel zwischen den Musikern von Angel Dust und Crows. Die beiden Bands, die haben sich ständig befruchtet und sich die Leute gegenseitig weggenommen. Ich habe bei Angel Dust gespielt oder Frank ‚Banx' Bankowski, der leider verstorben ist, bei Crows. Er war eigentlich ein Gründungsmitglied von Crows, ist danach aber mit Angel Dust bekannt geworden, kam 1990 wieder zu Crows zurück, um nachher wieder zu Angel Dust zu gehen. Der ist also immer gependelt zwischen den Bands."

Michael: „Das war damals aber nicht so üblich oder? Heute ist es normal, dass man in zwei oder drei Bands spielt. War das damals verpönt?"

Bernemann: „Fürchterlich war es, aber ich würde nicht verpönt sagen. Es war jedenfalls nicht so üblich, Banx hat ja auch nicht gleichzeitig in beiden Bands gespielt. Aber mit heute hast du recht. Es ist leider so – für mich unverständlich –, aber wenn du zu viel Zeit hast, kannst du das machen. (Bernemann arbeitet Vollzeit als Werkzeugmacher.) Dafür stecke ich jetzt zu tief bei Bonded drin, und bei CROWS ist es damals nicht anders gewesen. Ich bin selber recht kreativ, niemand, der in den Proberaum geht und Songs lernt, um sie irgendwann einfach zu spielen. Dann hätte ich vielleicht Zeit für eine zweite Band, aber ich engagiere mich zu sehr. Du hast das gerade ja gesehen (er meint den vorherigen Besuch im Proberaum von Bonded). Ich habe unser Merchandise oder CDs da, es sind immer Sachen zu erledigen, du hängst viel am Telefon und so weiter."

Michael: „Und du musst Interviews führen mit Leuten, die keine Ahnung haben (lacht)."

Bernemann: „Du erzählst dummes Zeug (lacht). Es ist halt so, die Band füllt einen neben der Familie und der Arbeit schon aus. Um ernsthaft noch in eine andere Band reinzukommen, hätte ich überhaupt keine Zeit, um da richtig mein Herzblut reinzustecken."

Michael: „Das würde ich wahrscheinlich genauso handhaben. Lieber eine Band richtig als zwei nur so halb. Du hast ja sehr viel Energie in Bonded gesteckt. Ihr habt innerhalb kürzester Zeit zwei Alben veröffentlicht: „Rest In Violence“ (2020) und „Into Blackness“ (2021).“
Bernemann: „Ja. Solang du nicht finanziell davon abhängig bist, brauchst du dir auch nicht zu sagen: ‚So, ich muss jetzt noch ein paar Auftritte mehr machen oder gehe noch mit einer Coverband auf Tour, damit ich ein bisschen Geld verdiene.‘ Ich muss das nicht und bin ganz froh, dass ich meine Energie nur in Bonded stecke.“

Die Zeit bei Sodom (1996 bis 2018) im Zeitraffer
Michael: „Bevor wir zu Bonded kommen, würde ich gern mal kurz über die Sodom-Zeit sprechen. Du bist ja 1996 eingestiegen und warst zweiundzwanzig Jahre dabei, und 1996 war ja eigentlich eine verdammt schlechte Zeit für den härteren Metal. Das war die Phase, als Metallica „Load“ veröffentlicht haben. Kurze Haare, alles wurde so ein bisschen poppiger.“
Bernemann: „Das ist richtig. Kreator brachten „Endorama“ (1999) in dieser Zeit raus. Auch Angel Dust machten auf einmal was ganz anderes, das deutlich progressiver war als vorher.“
Michael: „Wann war der Zeitpunkt, zu dem der Thrash Metal wieder eine Chance bekommen hat oder wieder so beliebt wurde wie früher?“
Bernemann: „Also bei Kreator habe ich das ganz klar gesehen, als die „Violent Revolution“ (2001) rauskam. Wir waren damals auf Tour mit Destruction, und das war ziemlich genau, als wir die „M-16“ rausgebracht haben. 1996, als Bobby (Schlagzeuger Konrad „Bobby“ Schottkowski) und ich bei Sodom eingestiegen sind, das war noch recht orientierungslos. Ich will nicht sagen, am Arsch, aber im Umbruch. Damals sah es bei Sodom nicht besonders gut aus. Tom hatte ja nach der „Masquerade In Blood“ (1995) keinen Gitarristen mehr – Strahli (Dirk ‚Strahli‘ Strahlmeier, verstorben am 13.01.2011) musste dann aufhören. Der ist, glaube ich, eingefahren zu der Zeit. Er hatte eine Menge dummes Zeug gemacht, und alles sah gar nicht gut aus. Die Verkäufe gingen zurück. Und zu der Zeit, als wir bei Sodom reinkamen, war Tom immer noch sehr Punk-beeinflusst. Ich erinnere mich, als wir uns zum ersten Mal getroffen haben im Endzeit: Tom erzählte uns von Exploiteds „Beat The Bastards“ (1996). Ein Megaalbum! Das ist halt Metal-Punk. Sehr geil, und Tom wollte gern so was machen. Als wir uns die ersten Male getroffen haben, haben wir tatsächlich Songs von dem Album gecovert, um überhaupt was zum Spielen zu haben. Und demzufolge klingt das erste Album „'Til Death Do Us Unite“ (1997) ziemlich zusammengewürfelt. Wir haben Altlasten aufgearbeitet, die ich noch

so in der Schublade hatte, oder Sachen, die beim Proben entstanden sind. Aber andererseits ist das auch so ein bisschen der Reiz an der Platte. Wir sind völlig unbedarft rangegangen, mussten in Windeseile fertig werden, weil der Veröffentlichungstermin stand. Bei so ziemlich jeder Probe haben wir mehr oder weniger einen Song gemacht, den wir auf einem Ghettoblaster aufgenommen haben."

Michael: „Und damit seid ihr dann ins Studio gegangen?"

Bernemann: „So ungefähr. Ich erinnere mich, dass Harris Johns (langjähriger Produzent von Sodom) zu uns in den Proberaum kam und sagte: ‚Jungs, spielt mal, lasst mal hören.' Wir guckten uns an: ‚Harris, du, wir können das jetzt alles gar nicht spielen.' Er fragte: ‚Was ist los?', und wir sagten: ‚Wenn wir eins fertig haben, dann nehmen wir das. Und dann machen wir den nächsten Song.' Und das Gesicht von Harris wurde immer länger. Der war total angepisst. Wir konnten es natürlich nachher, aber es war schon sehr, sehr unbedarft und hektisch."

Michael: „Ich denke, ihm hätte es gereicht, wenn ihr es ihm mal hingerotzt hättet."

Bernemann: „Aber die Blöße wollten wir uns nicht geben. Ich habe mich nachher gefreut. Ich habe mich im Studio lange mit Harris unterhalten, und der sagte mir: ‚Mein Gott, als ich zu euch kam, dachte ich: Was ist denn hier los?' Aber als wir warm wurden und ins Rollen kam, merkte er, dass mehr dahintersteckt. Und ich höre die Platte heute eigentlich ganz gern. Das ist sicherlich kein Meilenstein. Aber gerade dadurch, dass die so schnell und unbedarft zusammengeschustert wurde, klingt das für mich auch heute noch tatsächlich frisch. Da ist ja auch sicherlich nichts überproduziert oder sonst was. Das ist wirklich sehr, sehr frisch. Das passt allerdings nicht so lupenrein in den Thrash Metal wie die „Code Red" (1999) zum Beispiel, die danach rauskam. Wir waren uns auch einig, dass wir diese Punk-Einflüsse in Maßen halten. „Code Red" fand ich schon deutlich besser."

Michael: „Ich habe mir zur Vorbereitung auf das Interview die „M-16" (2001) noch mal komplett angehört und finde, ein bisschen Punk hört man auch raus."

Bernemann: „Ist auch drin, klar. Beim Songwriting hat sich in den Jahren einiges geändert, aber für mich ist bei Sodom ein roter Faden drin und der geht für mich tatsächlich, und da bin ich sehr froh, über „Decision Day" (2016) hinaus. Es setzt sich für mich sogar bei Bonded weiter fort."

Die Zeit bei Bonded

Michael: „Euer Songwriting finde ich noch um einiges origineller als in Sodom. Wenn man melodischen Thrash mag, dann ist es das Richtige."

Bernemann: „Ich bin mit Melodien aufgewachsen. Und andererseits liebe ich natürlich Slayer. Also harte Riffs, harte Musik. Für mich wird es auch schnell langweilig, wenn ich Bands höre, bei denen es auf einem Level durchgeht, ohne Höhen und Tiefen und nur mit so einem Gegrowle drauf. Das ist für mich sehr schnell ermüdend. Ich mag einfach immer diesen Kontrast in der Musik. Der Gesang ist spätestens im Refrain … du merkst, da ist ein Refrain, und das ist hoffentlich ein guter. Die Härte muss ebenfalls drin sein, geile Riffs, an die man sich erinnert. Es soll nicht zu wimpy werden, aber das ist für mich einfach wichtig, das macht einen guten Song aus. Jeder hat da andere Ansichten drüber, aber das ist es, was ich im Moment in der Szene ein klein wenig vermisse. Bei vielen Bands denke ich mir: Mensch, die spielen so geil, wenn die jetzt noch ein Songwriting hätten, das damit konkurrieren kann, dann wäre es einfach noch viel besser."
Michael: „Oft fehlen ein bisschen die Individualität oder die Raffinesse."
Bernemann: „Genau. Ich weiß, es gibt Leute, die sagen, Bonded ist uns schon zu melodisch. Wer gibt das als Thrasher schon gern zu, dass er Melodien mag? Ich weiß aber andererseits, dass es genau das ist, was uns viel, viel Interesse von anderen Leuten einbringt, die das zu schätzen wissen. Und wir wollten nicht klingen wie eine andere Band. Wir wollten das machen, was uns entspricht, was wir gern machen und was wir können. Aber ich denke, dass viele Sachen auch mit Tom gut geklungen hätten."
Michael: „Auf jeden Fall. Aber ich habe den Eindruck, dass ihr vielleicht so ein paar Fesseln gelöst habt. Ob die tatsächlich bestanden haben oder ob das einfach durch die Zusammenwirkung der neuen Band so entsteht, dass ihr auf einmal andere Musik macht, weiß ich nicht, aber es ist ein deutlich breiteres Spektrum, ohne dass man jetzt wirklich sagen könnte (mit sarkastischem Ton), Bonded sind die kommerzielle Version von Sodom oder so was, das ist sicher nicht der Fall. Die Musik ist schon total eigenständig, und sie klingt nicht ‚deutsch'. Das finde ich interessant, dass man das schon bei Crows festgestellt hat."
Bernemann: „Das überrascht mich, wenn ich das so höre."
Michael: „Ich kann es dir aber bestätigen. Es ist fast ein Sakrileg, das sagen zu müssen: Ich bin gar kein großer Fan von Bands wie Kreator, weil ich immer fand, dass sie sehr deutsch klingen. Ich weiß, dass das alles total geschätzt wird, weltweit bis hin nach Brasilien oder weiter. Aber es hat mich nie angesprochen, vor allem wegen des Gesangs von Mille. Es hängt vielleicht damit zusammen, dass ich die Band so ein bisschen als deutsch abgestempelt habe. Sicher mein Fehler, dass ich erst spät dazugekommen bin."
Bernemann: „Das würde ich nicht sagen. Mir geht es ganz genauso wie dir. Ich bin groß geworden mit Bands aus der Bay Area, also Exodus, Testa-

ment, Death Angel, Metallica, Slayer. Ich mochte natürlich auch die britischen Bands: Saxon waren die Ersten, Judas Priest, Iron Maiden. Gar keine Frage. Ich stand auch sehr auf Helloween zu der Zeit. Aber Thrash-mäßig haben mich sicherlich die amerikanischen Bands geprägt."
Michael: „Das hört man raus, und ohne, dass man jetzt würde, Bonded klingen wie Exodus. Das wäre total falsch."
Bernemann: „Och, das wäre schön (lacht)."
Michael: „Nein, es ist schön, dass man die Wurzeln raushört und sieht, dass jemand was anderes daraus macht, bei einer vergleichbaren Vorstellung von einem guten Song. Ich denke, dass euer Sänger besser ist als Zetro von Exodus."
Bernemann: „Wir haben auch lange nach Ingo gesucht. Sehr viele Leute haben sich bei uns vorgestellt. Aber die hatten nämlich genau diese Erwartung, dass wir eine Sodom-light-Band machen wollten. Damit hätten wir nur verloren, und wir wollten das auch gar nicht. Wir möchten mit Bonded ein klein bisschen weiter über den Tellerrand gucken und die Möglichkeit haben, ein bisschen vielseitiger, ein bisschen breiter aufgestellt zu sein, auch gesangstechnisch."

Die Studioarbeit mit dem Produzenten Cornelius „Corny" Rambadt
Michael: „Mir haben die Alben gut gefallen, und was auch eine gewisse Rolle spielt, ist wohl die Produktion von Corny, die klar und druckvoll, aber nicht steril ist. Sie unterscheidet sich von früheren Sodom-Veröffentlichungen. Sodom klangen für mich eher ein bisschen rumpelig – vor deiner Zeit, bei „Agent Orange" (1989). Und das war eben die Zeit, als ich schon Slayer-Produktionen kannte und den Klang viel geiler fand, weil er eben diese klare, druckvolle, präzise Spielweise unterstützt."
Bernemann: „Genau."
Michael: „Und das gerade bei jemandem wie Lombardo. Euer Lombardo, Makka (Markus ‚Makka' Freiwald, ehemaliger Schlagzeuger von Bonded) steht dem in nichts nach. Und das kommt auf den Alben frisch und unverbraucht, das Schlagzeug klingt, sagen wir mal, natürlich. Wie geht ihr an die Produktion ran?"
Bernemann: „Corny ist natürlich selbst Schlagzeuger, und das hört man. Damit meine ich nicht, dass die Gitarren nicht so gut klingen. Aber du hörst schon, dass Corny besonders beim Schlagzeug ganz genau weiß, was er macht. Und das war uns allen ganz, ganz wichtig, eben wie du es gerade beschrieben hast. Das sollte einerseits druckvoll und deutlich klingen, aber andererseits auch nicht so steril wie viele skandinavische Produktionen zum Teil, die natürlich auch tierisch aus den Boxen hauen. Aber die klingen oft

ein bisschen gleich bei einigen Bands. Mit Corny haben wir schon bei Sodom die Single ‚Sacred Warpath' (2014) gemacht. Es war Toms Idee gewesen, ihn anzutesten, weil Corny bei Onkel Tom Schlagzeug spielt und für die Band gemixt und produziert hat. So kam es, dass wir „Decision Day" mit ihm zusammen aufgenommen haben. Er ist extrem motiviert und hat wirklich tierisch reingehauen, weil es für ihn eine Möglichkeit war, sich als Produzent zu beweisen. Und es ist ein supertolles Arbeiten mit ihm. Das ist anstrengend insofern, weil wir ständig in Kontakt sind. Ich habe noch nie mit einem Produzenten gearbeitet, der mir dann so oft Samples nach Hause geschickt und gefragt hat, was ich davon halte. Die beiden Bonded-Alben waren Co-Produktionen, eigentlich auch schon die „Decision Day" (2016). Corny ist nicht müde geworden, hat immer wieder Sachen ausprobiert, Ideen eingebracht."

Michael: „Es hat sich definitiv gelohnt, mit ihm zu arbeiten. „Decision Day" war, glaube ich, ein wichtiges Album für euch, oder? Es wurde überall abgefeiert und hat den Preis der Deutschen Schallplattenkritik bekommen. Wobei man auf solche Preise nichts geben kann."

Bernemann: „Nee, aber es war schon schön. Das ist eine Anerkennung."

Michael: „Das ist eine Anerkennung, und es zeigt, dass Thrash Metal wieder salonfähig ist oder irgendwie im Aufwind ist, jedenfalls im Vergleich zu 1996. Das passt auch irgendwie zu den härteren Zeiten, durch die wir gehen."

Bernemann: Ja, schon. Also ich glaube rückblickend, das war so um das Millennium herum. 2002, als die „M-16" erschien, da kam von Kreator, während wir damals unterwegs waren, die „Violent Revolution" (2001), und ich hatte den Eindruck, dass es so langsam wieder besser lief, es ging wieder aufwärts."

Michael: „Ist schon komisch, dass es immer solche Wellen gibt."

Bernemann: „Die Kunst ist dann halt, im richtigen Moment mit der richtigen Scheibe vor Ort zu sein."

Michael: „Am Puls der Zeit. Eigentlich kann man das nicht machen. Wenn das Plattenlabel sagt: ‚Jetzt hätten wir gern noch einen Vier-Minuten-Song, soll melodisch sein und im Radio laufen.' Kann man sich jetzt nicht vorstellen, die Bonded-Hit-Single beim European Song Contest."

Bernemann: „Nee, wahrscheinlich nicht." (lacht) Du kannst es echt nicht beeinflussen. Wir haben eigentlich gedacht, wir starten jetzt gerade richtig mit unseren Alben, und dann kommt Covid dazwischen, und schon wieder ist alles im Arsch. Du kannst einfach nichts mehr machen. Es kommt, wie es kommt."

Die Covid-19-Zeit (2020 bis 2022)

Michael: „Das wäre noch ein Punkt, über den wir sprechen können, weil es auch um Szenen geht. Ihr habt das Glück oder das Pech, dass ihr alle arbeiten geht und nicht darauf angewiesen seid, mit der Band Geld zu verdienen. Weltweit gibt es wahrscheinlich tausende von Bands, die alles auf eine Karte gesetzt haben und denen über zwei Jahre sämtliche Auftrittsmöglichkeiten weggebrochen sind."

Bernemann: „Klar, und es gibt auch viele Veranstalter, Clubbesitzer, Booking-Agenturen und sonst was. Die gehen bzw. gingen alle auf dem Zahnfleisch. Gott sei Dank geht es wieder vorwärts. Ich weiß aber nicht, ob zum Beispiel alle Techniker tatsächlich wieder den Weg in die Musikszene zurückfinden. Wenn die in der Zwischenzeit unter Umständen vielleicht etwas gefunden haben, wo man sich ein wenig mehr drauf verlassen kann, dann wird es Leute geben, die sagen: Das war es für mich. Ich habe jetzt ein anderes Standbein, und das möchte ich auch nicht mehr missen."

Michael: „Wie ist es denn mit den Verkäufen? Haben die Fans wenigstens so reagiert, wie es angemessen erscheint, indem sie nämlich trotzdem ein paar Platten kaufen?"

Bernemann: „Die Verkäufe waren ordentlich, wir sind mit beiden Alben in den deutschen Albumcharts gewesen – Platz vierundachtzig und siebenundsiebzig. Das ist schon ganz ordentlich. Wir haben Videos produziert, bekamen viel Zuspruch, gerade in der schweren Zeit, direkt nach dem Split von Sodom. Es haben uns ganz viele Leute angeschrieben und motiviert, weiterzumachen. Aber für uns stand sowieso fest, dass wir das machen. Dafür bin ich sehr, sehr dankbar. Metal-Fans sind schon sehr loyal."

Der Einfluss deutscher Thrash-Metal-Bands auf Bands aus den USA

Michael: „Deutsche Thrash-Bands wie Sodom, Kreator, Destruction haben weltweit großen Einfluss gehabt, gerade auf den härteren US-Metal. Ich erinnere mich an ein Interview mit Chuck Schuldiner, in dem er diese Bands neben den Schweizern Celtic Frost erwähnt hat."

Bernemann: „Ich habe die Jungs von Exodus kennengelernt. 1996 waren wir mit ihnen auf Tour, und die haben auch keinen Hehl daraus gemacht, dass sie von Mike Sifringer (Ex-Gitarrist von Destruction) sehr angetan sind. Rick Hunolt und Gary Holt von Exodus haben damals Destruction gehört. Mike ist echt eine Ikone gewesen. Wenn ich den besten deutschen Thrash-Metal-Gitarristen hätte benennen müssen, dann wäre es für mich definitiv Mike gewesen. Der war da schon sehr kompromisslos, wobei er auch auf progressiven Kram steht. Er war für mich immer der Vorzeige-Thrash-Metal-Gitarrist in Deutschland."

### 7.6 „Provozieren passt einfach nicht mehr in die Zeit“: Ein Gespräch mit Holger Stratmann (Rock Hard Magazin)

Als Holger Stratmann 1983 das Rock Hard Magazin gründete, steckte die (Thrash-)Metal-Szene weltweit noch in den Kinderschuhen, auch wenn die eine oder andere Band bereits Erfolge feiern konnte und Klassiker wie Metallicas Debüt „Kill ’Em All“ entstanden. Der Herausgeber begibt sich im Gespräch auf einen Streifzug quer durch den Metal: Die lokalen Bands, das hauseigene Festival, seine Ausflüge in die Niederlande und die USA sowie die aktuellen Entwicklungen. Dabei hat der bodenständige und grundsympathische Dortmunder auf so ziemlich jedes Thema eine adäquate und durchdachte Antwort.

„Die ersten Sachen, die man aus dem europäischen Metal-Underground wahrgenommen hat, waren zum Beispiel die Shows von Mercyful Fate oder Bodine in der Bochumer Zeche“, hält Stratmann rückblickend fest. Schon 1985 sei man auf den Dynamo Club gestoßen und habe mitbekommen, dass „Eindhoven ein Zentrum der Subkultur war: Um die Nähe zur holländischen Szene haben uns die Jungs aus dem Süden unheimlich beneidet.“ Spontan fuhr man zum Venom Geheim-Gig eben dorthin, um nur zwei der drei Musiker auf der Bühne zu sehen – einen hatte die Polizei kurzzeitig festgesetzt, sodass sich das angekündigte Konzert auf ein paar angetrunkene Ansagen beschränkte. „Die Fans rasteten aus“, lacht Stratmann, „das war damals eine tolle Sache, weil Shows noch unheimlich rar waren. Am Ende spielten dann Warlock mit einer blutjungen Doro Pesch.“

Wenige Jahre später ging es erstmals quer durch die Staaten, was vor dem Hintergrund immens hoher Flugticketpreise langes Sparen erforderte, wenn man nicht zu den „Glücklichen“ wie Buffo (Rock Hard Magazin/Tankard) gehörte, dessen Vater bei einer Fluggesellschaft arbeitete. Holger, der als begeisterter Tapetrader zahlreiche amerikanische Bands kannte, bemerkt: „Damals war es üblich, dass man über Bekannte Schlafplätze anbot. Weil die Flüge teuer waren, hatte man kein Geld mehr für Übernachtungen. Ich bin mit einem Freund gereist, zuerst schliefen wir bei der Band Hittman in New York, dann in Florida bei Verwandten von meinem Kumpel, dort traf ich Agent Steel, anschließend waren wir bei Dark Angel in Florida und danach in der Bay Area und sollten eigentlich bei Testament übernachten, aber die hatten keinen Bock auf uns. So sind wir dann beim Management von Mordred gelandet. Man wurde ein bisschen rumgereicht.“

Umgekehrt war es allerdings genauso: Wenn Leute aus den USA nach Deutschland kamen, war es selbstverständlich, ein Bett zur Verfügung zu stellen. Als Nachgeborener verbindet man den Besuch unzähliger Konzerte mit einer solchen Reise, was Holger deutlich verneint, da „die Szene sehr

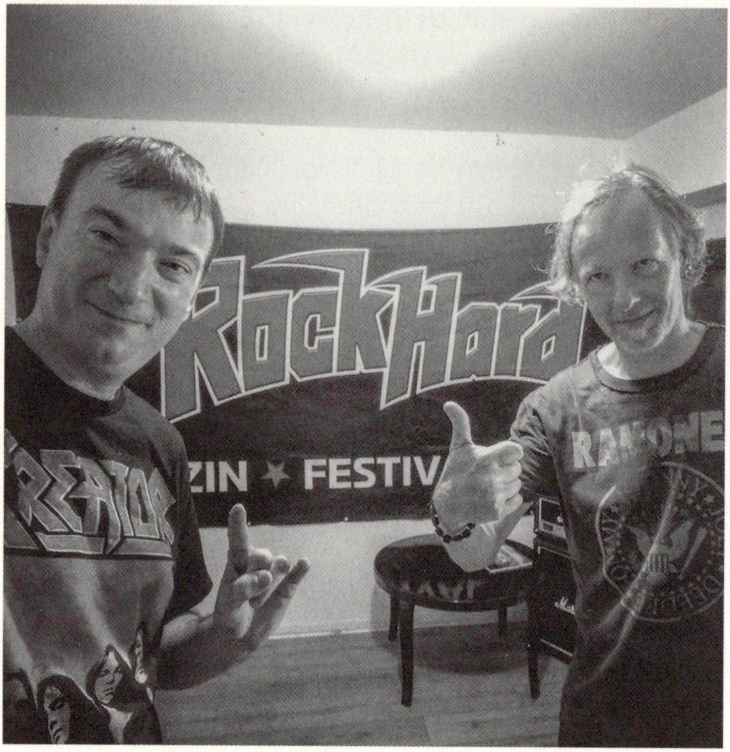


Total-Thrash-Dreh mit Holger Stratmann

überschaubar war". So sah er auf dem Trip gerade mal eine einzige Band: Heathen in San Francisco. Aufgrund der teuren Telefonate, die je nach Länge über 100 DM kosten konnten („eine mörderische Stange Geld, für die man sechs oder sieben Platten kaufen konnte"), blieb es daher meist bei umständlichen Briefwechseln, um Interviews zu führen, und manchmal auch per Fax, wenn denn das Gegenüber ein solches Gerät besaß.

Die Aufbruchsstimmung in der Bay Area – sinnbildlich durch die zahlreichen jungen Speed- und Thrash-Bands – war kaum zu übersehen, löste aber bei den etablierten Hardrock-Medien und Bands eher ein müdes Lächeln aus. „Emporkömmlinge" wie Metallica und Slayer nahm niemand richtig ernst, aber als Anfang Zwanzigjähriger fieberte Stratmann natürlich gemeinsam mit zahlreichen weiteren Fans den Veröffentlichungen der Bands entgegen. Für das Rock Hard Magazin selbst waren es dankbare Titelstorys, die steigende Heftverkäufe garantierten und Grundlage für die weitere Entwicklung waren: Von den 80ern bis in die 2000er ging es erfolgstechnisch für die Redaktion immer weiter nach oben.

Nicht nur durch das Tapetrading konnten deutsche und amerikanische Thrash-Bands hören, was die Konkurrenz vom jeweils anderen Kontinent zustande brachte. Bewunderten in der Bay Area nahezu alle Gitarristen Alex Skolnick (Testament), schielten die deutschen Gruppen auf Ausnahme-Sechssaiter Michael „Mike“ Sifringer (Destruction). Insgesamt hätten die deutschen Bands den amerikanischen aber „total nachgeeifert“, so Holger, was nicht zuletzt durch das Aufrüsten mit einem zweiten Gitarristen deutlich geworden sei. „Kreator waren anfangs eine Mischung aus Slayer und Venom, Destruction sind ebenfalls auf Slayer abgefahren. Tankard waren etwas außen vor mit ihrem Alkoholic-Punk-Metal“, resümiert der Herausgeber, um zu ergänzen: „Ich denke, beide Wege hatten ihre Berechtigung und die deutsche Szene wurde immer etwas unterschätzt.“
Den amerikanischen Bands in technischer Hinsicht nachzueifern, sei aber „ein Irrweg“ gewesen, da Alben wie „Terrible Certainty“ (Kreator) oder „Release From Agony“ (Destruction) nicht funktioniert hätten. Holger: „Zum Glück haben sie zurückgefunden zu dem, was sie gut können. Was Mille zum Beispiel für Slogans macht, da können sich viele Bands eine Scheibe von abschneiden.“ Abgerundet werde das Konzept durch den finnischen Gitarristen Sami Yli-Sirniö, dessen Einfluss auf die Essener nicht zu unterschätzen sei. „Ohne ihn würden sie heute nicht da stehen, wo sie sind. Über sechs Alben haben sie sich auf Weltniveau gehalten – das ist beeindruckend.“ Hauchte Sami mit seinem unverwechselbaren Stil Kreator neues Leben ein und sicherte damit den Neustart für eine eindrucksvolle zweite Kariere, tun sich andere Bands mit Veränderungen schwer, gehen „ihre ausgetretenen Pfade“ konsequent weiter, was auch mit dem „einen oder anderen“ konservativen Fan zu tun haben könnte und mit der Angst vieler Musiker vor großen Veränderungen.
Konservatismus ist ein Thema, das das Rock Hard immer wieder beschäftigt. Das neu eingeführte vorsichtige Gendern in den Texten sei Grund für den einen oder anderen bösen Leserbrief mit einzelnen Abo-Kündigungen. Daher tue man sich auch mit neueren Gruppen wie Electric Callboy „traditionell schwer“, die irgendwo zwischen Metal und Pop stehen. „Das ist vielleicht auch eine Schwäche vom Rock Hard, so selbstkritisch sollte man sein“, gibt Stratmann offen zu.
Deutlich entspannter gehe es inzwischen mit der gesellschaftlichen Wahrnehmung des Metal zu. Fehlt womöglich in der Gegenwart eine Christa Jenal, die mit abstrusen Behauptungen in den 90ern insbesondere gegen Death Metal hetzte und das Rock Hard als Vorreiter einer destruktiven Jugendbewegung sah? Dies sei eine „kniffelige Frage, an der sich die Geister scheiden“, meint Holger. „Mir war es früher immer ein bisschen unange-

nehm, Metal war für mich immer mehr als saufen, Randale machen und Motorrad fahren. Ich gehöre zu den Leuten, die sich dafür eingesetzt haben, sichtbar zu machen, was an musikalischer Qualität, an Kultur dahintersteckt. Jetzt ist es so, dass es weitgehend anerkannt ist und damit manchen nicht mehr rebellisch genug. Beides geht halt nicht."

Er persönlich bekomme eine Gänsehaut, wenn eine Black-Metal-Band wie Satyricon mit dem Munch-Museum Oslo kollaboriere. Man stelle sich vor, in Deutschland würden Kreator den Soundtrack für eine Ausstellung im Albrecht-Dürer-Haus oder im Goethe-Museum komponieren – undenkbar. Metal schockiere heutzutage weniger, inspiriere aber umso mehr. „Das ist in einer Welt, die von einer Krise zur anderen taumelt, viel wichtiger. Provozieren passt nicht mehr in die Zeit, die Welt braucht dringend Lösungen." Heaven Shall Burn mit ihrem veganen Lebensstil seien inzwischen provokanter als eine Band mit Schweineblut auf der Bühne.

Inspirieren will das Rock-Hard-Team auch mit dem hauseigenen Festival, das 2023 sein zwanzigjähriges Jubiläum parallel zum vierzigsten des Magazins feiert. Überraschend reibungslos lief das Gelsenkirchener Familientreffen nach der Pandemie ab, obwohl Veranstaltungspersonal inzwischen schwer zu bekommen ist, da viele Betroffene den Beruf gewechselt haben. „Leider hat es die Politik versäumt, den Kultursektor zu unterstützen", betont der Herausgeber und Veranstalter. Bei der Bandauswahl verlässt sich das Rock-Hard-Team übrigens ausschließlich auf den persönlichen Geschmack, jeder Mitarbeiter habe „seine Bands", die ihm gefallen. Es gäbe nur eine Regel beim Booking: Qualität.

Mit dem Blick auf das vierzigjährige Heftjubiläum stellt sich Holger, der übrigens in den 80ern für ein halbes Jahr nebenbei „Manager" von Angel Dust war, den gegenwärtigen vielfältigen Herausforderungen. Die Modernisierung des Verlags lief trotz knapper Kasse im Hintergrund auf Hochtouren. „Wir haben unser Unternehmen von vorn bis hinten digitalisiert und wollen es mit einer App/Website, die das umfangreiche Archiv des Rock Hard verfügbar macht, zukunftsfähig gestalten." Dabei kann man dem Dortmunder Familienblatt der Metal-Fans, das nach wie vor unabhängig von großen Konzernen agiert, nur die Daumen drücken.

# KAPITEL 8: EIN STRAUSS BUNTER MELODIEN

## 8.1 Total Thrash – The Teutonic Story: Die Doku über die Szene

Es sind jene Momente, die niemand für möglich gehalten hätte: „Wer hätte das vor vierzig Jahren gedacht!“, formuliert Andreas „Lacky“ Lackaw treffend. Er bezog sich damit auf die Weltpremiere der Doku über die deutsche Thrash-Metal-Szene in der Essener Lichtburg im ausverkauften Saal vor rund tausendzweihundert Besuchern. Den perfekten Soundtrack zum Film lieferten Traitor, gesanglich unterstützt von Tom Angelripper (Sodom).

Vier Jahrzehnte musste die Thrash-Metal-Szene auf ein angemessenes Porträt warten: Die bislang einzige ausführlichere Dokumentation „Thrash Altenessen“ (1989) kommt über ein „Sendung mit der Maus“-Niveau kaum hinaus, auch wenn die eine oder andere Szene kultig ist. Mit Daniel Hofmann nahm sich erstmals ein kompetenter Filmemacher der komplexen Thematik an, die nicht nur die Thrash-Szene im Ruhrgebiet als Keimzelle der Bewegung aufgreift, sondern ebenso die gesamte deutsche Thrash-Bewegung berücksichtigt. Und das gelingt mithilfe zahlloser Interviewschnipsel überraschend gut. Alle kamen sie zur Filmpremiere: Ob Ventor (Kreator), Stoney (Merchandiser, u. a. Kreator), Tom (Sodom), Peppi Dominik (Ex-Sodom), Andy Brings, Darkness oder Produzentenlegende Harris Johns. In drei Kapiteln werden die Entwicklungen von den Anfängen bis in die Gegenwart hinein treffend zusammengefasst – ein zeitloses Filmdokument.

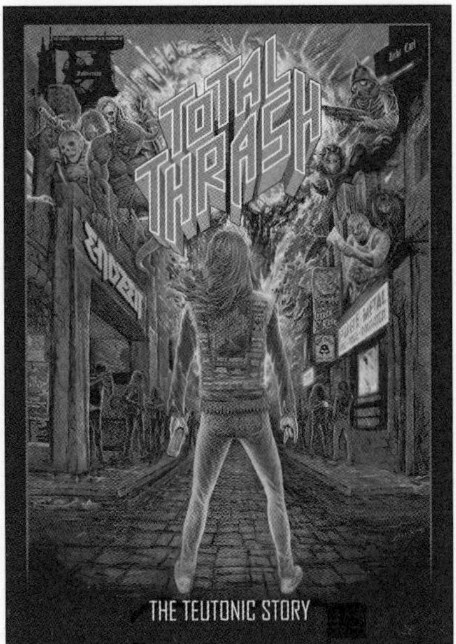

Filmplakat Total Thrash

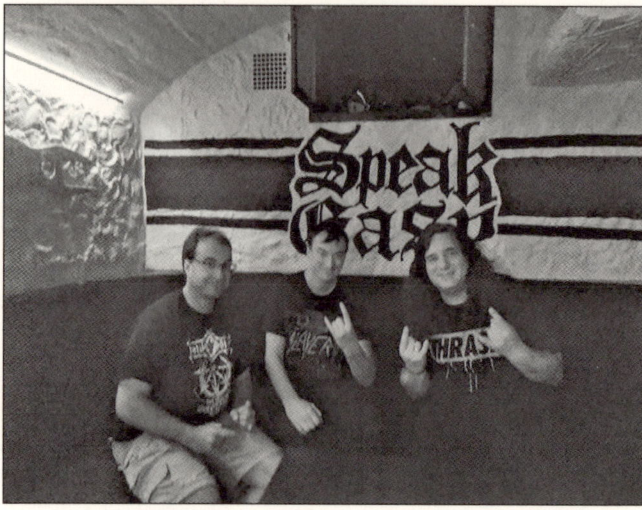


Filmdreh mit Gerre (Tankard) im Speak Easy Frankfurt

„Die Evolution des Thrash Metal“ nennt sich der erste Part: Der Film beginnt aus der Perspektive von Peppi und Stoney, die durch Essen-Altenessen und -Karnap führen und die Schauplätze der Bandgründung von Tyrant Anfang der 80er zwischen Zechen und Schloten besuchen – den späteren Kreator, die heute weltweit Erfolge einfahren und Millionen Fans mit ihrer Musik begeistern. Damals ohne Geld, ohne musikalische Grundbildung, einfach drauflos, ihren Vorbildern der New Wave Of British Heavy Metal nacheifernd, verbunden mit Punk-Einflüssen, nur schneller und härter. Selbst organisierte Konzerte folgen recht schnell.

Szenenwechsel. Am süddeutschen Rhein in idyllischer Landschaft gründen sich ebenso Vertreter des Thrash: Destruction werden geboren, die ihre Variante der neuen Musik entwickeln und durch exzessiv mit Nieten behangene Kutten optisch die sich in den Kinderschuhen befindliche Bewegung aufmischen. Mit Michael „Mike“ Sifringer haben sie seinerzeit einen Vorzeige-Gitarristen in ihren Reihen, der durch sein filigranes, schnelles Spiel sogar Gary Holt von Exodus im fernen Kalifornien beeinflusst.

Szenenwechsel zwei: In der Mitte Deutschlands, in Frankfurt, treffen sich ein paar Jungs (darunter Gerre). Vortex, die späteren Tankard, werden als Schülerband aus der Taufe gehoben. Vergleichbares im Osten und Norden, innerhalb von drei, vier Jahren gibt es plötzlich zahlreiche Gruppen. Was sie verbindet? Sie wollen aus dem Alltag ausbrechen, musikalischen Helden – meist mit beschränkten technischen Mitteln – nacheifern, Proberäume okkupieren und Partys feiern mit Bier, viel Bier. Parallel entstehen Magazine, Labels und eine ganze Infrastruktur für Konzerte. Ende der

80er Jahre dann der kommerzielle Höhepunkt: Bands wie Kreator touren durch die USA, Sodom feiern als erste Thrash-Truppe Charterfolge. In den 90ern folgt der totale Zusammenbruch: In Zeiten von Death Metal und Grunge kehrt der Thrash in den Underground zurück oder wird melodischer.

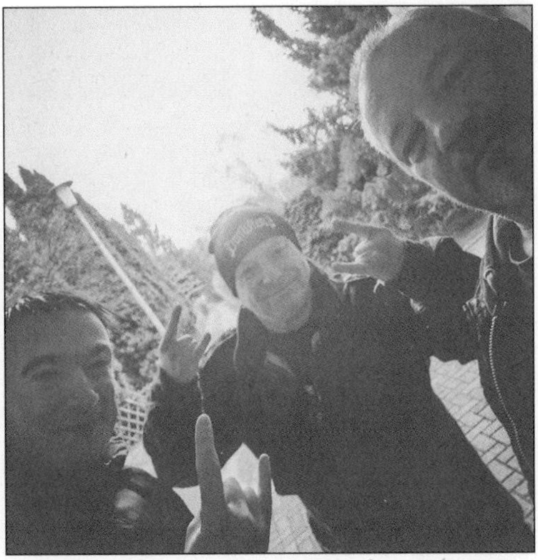
Filmdreh mit Szene-Urgesteinen Stoney und Peppi

Kapitel zwei der Dokumentation widmet sich der experimentellen Phase unter dem Banner „Neo-Thrash“ in den 90ern. Bands aus Südamerika, Skandinavien et cetera bereichern die Szene mit den Aushängeschildern Sepultura, Pantera und Machine Head, der Sound modernisiert sich. Eine Phase, in der sich zahlreiche deutsche Thrash-Bands auflösen, ihre Musik aus dem engen Korsett des Thrash lösen oder pausieren. Die Doku lässt auch diesen Teil der Historie nicht aus und räumt mit der Legende auf, der Metal sei tot gewesen. Während Bands wie Kreator Probleme haben, die Konzerthallen zu füllen und mehr oder weniger glückliche Experimente wagen, dominieren andere metallische Stilrichtungen. Ob „Einbruch“ oder Bereicherung, Daniel Hoffmann gelingt es durch zahlreiche Statements und filmisches Geschick, die heterogene Wahrnehmung zu porträtieren.

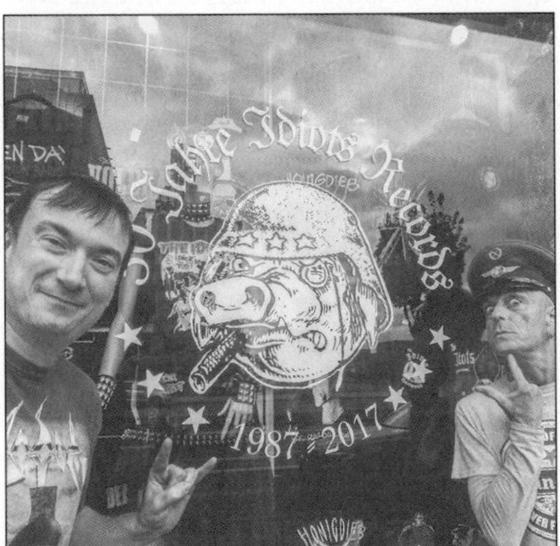

Filmdreh mit Sir Hannes (Idiots Records)

Mit der Jahrtausendwende beginnt der abschließende Teil drei unter dem Banner „Die Revolution des Thrash Metal“. International sorgen starke Alben, u. a. von Exodus, für ein Revival des 80er-Thrash-Sounds, in Deutschland löst die gemeinsame Tour von Destruction, Kreator und Sodom Begeisterungsstürme aus: Neue Generationen von Fans

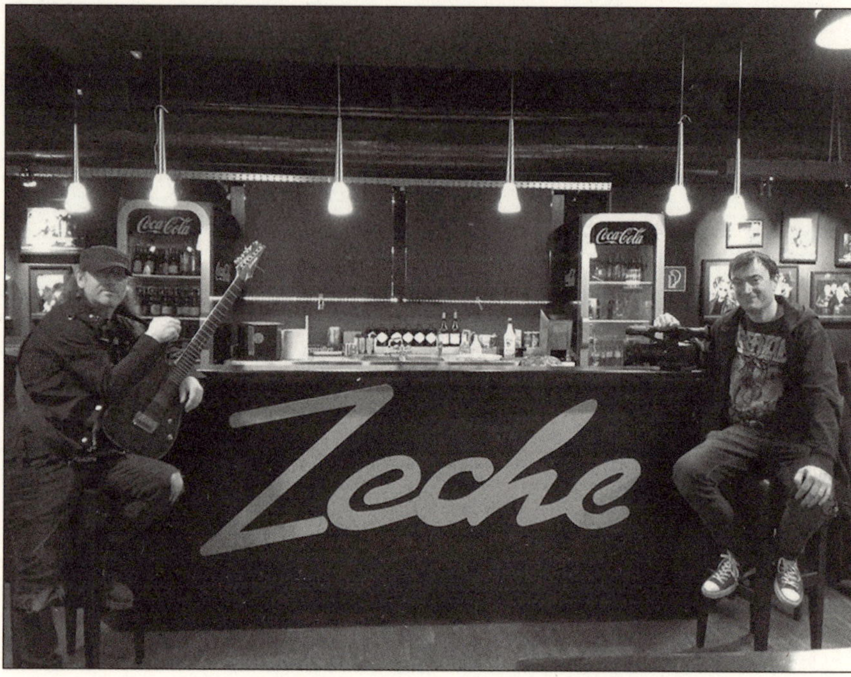


Filmdreh mit Waldemar Sorychta in der Zeche Bochum

strömen hinzu, Väter stehen nostalgisch weinend neben ihren Söhnen vor den Bühnen. Zahlreiche neue Bands besinnen sich auch optisch auf die Vorbilder. Musikalisch greifen viele ihre Wurzeln auf, während einzelne Bands unter Wahrung der Thrash-Tradition modernere Elemente geschickt integrieren. Bei den Alten passiert innerhalb weniger Jahre viel: Kreator setzen mit „Violent Revolution" Maßstäbe, Sodom nehmen das starke „M-16" in der Besetzung Bernd „Bernemann" Kost/Konrad „Bobby" Schottkowski auf, die zwar seit 1996 zusammen mit Tom musizieren, aber erst hier zu Höchstform auflaufen und Platz siebenundzwanzig der deutschen Charts erreichen. Sänger Marcel „Schmier" Schirmer kehrt bereits 1999 zu Destruction zurück, Tankard feiern das zwanzigjährige Jubiläum mit einer großen Tour – um nur die deutschen „Big Four" zu nennen.
Der Film zeigt eindrucksvoll, dass Thrash viel mehr als nur eine Musikrichtung ist, sondern Lebenseinstellung und Lebensaufgabe für Generationen von Fans und Musikern zugleich.

### 8.2 Gastbeitrag Regisseur Daniel Hofmann: Der Ruhrpott aus Sicht eines Filmemachers

Zugegeben, bei dem Begriff Ruhrpott denkt man meist direkt an rauchende Schornsteine, Industrieanlagen, Kohle- und Bergbau und Städte mit entsprechendem Verkehrschaos. Die Adjektive grau, trist und dreckig stehen parallel im Raum. Dann gibt es da noch die typische Ruhrpott-Mentalität, die direkte Art der Menschen, einfach frei Schnauze zu reden, und wenn hier einem deine Nase nicht passt, dann bekommt man das direkt gesagt. Das ist wohl das klassische Klischee zum Thema Ruhrpott, welches sofort im Raum steht, wenn man als Außenstehender einen oberflächlichen Blick auf die Gegend wirft.

Hat man jedoch einige Tage im Ruhrpott verbracht und die Gegebenheiten vor Ort näher kennengelernt, wird man schnell Gegenteiliges feststellen und merken, dass hier sehr viel mehr drinsteckt, als der erste Eindruck und die Verpackung herzugeben vermögen. Dies musste wohl auch ich als Regisseur in Bezug auf meinen Dokumentarfilm „Total Thrash – The Teutonic Story“ feststellen, den ich hier zum Großteil von 2019 bis 2021 gedreht habe. Natürlich ist es immer schwierig, bei einem Film die Köpfe und die Herzen der teilnehmenden Darsteller zu erreichen. Meist läuft alles strikt nach einem vorgegebenen Drehbuch, Aussagen werden in den Mund gelegt, und Situationen sind leider oftmals nur gestellt. Eines vorab: Das war hier überhaupt nicht der Fall.

Der Film über die im Ruhrpott entstandene deutsche Thrash-Metal-Szene sollte mehr als ein weiterer stupider und drehbuchorientierter Streifen auf YouTube werden. Es sollte ein Zeitdokument von Fans für Fans werden, der die Szene so präsentiert, wie diese es verdient. Aber Moment mal: Thrash Metal kommt also aus dem Ruhrpott? Ja, tatsächlich lassen sich die Anfänge des harten und schnellen Musikgenres auf diese Gegend als eine der wichtigsten Keimzellen zurückführen. Der Ruhrpott steht also auch für Thrash Metal, für kulturelle und musikalische Bereicherung und vor allem für die Freiheit! Diese suchten in den 80er Jahren viele Jugendliche in Form der Heavy-Metal-Musik. „Es gab den Begriff Thrash Metal überhaupt nicht“, erinnert sich Sabina Classen. Es war eine Art Ausbrechen aus den bestehenden sozialen und gesellschaftlichen Strukturen. Vielleicht auch eine Art zeitliche Wende oder ein Aufbruch in eine neue Zeit. Man hörte die musikalischen Vorbilder, tausch-

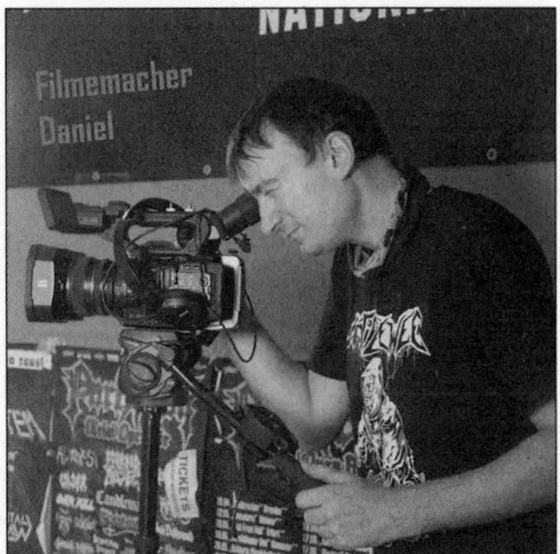

Regisseur Daniel Hofmann

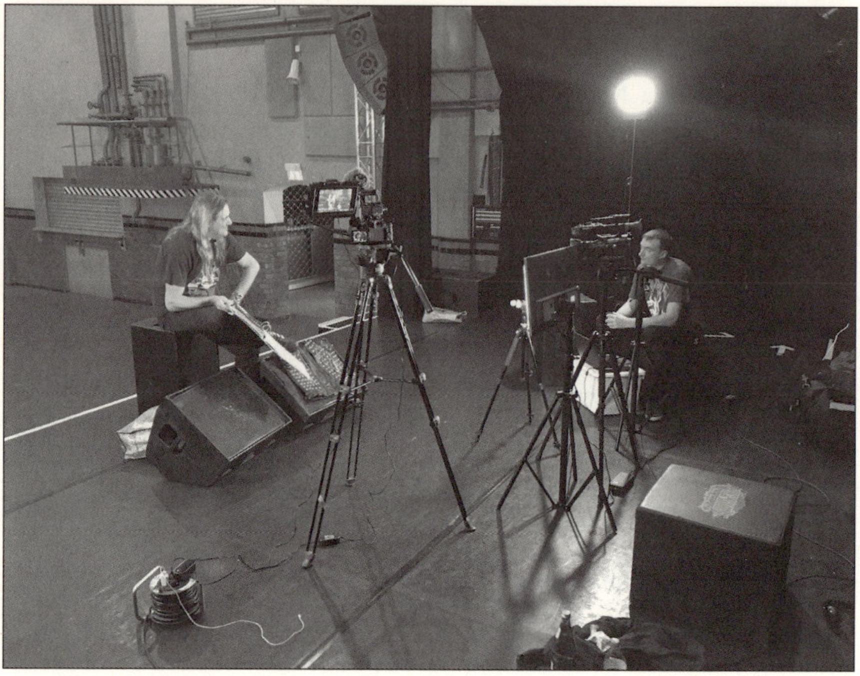

Regisseur Daniel Hofmann beim Dreh mit Tom Angelripper (Sodom)

te Platten und Demotapes, und schon bald entstanden die ersten Partys an heutigen Kultstätten wie der Zeche Carl in Essen, dem alten Mephisto in Gelsenkirchen oder unterhalb der Velberter Autobahnbrücke. Es war eine Zeit, wie man sie heute nur noch aus Erzählungen kennen kann. „Wir aus der Arbeiterjugend haben einfach angefangen, ein bisschen Musik zu machen", resümiert Lacky (Darkness).

Genau diese Erzählungen spielen in meinem Dokumentarfilm eine wichtige Rolle. Bei der Planung des Films ging es deshalb vorrangig darum, einen erweiterten Blickwinkel auf den Ruhrpott zu schaffen und diesen nach außen in aller Vielfältigkeit zu präsentieren. Das fing schon bei der Auswahl der unglaublich authentischen Darsteller und Kulissen an und ging weiter mit den einzelnen Storys im Film, die sich auch mit dem Bild auf den Ruhrpott generell auseinandersetzen. Hierzu zählen inhaltlich besonders die Entwicklung der kulturellen und sozialen Einflüsse bis in die heutige Zeit. Landschaftlich hat sich natürlich ebenfalls sehr viel getan in den knapp vierzig Jahren, durch die der Film die Zuschauer in insgesamt drei Kapiteln von Anfang der 80er Jahre bis in die heutige Zeit begleitet. Parallel sieht man zahlreiche Vergleiche zu anderen Regionen und deren Entwicklung in ganz Deutschland – im Fokus steht dabei immer: Thrash

Metal. Dieser stand in den 80ern sinnbildlich für den Ausbruch einer Generation aus der Gesellschaft und für einen einzigartigen Zusammenhalt unter den Personen der Zeit: Sie nannten sich selbst die Thrasher.
Was einen Thrasher ausmacht? Kutte, lange Haare, weiße Turnschuhe, enge Hosen, Nietengürtel und ein buntes Thrash-Metal-Shirt. Sicherlich nicht gerade die klassische Vorstellung, die man als Außenstehender von Personen im Ruhrpott hat, aber es ist ja auch nur ein kleiner Bestandteil der vielen unterschiedlichen Bewegungen und Strukturen, die der Pott hervorgebracht hat. Neben dem Grundstein für ein komplett neues Genre war der Ruhrpott deutschlandweiter Treffpunkt für eine ganze Bewegung. Bis Anfang der 90er Jahre erlangte der Thrash Metal aus dem Pott internationale Erfolge – weltweit blickte man auf die raue, schnelle und extrem aggressive Musik und Bands wie Sodom, Kreator, Darkness oder Violent Force. Danach folgten internationale Einflüsse, und auch das Gebiet rund um den Ruhrpott entwickelte sich in den 90er Jahren weiter. Zechen wurden endgültig geschlossen, die Zeit des Bergbaus und der Kohle lag schon längst in der Vergangenheit, und es entwickelte sich ein neuer moderner und zeitgemäßer Ruhrpott, der aber niemals den Charme der alten Zeit verloren hat. Dieses Bild spiegelt sich bis in die heutige Zeit hinein wider. Die Menschen blicken gern auf die „guten, alten 80er Jahre“ zurück und berichten den neuen Generationen von damaligen Zeiten, unter dem Motto: „Da war die Welt noch in Ordnung und alles sehr unbeschwert“ oder „Man ist wohlbe-

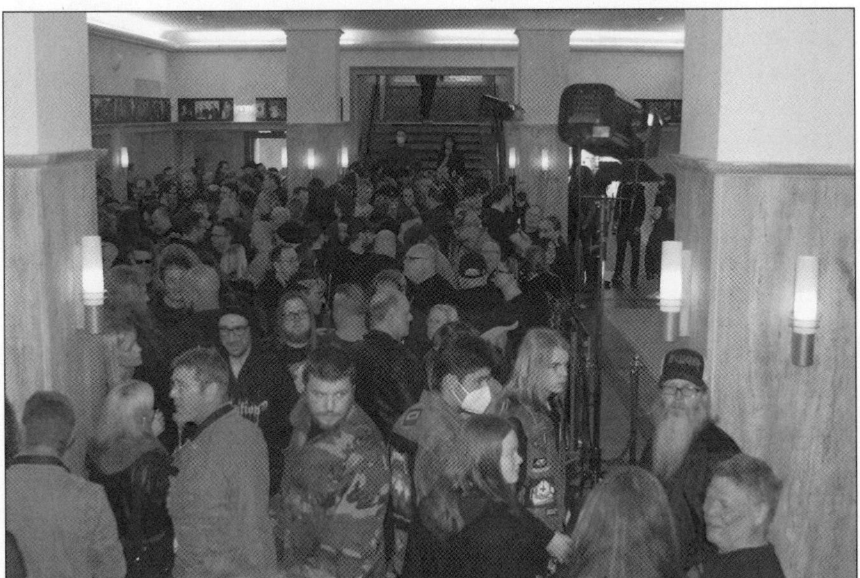

Weltpremiere des Films in der Lichtburg Essen mit über 1.000 Zuschauern am 31.5.2022

hütet aufgewachsen." Weit entfernt vom heutigen Alltagsstress spielte man noch mit anderen vor der eigenen Haustür. Smartphones: Fehlanzeige. Es war eine typische Kindheit, wie sie viele heute nur noch aus Erzählungen kennen. Heute hat die Informationsflut Einzug auch im Ruhrpott gehalten und das alte, einfache und unbeschwerte Leben verdrängt.
Menschlich gesehen hat sich jedoch nicht viel geändert. Die Klarheit in den Äußerungen und die Mentalität der Menschen stecken noch in den neuen Generationen drin. Es ist jene authentische und unglaublich direkte Art der Menschen, die man auch im Film stets positiv bemerkt. Hier werden die Geschichten aus alten Tagen so erzählt, dass man fast das Gefühl hat, dabei gewesen zu sein. Und so liefert „Total Thrash" unterm Strich einen zeitlosen Film, der vierzig Jahre Thrash-Metal-Entwicklung mit Fokus auf dem Ruhrpott zusammenfasst und dabei tiefe Einblicke in eine oftmals von außen anders gesehene Region in Deutschland gibt. Für alle, die mehr über den Ruhrpott, die Menschen und die kulturellen Entwicklungen erfahren möchten, ist dieser Film ein perfekter Einblick in das Ballungszentrum weitab von rauchenden Schornsteinen, viel Dreck und dem täglichen Verkehrschaos.

> **Regisseur Daniel Hofmann über seine Liebe zu Thrash Metal**
> „Heute gibt es zahlreiche unterschiedliche Genres in der Musikwelt, aber keines hat mich jemals so sehr fasziniert wie Thrash Metal. Es knallt einfach, hat knackige Riffs, ein heftiges Schlagzeug und diese unverwechselbare Aggression. Vielleicht war es auch genau das, was mich bereits im Alter von zehn so daran faszinierte. Ich bin Baujahr 1985, und als ich meine ersten Berührungspunkte mit dieser Art Musik hatte, war es bereits Mitte der 90er Jahre."

### 8.3 Gastbeitrag Arnd Klink (Darkness): „Wir waren wütend, voller Ideen und stolz auf unsere Wurzeln im Malocher-Milieu."

Hat oder hatte der Ruhrpott-Thrash eigentlich Einfluss auf den Metal? Eine Frage, die ich mir bislang nicht so wirklich gestellt habe. In den 80er Jahren gab es für den Metal der härteren Gangart zwei prägende, relevante Szenen: erstens die Bay Area um die Bucht von San Francisco und zweitens das Ruhrgebiet. Beiden Szenen sind Bands entsprungen, die bis heute aktiv sind und von denen einige Weltruhm erlangt haben. Hier tummelten sich die meisten Bands mit dem größten Output an Musik. Dass diese beiden Szenen prägend waren, steht außer Frage; die Bay-Area-Bands haben jedenfalls einen großen Einfluss auf den deutschen Thrash ausge-

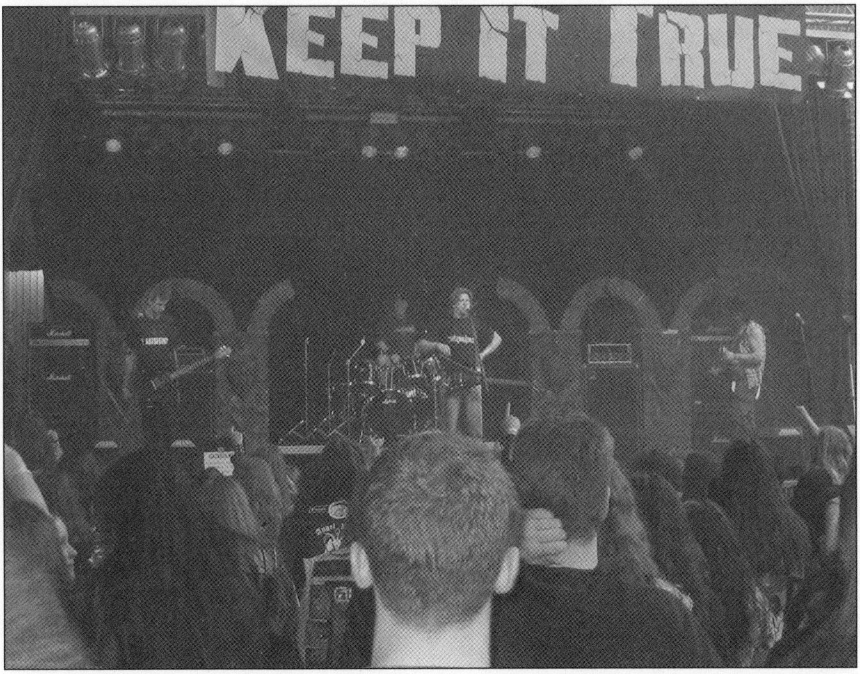


Darkness auf dem Keep it True Festival 2006

übt. Wie groß der Einfluss des Teutonen-Thrash – insbesondere des Thrash aus dem Ruhrgebiet – war, ist zumindest mir erst in den letzten Jahren offensichtlich geworden.

Es wäre natürlich cool zu behaupten, dass uns das schon damals klar war und dass wir wussten, welche Wirkung unser Schaffen hat – es wäre aber gelogen. Für mich als zorniger Headbanger, der der Welt und dem Establishment mit seiner Musik und seinem Style den Mittelfinger zeigen wollte, war das damals, wenn überhaupt, nur zu erahnen. Darüber habe ich auch gar nicht großartig nachgedacht. Wir waren wütend, voller Ideen und stolz auf unsere Wurzeln im Malocher-Milieu, was wir irgendwie auch vor uns hergetragen haben.

So wurden Fanclubs gegründet, einige Metalheads schrieben Fanzines, und in vielen der stillgelegten Industriegebäude gab es Proberäume mit unzähligen Bands. Diese Bands begründeten die bunte Metal-Szene des Ruhrgebiets. Nicht wenige davon bestanden aus Mitgliedern, die mit dem Bezug des Proberaums ihr Instrument zum ersten Mal bedienten. Oft gab es zuerst den Bandnamen, dann Fotos, und erst im Anschluss wurde an der Musik gearbeitet. Natürlich sind viele niemals über den Status von koordiniertem Krach hinausgekommen – die meisten, wie ich behaupten würde. Doch et-

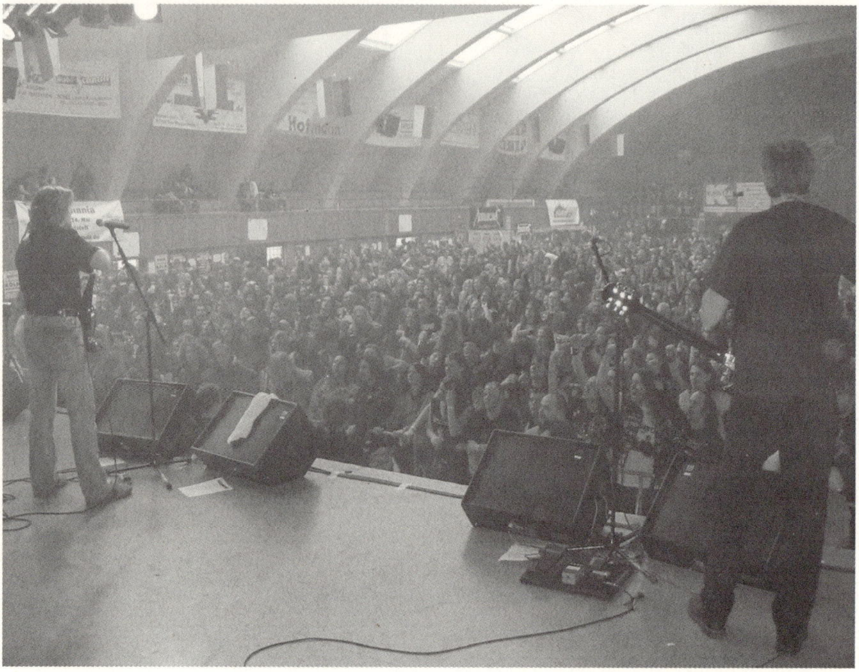

Darkness auf dem Keep it True Festival 2006

liche haben sich zu passablen Musikern entwickelt und sind teilweise noch heute mit mehr oder minder großem Erfolg aktiv.
Unsere Thrash-Helden kamen damals zum größten Teil aus den USA, und die meisten hiesigen Bands versuchten, es diesen Helden gleichzutun. Als zum Beispiel Slayers Debüt „Show No Mercy" (1983) veröffentlicht wurde, versuchte sich ausnahmslos jeder Gitarrist an dem Intro-Riff von ‚Black Magic'. Es dauerte nicht allzu lang, bis ich dieses Riff nicht mehr hören konnte. Im Laufe der Zeit entwickelte sich dann aber der Teutonen-Thrash, ein völlig eigenständiger Stil, eine Art Trademark, wage ich zu sagen, der wiederum andere Bands in der Welt prägte. Und natürlich haben wir nicht in einer Blase gelebt: Die ersten Demos wurden überallhin verschickt, ebenso kamen uns Demos von anderen Bands aus aller Welt zu. Tapetrading war ein wichtiger Motor der weltweiten Metal-Szene. Möglicherweise sogar der Motor, der viele Bands erst einmal bekannt machte. Wir, und ganz besonders Lacky (Schlagzeuger von Darkness), hatten intensiven Kontakt zu dem amerikanischen Redakteur Monte Connor, und der erste Deal wurde Darkness von einem amerikanischen Label angeboten: Der Song ‚Armageddon' wurde auf einem Sampler von New Renaissance Records veröffentlicht. Mit dem 4-Track-Demo, welches wir dafür aufgenommen

hatten, bewarben wir uns bei vielen Labels und erhielten schließlich den Zuschlag bei Gama. Zwar hatten Gama zu dieser Zeit einen traumhaft schlechten Ruf, das Label war aber das einzige Independent-Label, welches einen nennenswerten Vertrieb hinter dem Eisernen Vorhang hatte, der 1987 ja noch stabil auf der Gardinenstange der kalten Krieger hing. Einige Gama-Bands spielten in den liberaleren Ostblock-Ländern, wie zum Beispiel Ungarn, Touren und Konzerte. Es gab Bands, die dort Stadien füllten. Möglicherweise haben Darkness Unmengen an Alben verkauft, wovon wir nie erfahren werden … Ganz abwegig ist das deshalb nicht, weil ich bei den Konzerten der letzten zehn Jahre, die wir im ehemaligen „Ostblock" spielten, sehr oft Menschen traf, die Darkness aus eben dieser Zeit kannten. Dazu an späterer Stelle mehr.
Ein paar Dinge aus der Anfangsphase sind mir eher als Randnotiz in Erinnerung geblieben. Als Darkness das erste Album „Death Squad" (1987) am Markt hatten, kam bei einer Probe irgendwann ein Typ zu uns, den wir zuvor definitiv noch nie gesehen hatten; sein Name war, glaube ich, Rashid. Woher er kam, weiß ich nicht mehr; er sprach Englisch und war unterwegs im Ruhrgebiet, um dort seine bevorzugten Bands zu besuchen und kennenzulernen.

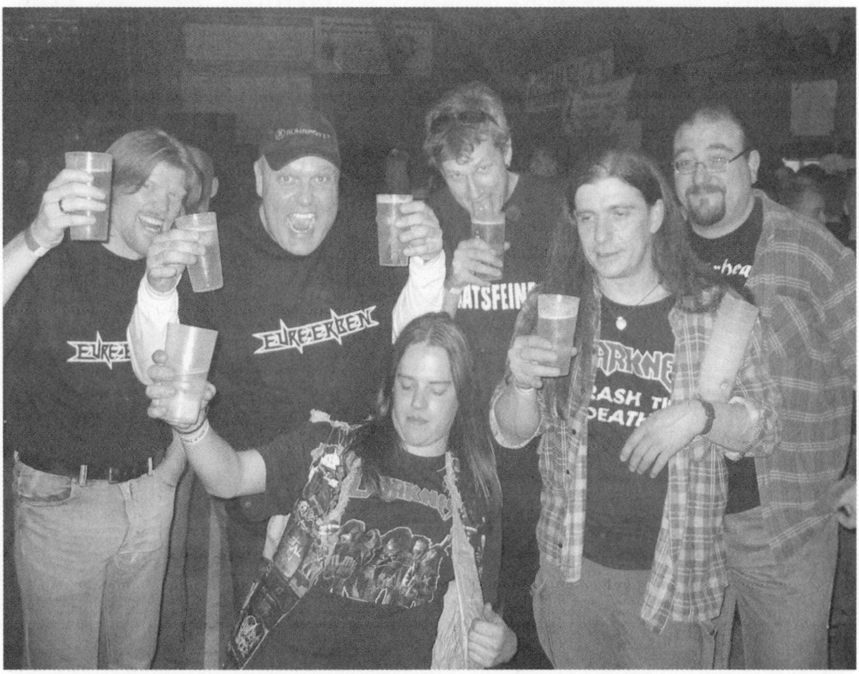


Darkness auf dem Keep it True Festival 2006

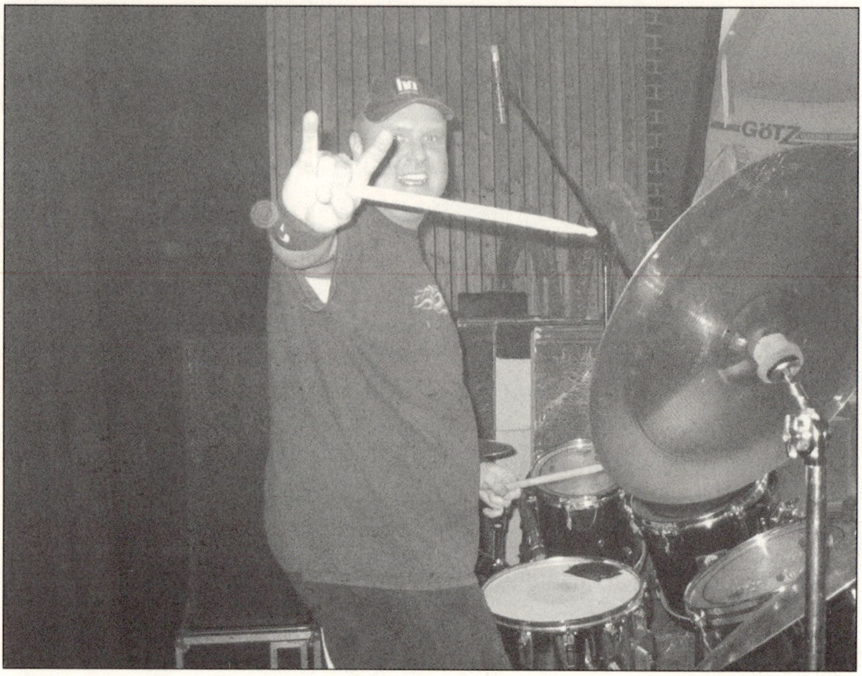


Lacky auf dem Keep It True Festival 2006

Eine weitere Begegnung dieser Art hatten wir bei der Aufnahme zum zweiten Album „Defenders Of Justice". Wir bekamen Besuch von einem Spanier, der entweder für ein Fanzine oder einen Radiosender Bands besuchte. Mit ihm feierten wir nach den Aufnahmen eine Party, danach habe ich nie wieder etwas von ihm gehört. Es gab aber des Öfteren derartige Begegnungen, die mir im Nachhinein klarmachen, dass Darkness auch international stattfanden. Konzerte spielten wir in den Achtzigern aber leider nur in Deutschland und im benachbarten Ausland, was ich persönlich auf das Fehlen eines Managements zurückführe.

Welchen Einfluss der Metal aus dem Ruhrgebiet hatte und welche Beachtung er erfuhr, wurde mir aber erst in den Zweitausendern wirklich bewusst. Meine Hauptband Darkness hatte sich 1989 aufgelöst, und die Mitglieder gingen in den 90ern getrennte Wege. Erst im Jahre 2004 beschlossen Lacky und ich, uns zu neuen Schandtaten zusammenzutun. Zu dieser Zeit grassierte die Reunion-Welle von alten Bands, und wir hatten keine Lust, auf diesen Zug aufzuspringen. Also gründeten wir Eure Erben und spielten Thrash mit deutschen Texten und natürlich auch einige eingedeutschte Darkness-Songs. Bei einem Festival in Annaberg-Buchholz, gerade einmal dreieinhalb Kilometer von der Grenze zu Tschechien entfernt, spielten wir irgendwann als Eure Erben.

Nach dem Gig traf ich im Publikum einen Mann, der mir – tatsächlich sichtlich bewegt – berichtete, dass ich einer der Helden seiner Jugend sei. Da wir als Erben unterwegs waren, wusste er nicht, wer wir sind und konnte es kaum fassen, als er das ‚Invasion Sector 12'-Intro und Songs vom „Death Squad"-Album hörte. Wir tranken gemeinsam ein paar Bier, und er erzählte mir, dass er die Platte in Budapest erworben hatte und sie rauf und runter hörte. Demnach muss das Darkness-Debüt in der Metal-Szene der DDR anscheinend gut gelaufen sein. Ein weiteres Schlüsselerlebnis dieser Art hatte ich 2017 im Backstage auf einem Festival in Tschechien. Diesmal waren wir bereits wieder als Darkness unterwegs, und unser Basser und ich spielten uns ein vor dem Gig. Einer der Mitarbeiter kannte den Song, den wir spielten, und wusste uns zu berichten, dass er das zweite Album „Defenders Of Justice" ebenso in Budapest gekauft hatte. Zu der Zeit war er noch Schüler und sparte sein Milchgeld, um sich dann irgendwann das eine oder andere Album aus dem Westen zu kaufen.

Die prägendste Erfahrung in dieser Hinsicht war jedoch ohne Frage das Keep it True Festival im Jahre 2006. Ich persönlich wollte diesen Gig überhaupt nicht spielen, weil es mir, was Darkness betraf, zu sehr „Reunion-Welle" war. Zum Glück redete sich der Veranstalter Oliver Weinsheimer bei einem längeren Telefonat den Mund fusselig und überzeugte mich, dass es besser sei, diese Show zu spielen. Er sollte recht behalten … Beim Gig selbst war ich völlig geflasht: Wir spielten um vierzehn Uhr, zu einer Zeit also, zu der man auf mehrtägigen Festivals erst einmal versucht, den Kater in den Griff zu bekommen. Die Halle war aber schon sehr voll, und bereits beim Linecheck gab es „Darkness! Darkness!"-Rufe. Während der Show wurden wir gefeiert – das erlaube ich mir einfach mal in aller Bescheidenheit zu schreiben –, und nach dem Konzert traf ich Leute aus aller Welt, die u. a. wegen Darkness angereist waren: aus Italien, Skandinavien oder den USA. Da Darkness seit 2015 wieder richtig aktiv sind, ist auch die Internationalität quasi gewachsen. In Japan wurde das Festival-Merch von einem Mexikaner gemacht, den wir wenige Jahre zuvor bereits auf einem Festival in Bayern kennengelernt hatten. In den USA vertreiben Speed Clothes Leggings und Bikinis mit Darkness-Motiv; Bands aus aller Welt covern unsere Songs, wie man auf YouTube sehen kann, und auf Festivals sprechen wir mit Fans (ich mag dieses Wort nicht sonderlich) aus allen möglichen Ländern, auch solchen, die für Heavy Metal vielleicht eher untypisch sind, wie der Türkei oder sogar Jordanien.

Ich glaube daher, alles in allem kann man – ohne aufzuschneiden – durchaus sagen, dass der Ruhrpott-Thrash schon einen Einfluss auf den Metal weltweit hatte und hat.

## 8.4 Interview mit Contradiction: Vom Rande des Ruhrgebiets nach Island

Wuppertal: Die sich an der Wupper entlangschlängelnde Großstadt mitten im Bergischen Land mit ihrer Schwebebahn hat einige bekannte Musiker hervorgebracht: Udo Dirkschneider und Stefan Kaufmann, die beide über Jahrzehnte die Geschickte von Accept zusammen mit dem Solinger Wolf Hoffmann geprägt haben, oder Gitarrist Oliver Kämper und Sänger/Gitarrist Oliver Lux von Contradiction, die trotz eigenständigen Songwritings „nur" auf der mittleren Ebene der Thrash-Bands mitschwimmen, damit aber vollkommen zufrieden sind und Ende 2023 einen Cut machen. „2023 ist Schluss, wir bekommen das beruflich nicht mehr hin. Neben der räumlichen Entfernung ist unser Bassist im Medienbereich unterwegs und hat kaum Zeit. Zudem haben wir alle Familien. Bock ist da, Zeit ist ein Problem. Wenn wir weitermachen, müssen wir ein Album liefern", stellt Oliver Lux unmissverständlich klar. Man wolle „nicht dahinschleichen", dann

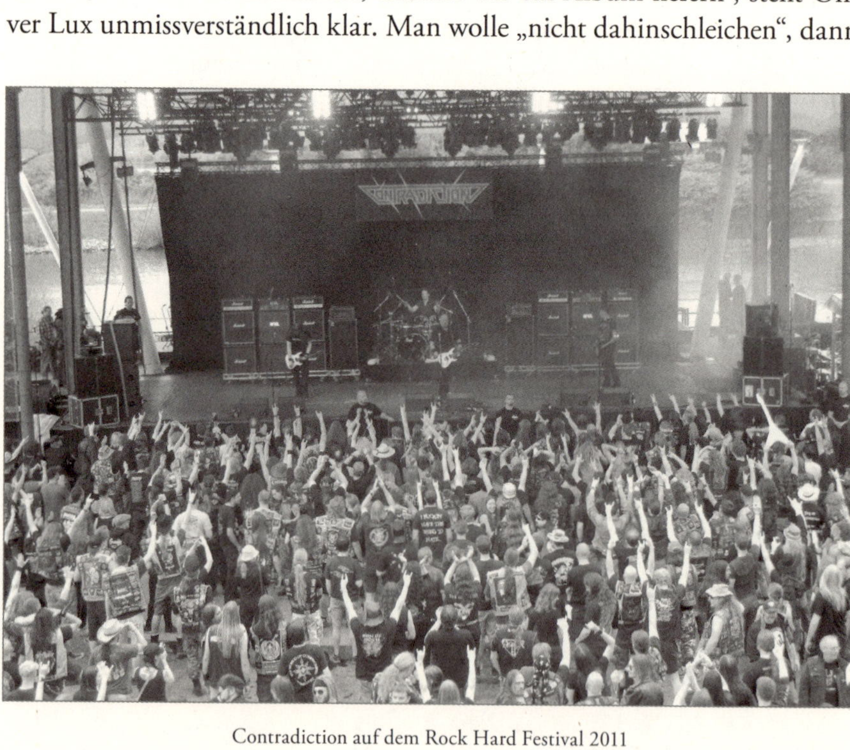


Contradiction auf dem Rock Hard Festival 2011

sei lieber Schluss, bestätigt Oliver Kämper; beide haben mit Contradiction über dreißig Jahre auf dem Buckel.

> **Contradiction in Island**
> Als erste deutsche Metal-Band spielten die Wuppertaler 2008 eine Mini-Tour quer durch Island. Kämper fasst den Grund für die Reise zusammen: „Ein Freund, der seit Mitte der 90er in Wuppertal wohnte, vertickte immer unsere CDs dahin, das lief gut. Dann haben wir geschaut, was geht, und fanden ein Festival, das bis dato nur einheimische Bands buchte. Die waren Feuer und Flamme und dachten sich, ‚lass uns doch mal eine Band aus Übersee mit reinnehmen' (lacht). Dann haben wir das einfach mal riskiert, und daraus sind sogar drei Shows geworden. Das war natürlich ganz anders als der Standard. 2008 waren wir die erste deutsche Metal-Band, die dort getourt ist – mehr geht nicht."

Als es für Contradiction 1988/'89 richtig losging, war für sie persönlich „die Hochphase des Thrash. Es gab so viele verdammt gute Bands, wir waren blutjung, haben einfach Instrumente gekauft und gemerkt, dass wir das gar nicht spielen können", lacht Oliver Kämper heute. Die Idee, dass

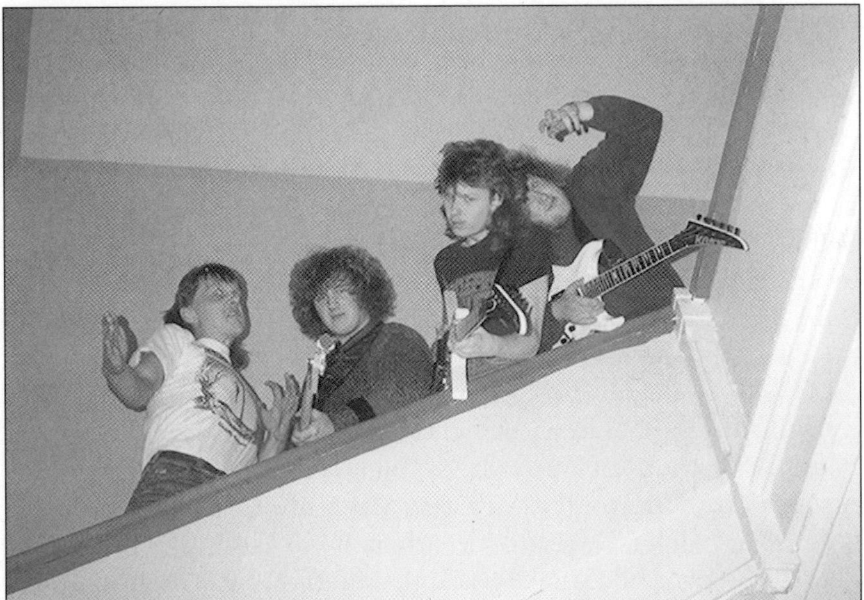

Contradiction Poser-Pic 1990

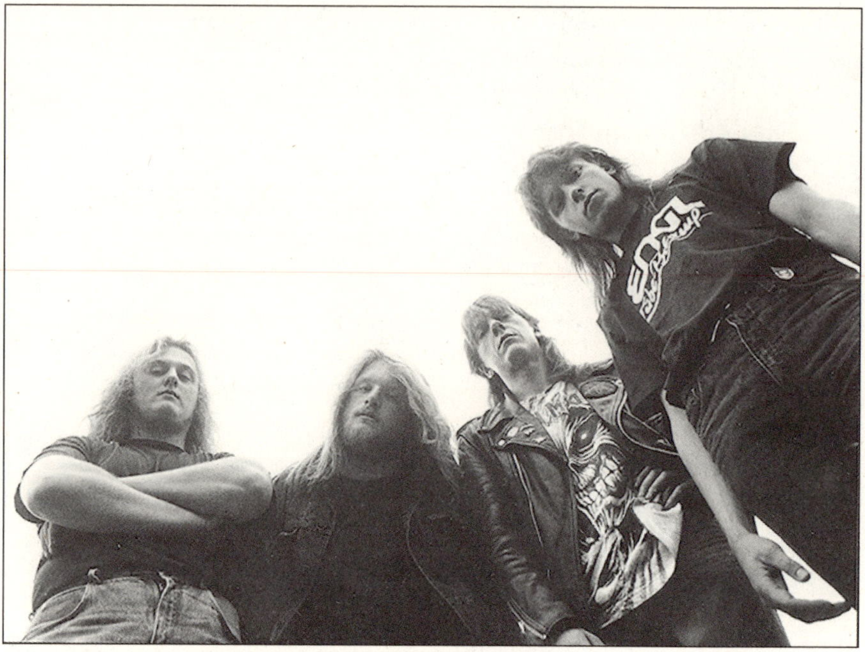

Contradiction LineUp 1992

„Thrash Metal irgendwann abebben" könne, wie in den 90ern geschehen, interessierte sie gar nicht, fährt Oliver Lux fort: „Und wenn du dir viele Bands anschaust, die wurden mal mehr und mal weniger gebucht, aber da waren sie immer."

Gern erinnern sich beide an die Szene Ende der 80er Jahre zurück, als lokale Bands gemeinsam mit dem Metal Fanclub Velbert Partys und Konzerte organisierten. Violent Force, bei denen damals noch Lemmy das Mikro übernahm, lernte man beispielsweise darüber kennen, auch wenn der Altersunterschied von vier, fünf Jahren aus Sicht der damals gerade einmal Volljährigen erheblich war. „Guter Kontakt" bestand eine Zeit lang auch zu Udo Dirkschneider und dessen Bruder. Verknüpfungen zum Ruhrgebiet existierten dagegen überraschend wenige – eher um die größeren Bands in der Zeche Bochum oder Zeche Carl zu sehen. Mit Kreator teilte man sich des Öfteren die Bühne, aber „beständige Kontakte" hätten sich daraus nicht ergeben. Allerdings standen Contradiction mal bei den Dortmundern Continental Concerts unter Vertrag: „Wir konnten aber das neue versprochene Album nicht vorlegen, Oli schrieb seine Masterarbeit, und irgendwann haben die uns gedropt. Das kann ich auch nachvollziehen", fasst Kämper die kurze Phase mit der Booking-Agentur zusammen. Seitdem organisiere man die Shows selbst oder werde angefragt. „Ein paar Jahre lang haben wir mit

Contradiction an jeder Steckdose gespielt, um den Namen bekannter zu machen", berichtet Oliver Kämper.

**Die leidliche Geschichte mit den Labels**

Wie so viele Bands hatten auch die Wuppertaler kein „so glückliches Händchen" mit ihren Labeldeals. Kämper: „Es hat sehr lange gedauert, bis wir uns überhaupt bei Labels beworben haben. Bei den üblichen … Zur Zeit unseres ersten Albums war Thrash nicht mehr der heiße Scheiß. Wir hatten immer den Eindruck, zwei, drei Jahre zu spät zu sein. Beim ersten Vertrag waren wir naiv, der gesamte Inhalt war auch sehr zu unserem Nachteil ausgelegt. Wir sind abgezockt worden und konnten dem finanziell nicht mehr nachkommen: Studio bezahlen, eigene CDs kaufen und auch noch beim Verkauf einen Anteil bezahlen. Wir haben den Deal dann beim Rock und Pop Musikerverband prüfen lassen und uns dann einen Fachanwalt gesucht. Das war ein ganz klarer Fall, aber keine schöne Sache, weil wir dachten, wir seien ein wenig mit dem Label-Chef befreundet. Das Urteil war dann eine Befreiung."

Auch dies war ein Grund, die Band niemals hauptberuflich fortführen zu wollen, bemerkt Oliver Lux: „Es ging nicht mehr ums Geld, sondern um die Rechte an der Musik. Wir hatten irgendwann entschieden, dass wir nicht von der Band leben wollen, haben alle Berufe. Danach machten wir alles selbst, inklusive Vertrieb. Keiner von uns ist finanziell darauf angewiesen. Wir können da spielen, wo wir wollen, wenn wir gefragt werden. Das ist für uns wie eine Stammtischfahrt, wenn wir zusammen nach Island oder sonst wohin fliegen."

Die Entscheidung, Contradiction semi-professionell, aber mit einer „Arbeiter-Mentalität" weiterzuführen mag – neben dem fehlenden glücklichen Händchen mit den Labels und dem Gefühl, ein paar Jahre zu spät zu kommen – der Hauptgrund gewesen sein, warum es für den großen Durchbruch nie gereicht hat. Für Kämper zählt ein weiterer Faktor: „Die großen Platzhirsche sind da und haben ihre Position besetzt, das ist ja auch in Ordnung, auch wenn sie nicht zwangsläufig immer gute Alben machten. Wir haben uns nie angebiedert. Ich kann mich noch erinnern, als wir auf einer Party waren und einige Bands um den Wacken-Chef rumschlichen … So etwas passt nicht zu uns. Wir machen den Strom an und legen los, das ist

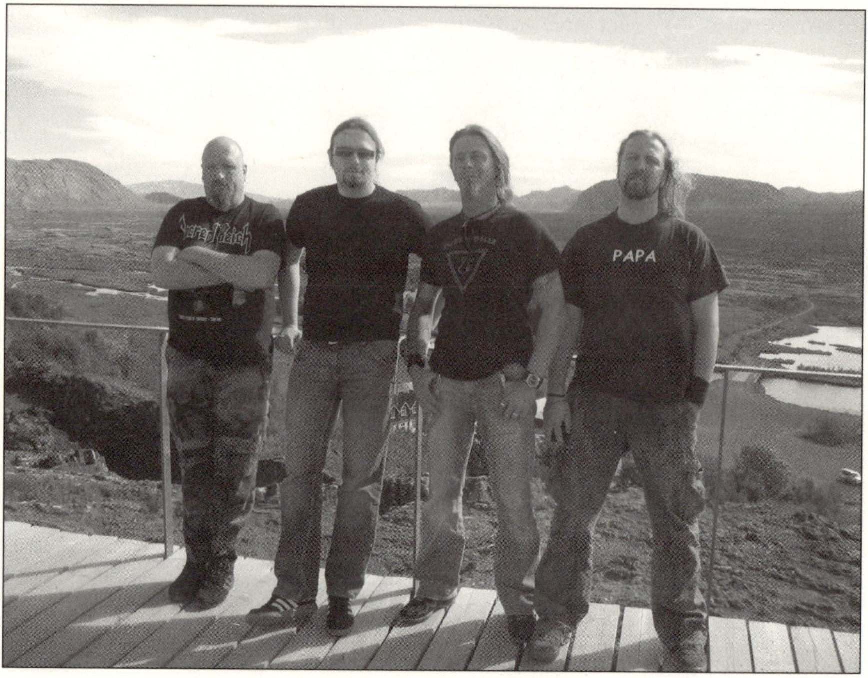


Contradiction im isländischen Nationalpark Thingvellir 2008

unsere Mentalität. Wir haben immer fleißig getourt, auch mit größeren Bands. In der Rückschau reicht mir das völlig."

Neben der Mini-Tour durch Island war der Auftritt auf dem Rock Hard Festival 2011 sicherlich ein Highlight der dreißigjährigen Karriere. Die Einladung erfolgte auf persönlichen Wunsch von Frank Albrecht. „Das war schon richtig klasse, wir hatten einen Sahne-Tag erwischt, es lief alles top. So viel sei beim Opener bislang nie los gewesen, das geht runter wie Öl", schwärmen beide. Umso bedauerlicher, dass es auf dem Rock Hard Festival keinen weiteren Gig mit den sympathischen Wuppertalern mit Arbeitermentalität gegeben hat. Am 9. Dezember 2023 schließt – nach einem Zwischenstopp auf dem Dong Open Air in der Peripherie des Ruhrgebiets – das letzte Kapitel von Contradiction an alter Wirkungsstätte: in der Wuppertaler Location Live Club Barmen, womit sich eine der besten deutschen Thrash-Bands vielleicht endgültig verabschiedet.

### 8.5 „Familienmitglieder": Interview mit David R. White (Heathen)

David R. White gehört als Mitbegründer der kalifornischen Edel-Thrasher Heathen zu den Urvätern des US-amerikanischen Thrash Metal und hat auch einiges von den Anfängen der deutschen Szene aus nächster Nähe erlebt. Dass der 1962 geborene Sänger sowohl Klaus Meine von den Scorpions als auch Destruction-Frontmann Schmier bewundert, lässt in Bezug auf den brutal-melodischen Sound seiner eigenen Band tief blicken … „Als das ganze Tapetrading-Ding in der Bay Area begann, sang ich noch bei Blind Illusion. Wir nahmen erste Demos auf und verbreiteten sie in unserem Bekanntenkreis. Im Zuge dessen lernten wir gleichgesinnte andere Bands kennen und gaben auch ihnen Kassetten mit unseren frühen Songs. So machte die Musik in anderen US-Bundesstaaten die Runde und gelangte auch nach Kanada. Eine Schlüsselfigur der damaligen Thrash-Szene in San Francisco war Ron Quintana, der beim Sender KUSF die Sendung „Rampage Radio" moderierte und dort heavy Stoff über den Äther jagte. Durch ihn lernten die Kids an der Westküste auch ausländische Bands kennen, wobei Destruction und Kreator, was Deutschland anging, meine Lieblinge waren.

Später trat ich mit Heathen auf der New Yorker Branchenmesse New Music Seminar auf, kurz nachdem wir unser Debütalbum „Breaking The Silence" (1987) veröffentlicht hatten. Dort liefen wir zum ersten Mal Destruction über den Weg, neben ihnen und uns spielten an dem Tag auch Testament, glaube ich. Jedenfalls hingen wir nach der Veranstaltung mit den Jungs ab, wir waren im selben Hotel untergebracht und machten eine kleine Zimmerparty, bei der wir uns kennenlernten. Als Heathen dann in Europa tourten, trafen wir uns mehrmals mit Schmier, und mittlerweile liegen auch viele gemeinsame Konzerte mit Destruction hinter uns. Alledem vorausgegangen ist meine Leidenschaft für die Scorpions, ohne sie hätte ich die deutsche Szene vermutlich nicht so aufmerksam beobachtet, und Destruction waren diejenigen, mit denen wir den engsten Kontakt hatten. Sie sind noch heute wie Brüder für uns.

Kreator lernte ich 2009 im Rahmen des japanischen Festivals Thrash Domination in Kawasaki kennen, dort spielten wir als Opener vor ihnen, Exodus und Testament. Mille und seine Mannschaft – superliebe Typen übrigens – waren der Hammer, ich kannte sie ehrlich gesagt nur flüchtig, denn wenn man wie wir viel mit seiner eigenen Band beschäftigt ist, hat man wenig Zeit, um großartig auf andere zu achten. Ich bekomme oft Sachen vorgespielt und sage dann: ‚Hey, das ist klasse, wie heißen die?' Das war auch bei Kreator so, ich erkannte sie zunächst gar nicht, als mir jemand eines ihrer letzten Alben zeigte. Dennoch würde ich immer Destruction nennen, wenn ich angeben müsste, welche der klassischen deutschen Thrash-Combos mir besonders am Herzen liegt. Auf Tour habe ich ihre Performance förmlich vom Bühnenrand aus studiert, und dann so herzlich empfangen zu werden, als wir zum ersten Mal nach Europa kamen … So etwas vergisst man nicht,

und ich bin ungeheuer dankbar für die Liebe, die uns Deutschland von Anfang an entgegengebracht hat.
Das schließt auch das Rock Hard mit ein: Thomas Kupfer, Götz Kühnemund, Frank Albrecht und Marcus Schleutermann sind ebenfalls wie Familienmitglieder für uns. Ich glaube, sie tun sich schwer damit, in Bezug auf Heathen unparteiisch zu sein, und ich musste schon ein paarmal zur Veröffentlichung eines neuen Albums von uns fragen, warum sie denn kein größeres Feature mit uns machen, aber sie können halt keine Vetternwirtschaft betreiben."

INDEX
VERLAG

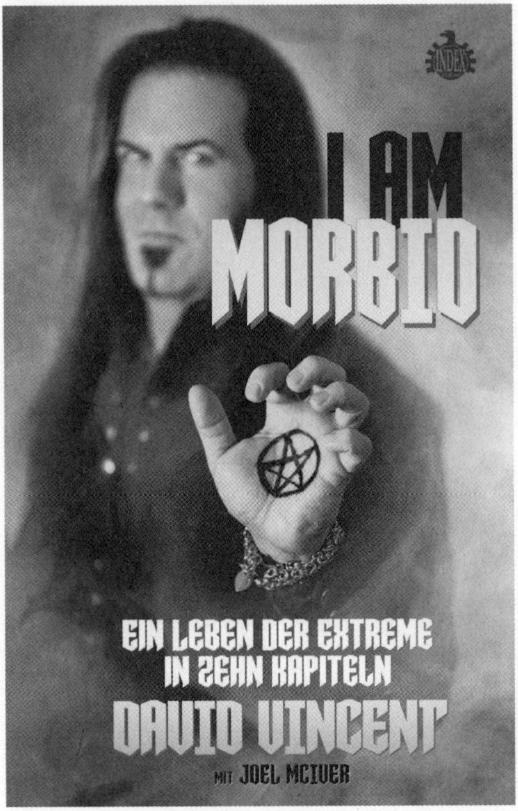
I AM
MORBID
EIN LEBEN DER EXTREME
IN ZEHN KAPITELN
DAVID VINCENT
MIT JOEL MCIVER

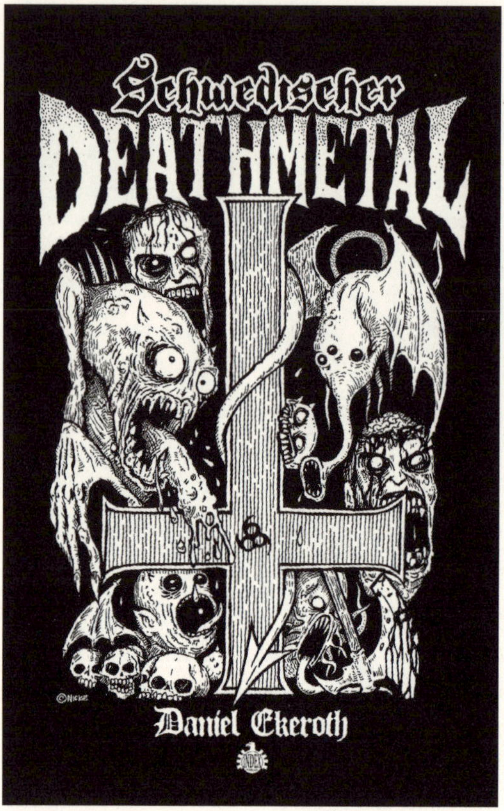


SCHWEDISCHER DEATH METAL
von DANIEL EKEROTH

Mitte der 1980er Jahre kam in Schwedens Klein- und Vorstädten eine kleine Underground-Bewegung zum Vorschein. Eine Handvoll rastloser Jugendlicher suchte nach möglichst extremer Musik, und ein Netzwerk von Tapetradern wuchs. Schließlich griffen diese Jugendlichen selbst zu Instrumenten und erschufen das, was binnen weniger Jahre die Welt der extremen Musik beherrschen sollte - schwedischer Death Metal.

In seinem rund 500 Seiten umfassenden Buch *Schwedischer Death Metal* erzählt Daniel Ekeroth nun die unglaubliche Geschichte eines der extremsten Auswüchse des Heavy-Metal-Genres. Ferner enthält das Buch ein umfassendes Lexikon schwedischer Death-Metal-Bands (über 900 Einträge) und Fanzines sowie eine Unmenge an rarem Bildmaterial. Rund 30 der wichtigsten Szenepersönlichkeiten wurden eigens interviewt, und einige ihrer Anekdoten sind so wild wie die Musik selbst. Dennoch bleibt die Musik immer im Brennpunkt der Recherchen, ist doch die phantastische Musik die größte Errungenschaft der schwedischen Death-Metal-Bewegung.

*Schwedischer Death Metal* erscheint als Hardcover auf 496 Seiten mit zahlreichen Abbildungen.